建设农业强国的理论与实践研讨会
暨第十九届全国社科农经协作网络大会论文集

建设农业强国的
理论与实践

THE THEORY AND PRACTICE OF
**BUILDING
AN AGRICULTURAL POWERHOUSE**

主　编　魏后凯　王承哲
副主编　杜　鑫　陈明星

社会科学文献出版社
SOCIAL SCIENCES ACADEMIC PRESS (CHINA)

坚持以发展现代化大农业为主攻方向
（代序）

2023年9月7日，习近平总书记在黑龙江省哈尔滨市主持召开新时代推动东北全面振兴座谈会并发表重要讲话，指出要以发展现代化大农业为主攻方向，加快推进农业农村现代化。在推进农业农村现代化的进程中，要"以发展现代化大农业为主攻方向"，这不单是对东北地区提出来的，对全国其他地区同样具有指导意义。

一　科学把握现代化大农业的丰富内涵

早在改革开放初期，为打破小农经济的束缚，学术界就展开了发展现代化大农业的讨论。在国家政策层面，发展现代化大农业最初主要是针对全国垦区提出来的。2009年6月，胡锦涛同志在考察黑龙江时明确指出，垦区要积极发展现代化大农业。2010年中央"一号文件"提出，支持垦区率先发展现代化大农业，建设大型农产品基地。2023年9月8日，习近平总书记在听取黑龙江省委和省政府工作汇报时进一步指出，要以发展现代化大农业为主攻方向，加快建设现代农业大基地、大企业、大产业，率先实现农业物质装备现代化、科技现代化、经营管理现代化、农业信息化、资源利用可持续化。

从字义上看，现代化大农业是现代化与大农业的组合词，是现代化农业与大农业有机结合的整体。一般来讲，现代化大农业是经济社会发展达到一定阶段后的产物，是农业农村现代化的重要标志，也是其主攻方向。对于中国这样的大国而言，如果没有现代化大农业，就谈不上农业农村现代化。总体上看，现代化大农业是一个动态的演进概念，内涵丰富，主要具有以下四个特征。

第一，现代化大农业本质上是现代化农业。早在1954年中央人民政府政务院就在《政府工作报告》中提出了建设"现代化农业"的要求。中华人民共和国成立以来，我国在推进现代化农业建设方面进行了长期不懈的努力。所谓现代化农业，就是采用现代科学技术、现代物质装备和现代经营管理方法武装农业，使之逐步达到当今世界先进水平。因此，发展现代化农业是一项长期的艰巨任务，其发展过程也就是不断推进农业现代化的过程。

第二，现代化大农业并非是对小农户的排斥。顾名思义，现代化大农业就是达到现代化水平的大农业。这里所指的大农业有狭义和广义之分。从狭义看，大农业是指大规模农业。基于这种狭义理解，一些学者将大规模、大组织、大农机、大水利等看成现代化大农业的基本特征。从广义看，大农业是一种以农业为核心，跨越行业边界、开放式的大产业。它并不局限于种植业，是包括农林牧渔业及其紧密联系的相关产业的有机整体。早在1984年，钱学森就把"大农业"看成农产业、林产业、草产业、海产业、沙产业等的综合性产业。很明显，现代化大农业是践行大农业观的现代化农业，现代化大规模农业只是现代化大农业的一种类型。发展现代化大农业需要从实际出发，实行集约化、规模化经营，但它并非是对小农户的排斥，而是要建立利益联结机制，将小农生产引入现代农业生产体系。

第三，现代化大农业是一个现代产业体系。相对于狭义的农业即种植业而言，大农业是指广义的农业，不仅包括种植业、林草业、畜牧业和渔业，还包括产前的技术研发、品种繁育与推广、水利建设、农机生产与销售、农资储备与供应等，产后的烘干、储藏、运输、加工、营销与进出口贸易等，涵盖产前、产中、产后各个环节，由此形成一个与农业发展有关、为农业发展服务的庞大产业体系。可以说，大农业是对农业及其紧密联系的相关产业的高度概括。发展现代化大农业就是要构建一个现代化的大农业产业体系，这也是当前我国构建现代乡村产业体系的核心所在。

第四，现代化大农业具有多元化的发展模式。我国农业地域分异明显，各地发展现代化大农业要因地制宜、突出特色，实行多元化模式。既有像东北地区尤其是黑龙江垦区那样的现代化大规模农业，也有其他地区适度规模的现代化大农业，还有城市地区的现代化都市大农业。东北地区人均耕地多，农业机械化程度高，是我国粮食稳产保供的压舱石，要以加快建设现代农业大基地、大企业、大产业为支撑，着力发展现代化大规模农业，率先建成现代化大农业示范区。其他地区同样需要践行大农业观，建设各具特色的现代化大农业。

二 发展现代化大农业要树立大农业观

随着经济社会发展水平提升和快速转型，国内市场对农产品需求总量不断增长，结构日趋多样化。在这种转型过程中，传统的小农业观逐步被现代的大农业观所取代。早在1992年，党的十四大报告就提出要"树立大农业观念"。2015年12月，中央农村工作会议明确提出，树立大农业、大食物观念。2017年12月28日，习近平总书记在中央农村工作会议上进一步强调，要"树立大农业观、大食物观"。从大农业观念到大农业观，反映了农业发展理念的不断深化和拓展。大农业观是与小农业观相对应的。传统农业遵循的是小农业观，把农业与其他产业割裂开来、眼光只局限于耕地资源、将农业生产看成种植业或者以粮食为主的生产、将农业仅仅看成是一个生产过程以及封闭的小规模分散经营等都是小农业观的具体体现。在小农业观下，农业发展面临严峻的资源环境约束，农业生产空间和发展潜力受限，难以解决日益突出的农产品供需和结构性矛盾，路子越走越窄，是不可持续和缺乏竞争力的。在新发展阶段，必须牢固树立大农业观，加快构建符合现代化大农业发展需要的大资源、大产业、大生态、大空间格局。

一是构建面向全部国土的大资源格局。我国耕地资源紧缺，人均耕地面积只有1.36亩，不足世界平均水平的40%。根据2022年度全国国土变更调查初步汇总结果，除19.14亿亩耕地外，还有3.02亿亩园地、42.53亿亩林地、39.64亿亩草地和3.54亿亩湿地。此外，我国山地、丘陵和水域面积广阔，发展山地特色农业和水体农业潜力巨大。因此，要满足国内日益增长且多样化的农产品需求，就不能把眼光局限于传统的耕地资源，要将耕地资源拓展为整个国土资源，全方位多途径开发利用好各种农业资源，尤其是各类非传统耕地资源，面向全部国土构建发展现代化大农业的大资源格局。

二是构建纵横向融合的大产业格局。产业融合化是当今世界乡村产业发展的大趋势。要发展现代化大农业，就必须跳出"就农业谈农业""就农村谈农村"的传统思维，采用工业化理念、现代科技装备和营销技术、多样化商业模式等，促进农业产业链纵横向全面深度融合和一体化。从纵向看，要加强产前、产中、产后服务，按照前后两端延伸的思路打造从农田到餐桌的农业全产业链，实现农业产业的纵向融合和一体化；从横向看，要充分挖掘农业的多维功能，促进农业与加工制造、电商物流、文化旅游等二三产业深度融合，实现农业与其他产业的横向融合和一体化。只有通过这种纵横向的产业融合，才能推动形成现代化大农业的大产业格局。

三是构建可持续发展的大生态格局。农业虽然是提供生态产品的重要来源，但并非一定就是绿色产业。传统的化学农业对生态环境和人类健康的危害已经引起广泛关注，这种农业发展模式是不可持续的。发展现代化大农业，需要按照农业生态化的要求，加快农业绿色低碳转型，推动形成有利于可持续发展的大生态格局。既要大力发展生态农业、有机农业、循环农业、低碳农业等新模式，又要加大对传统农业的生态化改造力度，减少化肥、农药、农用薄膜等化学品使用，加强农业废弃物资源化利用，促进传统农业加快向绿色低碳农业转型。

四是构建立体式发展的大空间格局。早在1990年习近平同志就在《走一条发展大农业的路子》一文中将大农业界定为"朝着多功能、开放式、综合性方向发展的立体农业"。立体农业拓宽了农业边界、功能和空间，使之由平面空间向立体空间转变。为此，需要从立体式发展的视角，构建适应现代化大农业发展的大空间格局。一方面，要根据市场需求和农业生产适宜性评价，调整优化农业生产布局，同时积极发展设施农业、戈壁农业、沙漠农业和城市农业等，不断拓展农业生产空间；另一方面，要充分利用地面地下、水面水下和空中资源，实行立体开发、复合种养和综合经营，大力发展立体农业，促进农业向集约高效、立体复合方向发展。

三 把发展现代化大农业作为主攻方向

当前，我国已经进入全面推进乡村振兴、加快农业农村现代化的新阶段。加快农业农村现代化需要在城乡融合背景下，统筹推进农业现代化、农村现代化和农民现代化，并把作为国民经济基础和乡村本业的农业放在突出位置，以发展现代化大农业为主攻方向，充分发挥其支撑引领作用。要在扎牢国家粮食安全底线、保障主要农产品稳定供应的基础上，加快推进农业发展方式现代化，尽快将农业建设成为现代化大产业，实现农业由大到强的转变。

一是保障粮食安全和农产品稳定供应。与那些人口规模较小的国家不同，中国是一个拥有14亿多人口的发展中大国，国内农产品消费量和需求量巨大，确保国家粮食安全和农产品稳定供应是实现农业农村现代化的首要任务。在大农业观、大食物观下，发展现代化大农业同样需要把保障粮食安全和农产品稳定供应放在首要位置。一方面，要多措并举有效破解粮食安全与农民增收之间的目标冲突，促进农业增效和农民增收。目前，我国粮食生产成本较高，单位面积和单位产出的粮食收益较低。在这种情况下，传统的小农生产方式显然无法有效破解二者之间的目标冲突。发展现代化大农业，因地制宜推进包括适度规模和大规模在内的农业规模化经营，促进粮食产业深度融合。另一方面，要牢牢把握发展现代化大农业这一主攻方向，加快构建粮经饲统筹、农林牧渔结合、植物动物微生物并举的多元化食物供给体系，保障农产品稳定供应，满足城乡居民对食物的多样化需求。

二是加快推进农业发展方式的现代化。农业现代化是变传统农业为现代农业的过程，其核心是按照规模化、科学化、智慧化、社会化、绿色化、品牌化的要求，实现农业发展方式现代化。从规模化看，要结合高标准农田建设，推广"小田变大田"等经验，采取流转、托管、入股等多种方式，有效破解土地细碎化问题，实现农业规模化经营。在科学化上，要着力加强农业全产业链的科技创新，加速良种培育和推广，完善农业技术推广服务体系，不断提高农业自主创新能力和科技贡献率，实现农业生产技术科学化。从智慧化看，要突破传统的农业机械化理念，适应人工智能和信息化的需要，促进农业机械化与信息化的深度融合，大力发展智慧农业，实现农业物质装备现代化和智慧化。从社会化看，要发挥多元主体的作用，根据需要提供单环节、多环节、全程生产托管等多样化服务，打造全程全域覆盖的社会化服务网络，为农业生产者提供产前、产中、产后全过程综合配套服务。从绿色化看，要按照绿色发展理念，持续推进化肥农药减量增效，大力发展生态化的农业新模式，加快传统农业的生态化改造，促进农业向绿色低碳方向转型发展。从品牌化看，要牢固树立品牌意识，加强农业区域品牌和企业品牌的培育及互动，强化地标农产品保护和管理，推动品牌兴农战略有效实施。

三是将农业建设成为现代化的大产业。发展现代化大农业，关键是构建以农业为核心的现代化大产业。为此，在推进农业农村现代化的进程中，要按照农业产业链条纵横向融合和一体化的思路，构建符合现代化需要的农林牧渔业及相关产业高质量协调发展的大产业格局，打造一批具有竞争力的现代农业产业集群。目前，有关部门和各地正采取建园、构链、组群等方式，着力推进现代农业产业园、优势特色产业集群、农业产业强镇等建设，这就为发展现代化农业大产业提供了重要载体。如前所述，各地因发展模式不同，其发展现代化农业大产业的路径也是有差异的。人均耕地资源较多的地区，要依托大基地、大企业促进大产业发展；而人均耕地资源较少的地区，则要依托适度规模经营和产业融合推动大产业发展。

魏后凯

中国社会科学院农村发展研究所所长、研究员

目　录

总　论

加快建设农业强国的重大意义和推进路径　　　　　　　　　　　魏后凯 / 003
农村现代化的内涵维度探析　　　　　　　　　　　　王玲杰　崔　岚 / 013
积极探索中国式乡村现代化道路　　　　　李宜航　邓智平　廖炳光 / 020

建设农业强国的理论探索

关于农业强国、农业强省建设指标体系的思考　　　　　　　　　姜长云 / 043
中国式现代化语境下的农业强国建设：关键要义和实现路径　　　罗　颖 / 056
新时期我国粮食安全保障路径及对策　　　　　　　　　　　　　苗　洁 / 072

建设农业强省的地方实践

黑龙江建设农业强省的基础条件、问题挑战与实现路径　　　　　赵　勤 / 085

江苏建设农业强省的现实基础、突出问题与对策思考

金高峰　吕美晔　刘明轩 / 098

科技赋能江西农业强省建设的进展、瓶颈与突破路径

张宜红　杨锦琦　向红玲 / 114

河南建设农业强省的关键支撑体系　　　　　　　　　　　侯红昌 / 125

农业农村现代化

中国式现代化背景下农民现代化的特征变化及实现路径　　吴寅恺 / 141

河北省农业农村现代化总体评价与推进策略

张　波　张瑞涛　时方艳 / 154

数字科技赋能江苏率先实现农业现代化的现状、挑战与对策

赵锦春 / 177

电商参与对苹果种植绿色化转型的影响分析　　　王彦君　崔红志 / 192

宜居宜业和美乡村建设：主要形势、现实困境与推进路径　　张　瑶 / 221

农村土地制度

产权认知、利用程度与宅基地退出意愿
　　——基于 2021 年 CLES 的实证分析　　阿英·叶尔里克　张清勇 / 237

利益非一致性下农地流转"内卷化"成因及优化探索　　　刘依杭 / 270

会议综述

推进城乡融合发展　加快建设现代化农业强国

　　——"建设农业强国的理论与实践研讨会暨第十九届全国社科

　　农经协作网络大会"综述　　　　　　　　　　　　杜　鑫 / 287

总论

加快建设农业强国的重大意义和推进路径

魏后凯*

摘　要： 党的二十大报告首次明确提出"加快建设农业强国"，把农业强国建设纳入我国强国建设战略体系，由此形成了一个更加完整的社会主义现代化强国建设战略体系。农业强国是社会主义现代化强国的重要体现，农业强国建设的质量决定了社会主义现代化强国建设的质量。加快建设农业强国是全面建设社会主义现代化强国的必经之路，也是其重点难点所在。加快建设农业强国是一个长期的渐进过程，必须做好战略谋划和统筹安排，分阶段、分产业扎实稳步推进，进一步扎牢国家粮食安全底线，补齐农业强国建设的突出短板，积极推进农业强省强市建设，完善农业强国指标体系和政策体系。

关键词： 农业强国　乡村振兴　农业现代化

---

* 魏后凯，中国社会科学院农村发展研究所所长、研究员，主要研究方向为区域经济、农业农村发展。

一　加快建设农业强国的提出及重大意义

党的二十大报告对全面建设社会主义现代化国家进行了总体部署，明确了全面建成社会主义现代化强国分两步走的战略安排，即到 2035 年基本实现社会主义现代化，到本世纪中叶把我国建设成为综合国力和国际影响力领先的社会主义现代化强国。根据总的战略安排，建成文化强国、教育强国、科技强国、人才强国、体育强国是 2035 年我国发展的总体目标之一，并明确提出加快建设制造强国、质量强国、航天强国、交通强国、网络强国、农业强国、海洋强国、贸易强国、教育强国、科技强国、人才强国、体育强国，建设社会主义文化强国，共涉及 13 个方面的强国建设。① 这一系列的强国建设均是全面建设社会主义现代化强国的有机组成部分和重要支撑，构成了我国社会主义现代化强国建设的完整战略体系。特别是，在党的十九大报告的基础上，党的二十大报告首次明确提出"加快建设农业强国"，把农业强国建设纳入我国强国建设战略体系，由此形成了一个更加完整的社会主义现代化强国建设战略体系。党的十九大报告提出了 12 个方面的强国建设，党的二十大报告又新增加了农业强国建设，这 13 个方面的强国建设均是社会主义现代化强国建设的重要组成部分，是一个完整的有机整体，构成了一个内容丰富、逻辑严密、布局更加合理的强国战略体系。需要指出的是，党的十九大报告只明确提出加快建设制造强国、海洋强国和人才强国，加快推进体育强国建设，而党的二十大报告除社会主义文化强国外，其他均采用了"加快建设"这一表述。这表明我国在实现全面建成小康社会目标任务之后，已经进入全面加快建设社会主义现代化强国的新阶段。

我国是世界上名副其实的重要农业大国，农业就业人数、增加值规模，以及谷物、籽棉、茶叶、花生、水果、肉类、水产品、羊毛、经济林产品、松

---

① 习近平：《高举中国特色社会主义伟大旗帜　为全面建设社会主义现代化国家而团结奋斗——在中国共产党第二十次全国代表大会上的报告》，《人民日报》2022 年 10 月 16 日。

香等产量均居世界首位。从就业规模看，2020年我国农业就业人员达1.77亿人，高于印度2018年的1.58亿人。从增加值规模看，2020年我国农业增加值为11336亿美元，占世界的比重达到31.1%，比2010年提高9.3个百分点。从产量看，2019年我国谷物总产量占世界的20.6%，其中稻谷占27.7%，小麦占17.4%，根茎类作物占17.5%；籽棉占28.5%；花生占35.9%；茶叶占42.7%；水果占27.9%。2018年我国肉类产量占世界的25.3%，其中猪肉占44.7%，羊肉占29.8%；蛋类产量占42.3%，其中鸡蛋占39.6%。然而，至今为止我国还不是农业强国，农业大而不强、多而不优，农业科技含量不高，土地产出率、劳动生产率和资源利用率低，国际竞争力较弱，与美国、加拿大、澳大利亚、法国、德国、荷兰、丹麦、以色列、日本等农业强国相比仍有较大差距。近年来，我国农林渔牧业劳均增加值与高收入国家的相对差距逐步缩小，但绝对差距仍在扩大，由1997年的1.90万美元扩大到2019年的3.48万美元（2015年不变价）。2019年我国农林牧渔业劳均增加值为5609美元，仅相当于美国的5.6%、高收入国家的13.9%。2016~2018年，丹麦奶牛养殖劳动生产率是中国的11.4倍，荷兰是中国的10.4倍，美国、德国和法国分别是中国的7.5倍、5.8倍和5.1倍。

立足中国国情并吸取国际经验，农业强国以"四强一高"为基本特征。这里，"四强"是指农业供给保障能力强、农业竞争力强、农业科技创新能力强和农业可持续发展能力强，"一高"是指农业发展水平高。[①] 作为农业强国，其主要农业发展水平指标应该达到世界先进水平。很明显，农业强国是社会主义现代化强国的重要体现，建设农业强国是全面建设社会主义现代化强国不可或缺的重要组成部分。农业是国民经济的基础，农业强国建设的质量决定了社会主义现代化强国建设的质量。到21世纪中叶，如果不能如期建成农业强国，中国全面建成社会主义现代化强国的成色和含金量将会受到严重影响，现代化

[①] 魏后凯、崔凯：《建设农业强国的中国道路：基本逻辑、进程研判与战略支撑》，《中国农村经济》2022年第1期；魏后凯、崔凯：《面向2035年的中国农业现代化战略》，《China Economist》2021年第1期。

强国建设也将缺乏牢固的坚实基础。加快建设农业强国是全面建设社会主义现代化强国的必经之路，也是其重点难点所在。随着农业现代化的稳步推进，当前我国已经具备加快建设农业强国的基础和条件，只有从现在起加快推进农业强国建设，并经过若干个五年规划的持续努力，才有可能使中国立足于世界农业强国之林，实现由农业大国向农业强国的转变，确保到21世纪中叶全面建成社会主义现代化强国。

加快建设农业强国是党中央着眼战略全局作出的重大决策，也是习近平经济思想的最新成果和重要组成部分。早在2013年12月23日，习近平总书记在中央农村工作会议上的讲话中就明确指出，中国要强，农业必须强；中国要美，农村必须美；中国要富，农民必须富。①2017年5月26日，习近平总书记致信祝贺中国农业科学院建院60周年，他在信中指出，要立足我国国情，遵循农业科技规律，加快创新步伐，努力抢占世界农业科技竞争制高点，牢牢掌握我国农业科技发展主动权，为我国由农业大国走向农业强国提供坚实的科技支撑。2018年9月21日，习近平总书记在主持中共十九届中央政治局第八次集体学习时的讲话中又明确指出，要坚持农业现代化和农村现代化一体设计、一并推进，实现农业大国向农业强国跨越。②在党的二十大报告中，习近平总书记明确提出，加快建设农业强国，扎实推动乡村产业、人才、文化、生态、组织振兴。③2022年12月23日，习近平总书记在中央农村工作会议上的讲话中又提出"强国必先强农，农强方能国强"的科学论断，强调"没有农业强国就没有整个现代化强国"，深刻揭示了强国与强农、农强与国强的辩证关系。④从"农业必须强"到"农业大国向农业强国跨越"再到"加快建设农业强国"，反映了我们对农业强国认识的进一步深化和系统化，进一步丰富了社会主义现代化强国建设的科学内涵，有利于补齐强国建设的突出短板。

---

① 习近平：《论"三农"工作》，中央文献出版社，2022。
② 习近平：《论"三农"工作》，中央文献出版社，2022。
③ 习近平：《高举中国特色社会主义伟大旗帜　为全面建设社会主义现代化国家而团结奋斗——在中国共产党第二十次全国代表大会上的报告》，《人民日报》2022年10月16日。
④ 习近平：《加快建设农业强国　推进农业农村现代化》，《求是》2023年第6期。

加快建设农业强国，必须以农业现代化为基础，正确处理好农业强国与农业现代化的关系。早在20世纪50年代，我国就提出了实现农业现代化的任务，2017年党的十九大报告明确提出"加快推进农业农村现代化"。[①]过去有人担心，在中央提出加快农业农村现代化之后，再提建设农业强国可能会对农业农村现代化形成干扰。事实上，农业强国与农业现代化是两个既有联系又有区别的概念，二者紧密相联、互为依托。从联系看，一方面，农业现代化是农业强国建设的基础和前提；另一方面，保持农业强国地位要求瞄向世界前沿的农业现代化水平。在全面建设社会主义现代化强国的新征程中，我们需要的是建设一个现代化的农业强国，或者说现代农业强国，实现现代化是建成农业强国的必要条件但非充分条件。没有农业的现代化，就不可能有现代农业强国。但需要注意的是，农业现代化的实现并不一定意味着农业强国的建成。比如，目前许多发达国家都已经实现了农业现代化，但只有美国、加拿大、澳大利亚、德国、法国、荷兰、丹麦、以色列等少数国家被公认为世界农业强国。现代农业强国不仅要实现农业的现代化，还应在世界农业发展中或农业某些重要领域处于领先和强势地位，发挥引领作用和重要影响。

从区别看，农业强国与农业现代化至少在以下三个方面是不同的。一是内涵不同。农业现代化是传统农业转变为现代农业的过程，其实质是农业发展方式的现代化，而农业强国是与其他国家相比的概念，体现在农业的多个方面。二是范围不同。农业现代化是全覆盖的，而农业现代化则是有选择性的。无论是发达国家还是发展中国家，发展农业都是要推进农业现代化，但只有那些具备条件的少数国家才有可能建设为农业强国。同样，在我国，无论是发达地区还是欠发达地区，都需要推进农业现代化，但并非所有省份都具备建成农业强省的条件和能力。三是着眼点不同。农业现代化是从现代化角度提出的概念，而农业强国则是从强国建设视角提出的概念。因此，绝不能以农业现代化取代农业强国建设。例如，我国一直在推进工业现代化、科学技术现代化

[①] 习近平：《决胜全面建成小康社会　夺取新时代中国特色社会主义伟大胜利——在中国共产党第十九次全国代表大会上的报告》，《人民日报》2017年10月18日。

建设，这并不妨碍同步建设制造强国和科技强国。可以认为，加快建设农业强国，只会进一步促进农业现代化，并不会对其形成干扰。

二 加快建设农业强国的主要推进路径

总体上看，加快建设农业强国需要把握好以下推进路径。

（一）加强农业强国建设的统筹协调

为加强对强国建设有关工作的组织领导、统筹规划和政策协调，2015年国务院决定成立国家制造强国建设领导小组，2022年决定成立国家质量强国建设协调推进领导小组。农业是国民经济的基础性产业，其发展需要各政府部门密切配合并给予大力支持。农业强国建设涉及一二三产业各个领域，生产、分配、消费、流通各个环节，以及中央农办、农业农村、发展改革、财政、科技、教育、自然资源、环境保护、水利、工信、人社、市场监管等诸多部门，其实现难度丝毫不亚于制造业强国、质量强国等方面的强国建设，更加需要建立一个强有力的组织协调机构。建议由国务院分管领导牵头，联合相关部门设立国家农业强国建设领导小组，其办事机构设在农业农村部，主要负责推进农业强国建设的组织协调、规划和政策制定。要立足当前，着眼长远，因势利导，循序渐进，做好加快推进农业强国建设的整体谋划和顶层设计，明确远景目标、实施步骤和各阶段任务，采取更加有力的政策措施补齐农业现代化短板，使农业强国建设与其他领域的强国建设相协调。

（二）进一步筑牢国家粮食安全底线

中国有14亿多人口，超过现有发达国家人口的总和，我国粮食消费和需求量巨大。2021年，我国粮食总产量达68285万吨，粮食进口量为16453.9万吨，出口量为331万吨，国内粮食需求量高达84407.9万吨。因此，中国这样一个人口规模巨大的国家在推进现代化过程中，必须始终确保国家粮食安全。可以说，国家粮食安全是全面建设社会主义现代化强国、全面推进中华民族伟大复兴的底线任务，也是加快建设农业强国的基本要求。把国家粮食安全作为强国建设的底线任务，是中国式现代化和农业强国建设的重要特色，区别于一些人口规模和国土面积较小的世界农业强国。加快建设农业强国，必须依靠科技进步和组织管理创新，抓住耕地和种子两个关键，严守18亿亩耕地红线，守住谷物基本自给、口粮绝对安全底线，确保中国人的饭碗牢牢端在自己手中。要树立大食物观，正确处理好粮食安全与食物安全、营养安全之间的关系，推动农林牧渔业高质量发展。应该看到，随着城乡居民消费结构的不断升级，丰富多样的畜产品、水产品、森林食品将有利于改善居民的膳食营养结构，也是保障国家粮食安全的重要组成部分。

（三）补齐农业强国建设的突出短板

在我国强国建设战略体系中，建设农业强国才刚刚提出，起步较晚、基础较差，仍相对滞后，属于我国各方面强国建设中的突出短板。同时，在农业强国建设体系中存在一些明显的薄弱环节，主要包括：农业生产技术和装备水平较低，农田水利设施老化失修严重，数字化水平有待提高；农业生产经营规模小，发展方式比较粗放，规模化、组织化、服务化水平较低；化肥、农药过量使用，农业面源污染治理任务繁重；农业劳动力老龄化、文化素质较低，难以适应农业现代化发展需要；等等。这些薄弱环节成为农业强国建设中的短板，需要采取更加有效的措施集中力量加以解决。尤其是要充分利用新技术革命的成果，加快转变农业发展方式，积极引导小农生产与现代农业实现有效衔接，推动农业向良种化、规模化、工业化、融合化、品牌化、生态化、智慧化方向发展。

（四）做好农业强国建设的时序安排

加快建设农业强国是一个长期的渐进过程，必须做好战略谋划和时序安排，分阶段扎实稳步推进。据对若干关键指标的测算，按照现有发展能力和条件，中国最有可能在 2040 年前后跨越农业强国门槛，保守估计农业强国的实现应不晚于 2045 年。① 根据我国现代化强国建设的总体安排，并考虑到我国农业的现有基础和条件，加快建设农业强国大体可以分为三个阶段：前五年在全面推进乡村振兴中，着重做好顶层设计，建立组织协调机构，完善相关规划和政策，奠定农业强国建设的制度框架和政策体系；到 2035 年，确保基本实现农业现代化，农村基本具备现代生活条件，农业强国建设取得实质性进展，一些重要领域进入农业强国行列，为最终建成农业强国奠定坚实的基础；到 21 世纪中叶，实现农业由大到强的转变，如期全面建成综合型现代化农业强国。为此，要立足五年规划，将未来 4~5 个五年规划周期作为加快建设农业强国的重要时期，确立若干关键任务和重大专项，明确不同时期的发展目标和重点任务，接续推进。在加快建设农业强国的过程中，应将农业农村教育、科技和人才作为优先领域，加大投入和政策支持力度，使之到 2035 年能够符合建成教育强国、科技强国、人才强国的要求。

（五）分产业有序推进农业强国建设

中国是一个人口众多、消费市场巨大的大国，对各种农产品的需求量很大。因此，中国需要建成的农业强国将是农林牧渔业及相关产业高质量全面协调发展的综合型农业强国。2020 年，我国农业及相关产业增加值占国内生产总值的 16.47%，是农林牧渔业增加值的 2.05 倍。在农林牧渔业总产值中，近年来林牧渔业约占半壁江山，由 1978 年的 20.0% 提高到 2008 年的 48.1% 之后一直保持在较高水平，2020 年为 42.8%。从发展趋势看，随着城乡居民生活水平的提高和消费结构升级，林牧渔业日益重要，且有可能比种植业更容易

---

① 魏后凯、崔凯：《建设农业强国的中国道路：基本逻辑、进程研判与战略支撑》，《中国农村经济》2022 年第 1 期。

实现由大变强。为此，要改变传统的"重种植业、轻林牧渔业"的倾向，针对农林牧渔等不同行业，明确标准、目标、任务和路径，实行差别化的推进策略，探索各具特色的强国之路。根据不同产业的现有基础和条件，可以考虑在2035年前后将我国建成林草产业强国，在2040年前后将我国建成现代渔业强国，在2045年前后将我国建成畜牧业强国和种植业强国。种植业由于户均土地经营规模过小，实现由大变强难度更大，任务更为艰巨。此外，加快建设农业强国还要着力提高全产业链的竞争力和控制力，尤其是核心和关键环节的竞争力。

（六）优化农业强国建设的空间布局

我国是一个人口众多、消费市场巨大的发展中大国，对各种农产品的需求量很大。因此，中国需要建成的农业强国将是农林牧渔业及相关产业全面高质量协调发展的综合型农业强国。不同于一些小国和特色型农业强国，中国在确保粮食安全和农民增收的前提下建设综合型农业强国难度更大、任务更为艰巨。加快建设农业强国是中央和各级地方政府共同的责任。各地区的资源禀赋和发展条件不同，其在农业强国建设中承担的功能定位也不一样。有的地区如北京等将成为农业科技创新的重要策源地，有的地区将成为农业农村人才培养基地，还有的地区将成为现代化的农产品主产区和加工基地。在编制加快建设农业强国规划中，应充分体现分区分类的思想，根据各地区的具体条件明确功能定位，优化农业强国建设的空间布局。

（七）加快农业强省强市强县建设

农业强省、农业强市、农业强县是农业强国建设的重要载体。近年来，一些省份纷纷提出建设现代农业强省，并在多方面开展了积极有益的探索，提出建设种业强省、粮食产业强省、休闲观光农业强省、林草产业强省、茶叶强省、畜牧业强省、奶业强省、渔业强省、水产强省等。在全面建设社会主义现代化强国的新征程中，要把农业强省强市强县建设作为加快建设农业强国的主

011

抓手。建议采取省部共建方式，鼓励和支持有条件的省份加快建设农业强省。除了省部共建综合性农业强省外，还可以考虑针对不同行业的情况，分类选择若干省份开展各具特色的农业强省创建示范。此外，要组织有关力量研究制定科学的指标体系，在全国范围内分期分批推进农业强市、农业强县创建示范，充分发挥农业强市强县的示范、引领和带动作用。国家对农业强省强市强县建设给予相应的资金投入和政策支持。

（八）完善农业强国建设政策体系

加快建设农业强国是一项巨大的系统工程，更加需要中央和地方政府强有力的政策支持。在新形势下，要围绕加快建设农业强国的目标任务，制定和调整相关规划，深化农业供给侧结构性改革，完善支持政策体系。当前，应借助全面推进乡村振兴的有利时机，尽快制定加快建设农业强国规划，启动实施一批专项行动、重大工程和重点项目。同时，要将加快建设农业强国作为重要目标任务纳入新一轮乡村振兴战略规划，并通过规划中期评估和调整将其纳入国家"十四五"规划和2035年远景目标纲要中，切实把加快建设农业强国摆在与其他强国建设同等重要甚至优先的位置。此外，还要加强对农业强国指标体系和政策体系的研究，进一步强化科技和人才支撑，加大资金和政策支持力度，完善农业支持保护制度和政策体系。

农村现代化的内涵维度探析

王玲杰　崔　岚[*]

摘　要： 高质量推进农村现代化，需要准确认识和把握农村现代化的六个关键维度，即农村人口现代化、农村产业现代化、农村文化现代化、农村基础设施现代化、农村公共服务现代化、农村治理体系和治理能力现代化。其中，农村人口现代化主要包括农村人口再生产现代化、农村人口结构现代化、农村人口素质现代化、城乡人口分布现代化；农村产业现代化主要包括农村产业基础高级化、产业链现代化；农村文化现代化主要包括农村文化素养现代化、文化生活现代化、文化产业现代化；农村基础设施现代化主要包括农村基础设施布局现代化、基础设施结构现代化、基础设施功能现代化；农村公共服务现代化的重点是在基本公共服务均等化的基础上，推进农村优质公共服务普遍化；农村治理体系和治理能力现代化的关键是建立健全党组织领导的法治、德治、自治、智治相结合的领导体制和工作机制，而治理能力现代化关键体现在农村治理成本、治理绩效、治理监督三个方面。

关键词： 农村现代化　农业现代化　农业强国

---

[*] 王玲杰，河南省社会科学院副院长、研究员，主要研究方向为区域经济；崔岚，河南省社会科学院科研管理部中级统计师，主要研究方向为区域经济。

"农村现代化"在党的十九大报告中首次被明确提出，2018年习近平总书记在中共十九届中央政治局第八次集体学习时指出，"我们要坚持农业现代化和农村现代化一体设计、一并推进，实现农业大国向农业强国跨越"。在2022年12月召开的中央农村工作会上，习近平总书记指出，农村现代化是建设农业强国的内在要求和必要条件，建设宜居宜业和美乡村是农业强国的应有之义。农村现代化是中国式现代化的有机构成，直接关系到我国社会主义现代化目标的实现程度与质量成色。同时，农村现代化是一个复杂系统工程，是在农村人口多、农村地域广的国情特色下，实现中国式现代化的重要内容和关键支撑。高质量推进农村现代化，首先需要准确把握农村现代化的内涵构成和内在要求，认识和把握农村现代化的六个关键维度，即农村人口现代化、农村产业现代化、农村文化现代化、农村基础设施现代化、农村公共服务现代化、农村治理体系和治理能力现代化。

一 农村人口现代化

推进现代化的主体是人，现代化的根本任务是以人的现代化为核心的人的全面、持续、高质量发展，这也使得人口现代化成为中国式现代化的重要构成。对于农村现代化而言，其内在要求同时也是重要的构成维度，就是农村人口现代化。农村人口现代化主要包括农村人口再生产现代化、农村人口结构现代化、农村人口素质现代化、城乡人口分布现代化。

从农村人口再生产现代化来看，农村人口再生产已经呈现从多生到少生、从早生到晚生、从高出生率低死亡率到低出生率低死亡率等传统形态向现代形态的转化，需要关注的是在城镇化进程中农村人口迁出的同时，农村人口数量存在下降的趋势。

从农村人口结构现代化来看，主要包括农村人口年龄结构、性别结构、就业结构等的变化，当前的突出特征就是农村人口老龄化。据第六次和第七次全国人口普查资料，河南省农村65岁及以上人口占比由2010年的9.1%上升到2020年的18%，需要关注的是农村人口老龄化趋势。

从农村人口素质现代化来看，主要包括农村人口身体素质、科教素质等的变化，随着科教兴省战略、技能河南、健康河南、体育河南以及乡村人才振兴等的深入推进，当前的突出特征就是从低教育水平低素质到高教育水平高素质的逐步转变。

从城乡人口分布现代化来看，河南省城镇化水平长期低于全国平均水平，随着农村人口加快向城镇流动、城镇化水平不断提升，正在从以农村人口为主向以城市人口为主转变，需要关注的是人口城镇化与土地城镇化的内在机理及其影响。

二　农村产业现代化

农村产业现代化不同于农业现代化。农村产业现代化是在农村现代化框架下，在确保粮食安全的前提下，在农村迈向现代化中，发挥产业支撑和推动农业农村农民发展的作用，一二三产业协调、融合、高质量发展。农村产业现代化主要包括农村产业基础高级化、农村产业链现代化。

从农村产业基础高级化来看，核心就是强化农村产业的科技支撑，加快补齐创新驱动短板，夯实农村产业发展基础。需要关注的是，一方面在藏粮于技上持续发力，另一方面推动农产品加工制造产业链与创新链实现深度对接融合，为农村产业基础再造提供根本动力和支撑。

从农村产业链现代化来看，河南农村产业的特点是以保障粮食安全为核心的第一产业所占比重较大，第一产业从业人员占从业人员比重为24.2%，比全国平均水平高1.3个百分点；以农产品加工制造业为核心的第二产业领先发展，已经形成了肉制品、面制品、乳制品、油脂及果蔬五大较为完整的产业链；农村商贸、物流、文旅、休闲等生活性服务业发展水平偏低，农村金融服务、科技服务、信息服务等生产性服务业发展滞后。总体上农村产业链的"农"字特色突出，初级化、低端化特色突出，同时存在短链、缺链、断链与不稳、不强、不安全并存的突出问题，以及附加值低、科技含量低、市场竞争力低的突出问题。

需要关注的问题包括：一是农村产业现代化必须符合农村实际，突出农业农村特色。二是农村产业现代化不能就农村说农村，要立足城乡、立足区域来予以谋划、推动。三是农村产业现代化同样遵循产业现代化规律，重点同样是农村产业体系的结构优化、提质增效和科技创新，趋势同样是智能化、绿色化、融合化。四是农村产业现代化一样要立足新发展格局，从资源到市场，积极对接区域产业链、供应链，提升农村产业"链接力"，开辟农村产业发展新赛道，培育农村后发优势。

三 农村文化现代化

建设宜居宜业和美乡村是农业强国的应有之义。和美乡村，"和"进而"美"，乡村和谐极为重要，而和谐乡村的内核是乡村文化振兴，是推进农村文化现代化。农村文化现代化主要包括农村文化素养现代化、农村文化生活现代化、农村文化产业现代化。

从农村文化素养现代化来看，主要是在从传统文化到现代文化的变迁中，农村的文化精神、文明道德、村风民俗等传统文化、乡土文化的创造性转化、创新性发展，呈现农村优秀传统文化与现代先进文化不断融合创新、发展弘扬的趋势性特征。需要关注的是农村的优秀传统文化、乡风习俗的保护与传承。

从农村文化生活现代化来看，随着乡村振兴、乡村建设、文化下乡等的持续推进，农村文化事业不断发展、文化设施不断完善，农村文化生活的量与质都加快提升。需要关注的是农村文化生活中供给与需求的协调、城市与农村生活的统筹等。

从农村文化产业现代化来看，农村文化产业同样要顺应融合化、数字化、智能化的产业现代化发展大趋势，立足乡村旅游、农村文化旅游的发展特色，抓住文旅文创融合发展的战略机遇，加快推动农村文化产业扩量、提质与升级并举。需要关注的是如何加快打造以文兴产、以产兴文、各具鲜明农村特色、链条有效延伸的农村文化产业。

四 农村基础设施现代化

基础设施建设在现代化建设中具有基础性、先导性、战略性、引领性，是服务发展大局、增进民生福祉的重要支撑。农村现代化离不开农村基础设施现代化。农村基础设施现代化主要包括农村基础设施布局现代化、农村基础设施结构现代化、农村基础设施功能现代化。

从农村基础设施布局现代化来看，要构建现代化基础设施网络和体系，长期以来农村基础设施欠账较多，城乡基础设施水平差异显著，目前仍然要在补欠账、拉短板、强弱项上持续发力。需要关注的是在补欠账的同时，立足区域互联互通、共建共享，立足统筹城乡乃至城市群、都市圈发展，统一规划、分工衔接，推动农村基础设施的网络构建、体系完善与布局优化。

从农村基础设施结构现代化来看，近年来大力推进乡村建设等，农村交通基础设施、水利基础设施等传统设施建设已经取得了显著成就，与城镇之间的差距不断缩小，但是在满足新需求、促进新消费、形成新动能的信息基础设施、科技基础设施等新型基础设施方面，仍然差距大、水平低。需要关注的是农村基础设施建设既要关注协调性、系统性，统筹优化农村基础设施的布局和结构，也要关注前瞻性、战略性，在加快农村传统基础设施建设的同时，发挥新型基础设施在农村农业发展中的先导作用，为新发展阶段农村高质量发展奠定基础。

从农村基础设施功能现代化来看，其内在要求和发展趋势就是高效实用、智能绿色、安全可靠，是增强农村发展韧性的重要支撑。从目前农村基础设施建设来看，还处在推进布局、打造体系、实现功能的基础阶段，能够支撑农村现代化的农村基础设施功能现代化建设仍然任重道远。需要关注的是农村基础设施功能的现代化，既要有供给质量，以高质量建设、适度超前建设为基础，也要高效运行，以精细化、系统性管理为保障，还要重视安全强韧，不断提升农村基础设施应对不确定性的能力。

五　农村公共服务现代化

共同富裕是社会主义的本质要求，是中国式现代化的重要特征。农村现代化作为实现共同富裕的内在要求，一个重要构成维度就是农村公共服务现代化。农村公共服务现代化的重点是在基本公共服务均等化的基础上，推进农村优质公共服务普遍化。

从农村基本公共服务均等化来看，其是农村高质量发展、高品质生活的重要基础和保障。基本公共服务均等化主要依靠政府投入，在当前城乡差距、区域差距依然显著的情况下，需要以扩大覆盖面为重点，加快推动基本公共服务的普及。从农村优质公共服务普遍化来看，其是农村现代化水平提升的重要表征，也是实现共同富裕的要求。需要关注的是农村人口流动、农村人口老龄化以及农村家庭模式和婚育观念变迁等经济、社会多重因素，对农村公共服务的供求关系、成本、效果的影响。

六　农村治理体系和治理能力现代化

推进农村现代化，必须坚持和加强党的全面领导，推进农村治理体系现代化和治理能力现代化。

农村治理体系现代化，关键是建立健全党组织领导的法治、德治、自治、智治相结合的领导体制和工作机制。从主体维度来看，重点是以村党支部、村民委员会、村民小组等为治理主体；从规范维度来看，重点是以法治为根本遵循、以公序良俗和道德规范为约束引导。需要关注的是，一方面新形势下农村基层治理体系从主体维度来看出现一些新的特点，比如新乡贤、返乡创业人员、公益性社会组织等多元化、多样性的治理主体参与农村基层治理。另一方面，数字化正在加快驱动生产、生活和治理方式变革，农村基层治理体系的"智治"也正在走向深化，设施、平台、技术等的普及是影响农村基层智治的重要因素。

农村治理能力现代化关键体现在农村治理成本、治理绩效、治理监督三个方面。从农村治理成本来看，聚焦最大公约数、最大限度整合资源、最高效率配置资源。从农村治理绩效来看，重点是农村治理体系规范高效运行、农村生产生活和谐有序等。从农村治理监督来看，重点是建立完善的农村治理信息沟通机制、治理效果评价机制、治理效能奖惩机制等农村治理监督机制。一是培育壮大农村基层治理主体，如农村企业家等农村发展带头人、村支书等农村治理带头人。二是树立"最好的服务就是最好的治理"理念，充分了解群众所思所想所需，把服务做好做优，提升治理效能。三是充分激发群众的主动性、积极性，打造人人有责、人人尽责、人人享有的农村治理共同体。

积极探索中国式乡村现代化道路

李宜航　邓智平　廖炳光[*]

摘　要：乡村现代化是中国式现代化的最大短板以及任务最艰巨最繁重之所在。中国式乡村现代化是世界乡村现代化一般规律与中国国情的结合，是中国式现代化在乡村场域的具体展开，具有鲜明的中国特色，其理论内涵包括粮食安全前提下的一二三产业融合发展、党建引领下的乡村自治法治德治"三治融合"、社会主义核心价值观引领的传统文化传承创新、共同体导向的乡村现代生活、现代性条件下的人与自然和谐共生。

关键词：中国式现代化　乡村现代化　农业强国

党中央历来高度重视"三农"问题，特别是党的十八大以来，习近平总书记就"三农"工作提出了一系列新理念新思想新战略。2017年，党的十九大明确提出"乡村振兴"战略，明确要实现乡村产业振兴、人才振兴、文化振

---

[*] 李宜航，广东省社会科学院副院长、研究员，主要研究方向为农业农村现代化；邓智平，广东省社会科学院改革开放与现代化研究所所长、研究员，主要研究方向为人口流动与城镇化；廖炳光，广东省社会科学院改革开放与现代化研究所助理研究员，主要研究方向为农业农村现代化。

兴、生态振兴、组织振兴。2020年，中央农村工作会议提出"农业农村现代化"，明确"农业现代化和农村现代化一体设计、一并推进，实现农业大国向农业强国跨越"。①2022年底，习近平总书记在中央农村工作会议上指出，"我们要建设的农业强国、实现的农业现代化，既有国外一般现代化农业强国的共同特征，更有基于自己国情的中国特色"，"所谓中国特色，就是立足我国国情，立足人多地少的资源禀赋、农耕文明的历史底蕴、人与自然和谐共生的时代要求"。②从党的十九大以来党中央"三农"问题顶层设计的战略演进来看，"三农"现代化不是农业、农村、农民分散的现代化，而是一个内部存在有机联系的整体，因而必须统筹推进农业、农村、农民同步整体实现现代化。

为了更加直接地体现农业、农村、农民三者的协同现代化，同时为了表述的简洁以及与历史上的乡村建设传统、当前的乡村振兴战略和国际上的新村运动等接轨，本文采用"乡村现代化"的概念表述。乡村现代化是中国式现代化的重要组成部分，是国家实现现代化的基础和前提，更是迫切需要补齐的短板。党的二十大指出，中国式现代化是人口规模巨大的现代化，是全体人民共同富裕的现代化，是物质文明和精神文明相协调的现代化，是人与自然和谐共生的现代化，是走和平发展道路的现代化。如何从中国式现代化的理论视角，结合各国乡村现代化的一般规律，总结中国式乡村现代化道路的意义、内涵和路径，是本文研究的主要问题。

一 中国式乡村现代化道路选择

（一）世界乡村现代化的不同模式

综观世界各国现代化历程，其不仅在工业化上存在多种实现路径，在农业现代化上也存在不同发展模式。从现代化的一般规律来看，各国普遍经历了"城的比重上升，乡的比重下降"的发展阶段；但对于现代化进程中农业、农村和农民的最终命运究竟如何，却存在不同的认识和实践。

---

① 习近平：《把乡村振兴战略作为新时代"三农"工作总抓手》，《求是》2019年第11期。
② 习近平：《加快建设农业强国　推进农业农村现代化》，《求是》2023年第6期。

首先,西方现代化理论对农业和农民的命运有两种截然不同的认识。一种观点认为现代化必然导致农民的终结和村落的终结。如孟德拉斯认为,随着现代化的推进,传统的小农生产方式以及农民将逐渐消失,并最终走向终结,取而代之的将是现代化的农业和现代农业工人。① 发展经济学家舒尔茨认为,发展中国家的传统农业是不能对经济增长做出贡献的,只有现代化的农业才能对经济增长做出重大贡献,发展中国家政府需要通过增加人力资本投入等手段将传统农业改造为现代化的农业,而农民行为内在的理性化特征可为小农的传统化改造提供基础。② 波普金则以美国家庭农场为样本,提出小农的农场相当于一个资本主义的"公司",是一个在权衡长短期利益之后,为追求利益最大化而做出合理生产抉择的人。③ 总之,"终结论"的观点认为现代社会中的农民身份、认同、心理、习俗以及农业形态与传统社会相比都将发生颠覆性的变化,而西方发达国家的农业农村形态代表着这一变化的基本方向。另一种观点则认为小农并不会终结。卡尔·波兰尼明确反对经济学家用"形式经济学"的方法将小农的行为简单化为利益最大化。④ 恰亚诺夫通过考察俄国的农业发展历程指出,资本主义的利润计算法不适用于小农的家庭式农场。小农的家庭式农场的生产,主要是为了满足其家庭的消费需要,不是为了追求利益最大化。⑤ 詹姆斯·斯科特通过对东南亚小农的生存经济田野研究发现,小农经济的主要行为准则是"避免风险""安全第一""生存理性"。小农的集体行动,基本上是防卫性和复原性的,是为了对抗威胁生计的外来压力,对抗资本主义市场关系以及资本主义国家政权的入侵。⑥ 黄宗智的研究发现,20 世纪上半叶在市场经济和外来资

---

① 〔法〕H. 孟德拉斯:《农民的终结》,李培林译,中国社会科学出版社,2010。
② Theodore W. Schultz, *Transforming Traditional Agriculture*, New Haven: Yale University Press, 1964.
③ Samuel L. Popkin, *The Rational Peasant: The Political Economy of Rural Society in Vietnam*, Oakland: University of California Press, 1979.
④ 〔英〕卡尔·波兰尼:《大转型:我们时代的政治与经济起源》,冯钢、刘阳译,浙江人民出版社,2007。
⑤ 〔俄〕A. 恰亚诺夫:《农民经济组织》,萧亚洪译,中央编译出版社,1996。
⑥ James C. Scott, *The Moral Economy of the Peasant: Subsistance and Rebellion in Southeast Asia*, New Haven: Yale University Press, 1976.

本的影响下，中国华北地区的传统农业并没有走上"效率提升—农民增收"的现代化道路，而是衍生出半殖民地区独特的农业"内卷化"的经营形态。[1]

其次，各国的农业现代化路径也不尽相同。从18世纪开始，随着资本主义工业化在以英国为首的西方（西欧和北美）兴起，自给自足的传统农业在全球就开始向市场化的现代农业过渡；东亚、南亚、南美等地区，则在相对较晚的时期才开始这一转变。从狭义的农业现代化历程看，20世纪初，以美国为首的工业化国家开始在农业中大规模引入动力机械和人工合成化肥，开启了农业技术革命（机械化、科技化）进程；随后，南美、澳洲以及二战后的东亚、南亚相继开启了农业技术革命，农业单产快速增加、农业人口快速减少，农业劳动生产率显著提高。在这个农业现代化的过程中，全球的农业文明在工业化的浪潮中被摧毁和重塑，封建的乡村社会在城镇化的浪潮中被消解或转型，传统的地主和农民则演变为市场机制下的"土地"资本家和农业职业工人。

经过200多年工业化、城市化的冲击和洗礼，各国农业部门内生的现代化动力不断增强。到20世纪后半叶西方发达国家中已经涌现出了一批现代化农业强国，其在农业及其关联产业的优势、特色领域，具有规模化的引领全球农业发展潮流的独特优势，或在全球农业及其关联产品市场竞争中形成较强的国际竞争力。总的来看，西方国家农业现代化的路径可以分为两条：一条是以美国为代表的综合型农业强国发展路径，不仅农产品产出水平高、品类丰富，且在全球农产品贸易中占据主导地位；另一条是特色型农业强国发展路径，即以农业中特定产业或部门的较强竞争力闻名于世，主要包括加拿大、澳大利亚、丹麦、法国、意大利、德国、荷兰、以色列和日本。[2]

（二）中国式乡村现代化的道路选择：乡村现代化一般规律与中国国情的结合

通往现代化的道路有很多条，西方模式只是其中的一条。中国虽然

---

[1] 黄宗智：《华北的小农经济与社会变迁》，中华书局，1986。
[2] 魏后凯、崔凯：《建设农业强国的中国道路：基本逻辑、进程研判与战略支撑》，《中国农村经济》2022年第1期。

是现代化的后来者,但已经找到属于自己的中国特色社会主义道路。具体到"三农"领域,中国也必须走一条符合自身实际、具有中国特色的农业农村现代化道路。邓小平同志早就提出,我国的农业现代化,不能照抄西方国家或苏联一类国家的办法,要走出一条在社会主义制度下合乎中国情况的道路。① 习近平总书记也指出,实现乡村振兴是前无古人、后无来者的伟大创举,没有现成的、可照抄照搬的经验。我国乡村振兴道路怎么走,只能靠我们自己去探索,要坚持走中国特色乡村振兴之路。② 西方资本主义国家的农村兴衰历程有其自身内在的发展规律,这些规律对中国来说有一定的借鉴意义,但不能替代中国自身的农业农村现代化实现路径。一个人口超过10亿的大国,在现代化进程中,实现现代化以后,城乡是什么样的格局?人口在城乡之间的分布到底是什么状态?这些规律世界其他国家或地区还没有总结出来,只能靠中国自己去探索和总结。③

第一,乡村人口的巨大规模要求中国必须保持乡村现代化与整个国家现代化的同步推进。中国作为一个历史悠久的农业文明社会、农业大国,农业人口规模巨大。对于中国而言,乡村现代化有着更为特殊的意义。到2030年即使中国人口城镇化率达到70%,农村还会有4.5亿人口。乡村是社会的稳定器,乡村现代化不仅仅要解决农业问题,而且要解决农村人口的福祉问题。④ 既然农业农村农民在现代化的进程中不会消亡,城乡将长期共生并存,就不能放任农业农村自然衰败和凋敝,必须从政治经济学的角度,既从经济上看待农业农村农民的效率,更要从政治上看待农业农村农民的价值,始终坚持把解决好"三农"问题放在现代化建设重中之重的位置,实现现代化建设的系统推进、

---

① 《邓小平文选》(第2卷),人民出版社,1994。
② 习近平:《把乡村振兴战略作为新时代"三农"工作总抓手》,《求是》2019年第11期。
③ 陈锡文:《实施乡村振兴战略,推进农业农村现代化》,《中国农业大学学报》(社会科学版)2018年第1期。
④ 陈锡文:《实施乡村振兴战略,推进农业农村现代化》,《中国农业大学学报》(社会科学版)2018年第1期。

协同并进。实现乡村现代化就是要使得乡村地区的上述功能更加完善,在巨量农村人口规模的背景下,无论如何都不能让农村衰败,使乡村现代化跟上国家现代化的步伐。

第二,解决好"三农"问题是中国补齐社会主义现代化国家建设短板的重要任务。现代化是一个综合性、整体性的社会变迁,涵盖城市、农村等不同空间,东部、中部、西部等不同区域,政治、经济、文化、社会、生态等不同领域,农业农村的现代化无疑是现代化的重要内容之一。由于工农业比较收益的巨大差异,市场经济条件下,农业农村很容易成为现代化的短板。习近平总书记指出,没有农业农村现代化,就没有整个国家现代化。农业农村现代化进程直接关系到社会主义现代化目标的完成进度和质量成色。全面建设社会主义现代化国家,大头和重头在"三农",基础和潜力也在"三农"。① 我国要在2035年基本实现社会主义现代化,到21世纪中叶建成富强民主文明和谐美丽的社会主义现代化强国,② 就必须加快补齐短板,确保在现代化进程中农业农村不掉队、同步赶上来。③

第三,解决好"三农"问题是中国应对国内外发展环境深刻复杂变化和风险挑战的迫切需要。世界百年未有之大变局与新冠疫情交织叠加,国际形势动荡多变,不稳定性不确定性显著上升,实现普遍安全和共同发展的任务繁重。以美国为首的西方国家极力遏制中国发展,国际大循环受到一定影响,中国过去依赖低成本优势嵌入国际产业分工、过度依靠国际大循环的发展模式难以为继。因此,要构建以国内大循环为主、国内国际双循环的新发展格局,最基础、最重要的工作就是巩固农业农村这个基本盘。必须严防死守18亿亩耕地红线,防止耕地"非农化""非粮化",守护好战略后院,防止因"吃饭"问题被"卡脖子";必须持续推动农民增收,释放农村市场的巨大潜力,拓展

---

① 习近平:《把乡村振兴战略作为新时代"三农"工作总抓手》,《求是》2019年第11期。
② 习近平:《决胜全面建成小康社会 夺取新时代中国特色社会主义伟大胜利——在中国共产党第十九次全国代表大会上的报告(2017年10月18日)》,人民出版社,2017。
③ 胡春华:《加快农业农村现代化》,载本书编写组编著《党的十九届五中全会〈建议〉学习辅导百问》,党建读物出版社、学习出版社,2020。

扩大内需的战略腹地，加快促进国内大循环；必须持续提高农民的素质，实现全体人民的共同现代化，巩固人的现代化这个战略基础，不断增强推动经济社会永续进步的动力。

二　中国式乡村现代化的理论内涵

中国式乡村现代化主要包括产业、生态、文化、治理、生活五个方面的主要内容。党的十六届五中全会提出"建设社会主义新农村"，要按照生产发展、生活宽裕、乡风文明、村容整洁、管理民主的要求扎实稳步推进。党的十九大提出的乡村振兴战略，强调按照产业兴旺、生态宜居、乡风文明、治理有效、生活富裕的总要求，并把乡村振兴细化为产业振兴、组织振兴、文化振兴、人才振兴、生态振兴"五大振兴"。通过对社会主义新农村20个字的要求和乡村振兴20个字的要求以及"五大振兴"的分析，可以发现，"三农"问题的五个维度是相通的，产业、生态、文化、生活、治理是共性的内容，人才振兴和城乡融合体制机制改革则可以理解为贯穿于五大领域的制度与人才保障。

（一）粮食安全前提下的一二三产业融合发展

在现代化进程中，一国农业总产值占GDP比重以及农业部门从业人员占全社会就业总人口比重总体上呈现"双降低"的趋势。然而，在发达国家中农业的战略重要性并不因产值和就业人员比重降低而下降。从西方主要农业强国（几乎都是发达国家）的发展经历来看，农业不仅没有成为"边缘部门"，反而成为经济社会稳步发展的"压舱石"以及具备国际竞争力、劳动生产率高、附加值高和工资回报率高的行业。依靠科技创新、推动一二三产业深度融合、完善农产品市场化体系是建立现代化农业强国的不二法门。在科技创新方面，农业发达国家几乎都是种业强国，农业生产率的提高已经从以化肥投入为主的"化学农业"阶段步入以生物细胞和基因技术为主的"生物农业"阶段。在农业产业化方面,发达国家的农业在规模化种植养殖的基础上向农产品加工流通等第二、第三产业延伸,不断拓宽农产品增值空间和市场范围。在农产品市场化和专业分工方面,发达国家通过参与全球化竞争,依托各自比较优势形成了区域化产业集群,对世界农产品市场产生巨大影响,例如美国和澳大利亚的畜牧业、美国的玉米种植业、荷兰的花卉产业、丹麦的乳制品行业、以色列的灌溉农业等。可以说,西方发达国家的农业现代化历程就是以传统种植业为基础,以一二三产业融合推动农业做大做强,最终实现农业价值链的中高端发展。

世界主要农业强国的农业现代化历程为中国提供了可借鉴的经验。中国的农业现代化与西方国家最大的不同就是必须坚持粮食安全这一重要前提。习近平总书记指出,"14亿多人口的中国,任何时候都必须自力更生保自己的饭碗","保障粮食和重要农产品稳定安全供给始终是建设农业强国的头等大事"。[①] 在保证粮食和主要农产品供应安全的前提下,如何合理调配优化农业部门资源配置、充分发挥市场机制的作用、提高农业内非粮部门的效益和竞争力是中国农业现代化必须直面的问题。因此,中国的农业现代化应该走一条在粮食安全前提下的一二三产业融合发展的道路。

一方面,要将粮食安全作为国家现代化的"压舱石",为经济社会现代化提供最基础的安全保障。新中国成立以来,中国政府高度重视粮食生产,始终把确保粮食安全作为治国安邦的首要任务,走出了一条具有中国特色的粮食安全之路。[②] 新时代以来,各级政府和部门树立"大粮食安全观",把粮食安全问题作为重大国家战略和"三农"工作中的头等大事。粮食安全是中国国家战略安全的基本问题,保障粮食和主要农产品供给安全就是在中国建设现代化强国新征程中确保中国人的饭碗任何时候都牢牢端在自己手上。

---

① 习近平:《加快建设农业强国 推进农业农村现代化》,《求是》2023年第6期。习近平总书记多次强调,要确保中国人的饭碗任何时候都牢牢端在自己手上,饭碗应该主要装中国粮。党的十九大报告明确提出,"确保国家粮食安全,把中国人的饭碗牢牢端在自己手中"。2021年中央一号文件把"提升粮食和重要农产品供给保障能力"作为加快推进农业现代化的首要任务,足以看出中央对粮食安全的战略性思考以及要牢牢掌握国家粮食安全主动权的决心。
② 中华人民共和国国务院新闻办公室:《中国的粮食安全》,http://www.xinhuanet.com/politics/2019-10/14/c_1125102709.htm。

另一方面，在保障粮食安全的前提下，要通过深化改革和技术革新重组农业生产要素，加快实现农业生产力的跃迁，实现农业现代化和建成农业强国，为全面建设社会主义现代化强国提供坚实的支撑。中国在建设农业强国的过程中，要遵循农业现代化建设的一般规律，找差距、补短板、扬优势，努力缩小与世界主要农业强国之间的差距，建设供给保障强、科技装备强、经营体系强、产业韧性强、竞争能力强的农业强国。

（二）党建引领下的乡村自治法治德治"三治融合"

近代以来在工业化、城市化浪潮的冲击下，各国乡村社会结构、社会组织方式都发生了巨大的变化，都不同程度地面临传统社会秩序和治理体系的瓦解及其引发的乡村衰败的危机：乡村自治的衰落、维系乡村秩序的价值体系的式微、新旧管理制度的不兼容、法律与旧习俗的冲突、乡村治安形势的恶化等。乡村治理作为一个全球化的课题越来越被各国所重视。特别是在第二次世界大战后，经历了战争的毁坏和创伤，如何有效治理乡村、促进乡村发展成为世界各国亟待解决的重大问题。各国纷纷制定乡村复兴和中长期发展战略规划，例如韩国的新村运动等。在某种意义上，乡村现代化的过程，也是乡村地区社会秩序在现代化冲击下重构的过程。

中国在历史上就有着"皇权不下县"的士绅自治传统，近代以来的国家建设运动在推行现代化治理模式的同时也造成了"劣绅化""政权内卷化"等危机。究其原因，封建王朝和地主阶级、资产阶级主导的地方政权建设并非以人民的利益为中心，在以自然经济为主的社会强加过重的负担给农民，摒弃乡村传统的社会秩序和价值体系，不承担改善乡村公共福利的责任。与之相反，在中国共产党引领的农村社会动员和基层政权建设中，坚持以人民利益为中心，密切联系群众，发动广大农民参与土地改革、社会主义现代化建设，乡村社会的组织化程度大大提高，农村水利、道路、医疗等公共条件显著改善，农民生活水平显著提高。历史和实践证明，在乡村现代化过程中，中国需要在借鉴国外治理现代化共同经验的基础上，挖掘乡村传统治理资源，根据中国国情民情探索推进党建引领下的乡村自治法治德治"三治融合",① 最终达到"农村既充满活力又稳定有序"的"善治"状态。

一方面,乡村治理现代化,必须坚持党对乡村治理的全面领导,充分发挥基层党组织坚强的战斗堡垒作用。党的领导直接决定中国式现代化的根本性质,"三治融合"的治理模式必须置于党建引领的前提之下。党的基层组织作为乡村治理的"主心骨",扮演着思想引领者、发展带头者、组织协调者、权力监督者等重要角色,是新时代加强和改进乡村治理最核心的领导力量。自治、法治和德治三种不同的治理方式既有结合点,也有冲突的可能。只有完善党组织领导的自治、法治、德治相结合的乡村治理体系,才能避免不同治理方式的冲突,实现乡村有效治理。新时代乡村治理体系的转型主要体现在党委、政府领导下的共治体系的形成,即在乡村治理中,党委、政府的领导作用是核心,也是基础。②

另一方面,必须坚定推进"三治融合"。乡村治理体系反映的是参与治理的各种权威、各种力量、各种组织和各种资源之间的关系及运作方式,③自治、法治、德治是维持乡村治理格局良性运转的不同治理方式。其中,自治是属于村庄的范畴,法治是属于国家的范畴,德治是属于社会的范畴。这三种方式是互为补充、互相衔接、缺一不可的。一是自治为基,发挥村民主体作用。确立广大村民在乡村治理中的主体地位,发挥基础性作用,通过不断加强村民委员会等基层群众性自治组织建设,完善村民自治制度,探索村民自治在不同地域的有效实现形式,努力做到治理为了村民、治理依靠村民、治理成果由村民共享,为乡村治理体系现代化奠定坚实的基础。二是法治为本,提升依法治理水

---

① 党的十九大报告首次提出,加强农村基层基础工作,健全自治、法治、德治相结合的乡村治理体系。《关于加强和改进乡村治理的指导意见》进一步明确了乡村治理现代化的目标和要求,到 2025 年党组织领导下的"三治融合"的乡村治理体系更加完善,乡村社会充满活力、和谐有序,乡村治理体系和治理能力基本实现现代化。
② 陆益龙、孟根达来:《新时代乡村治理转型的内在机制与创新方向》,《教学与研究》2021 年第 8 期。
③ 陆益龙:《乡村振兴中的农业农村现代化问题》,《中国农业大学学报》(社会科学版)2018 年第 3 期。

平。我国乡村治理现代化的一个重要问题是需要加强法治乡村建设，加快补齐乡村法治短板，通过完善相关法律法规体系，加强法治教育，健全乡村法律服务体系，从而为实现乡村现代化创造良好的法治环境。三是德治为先，塑造乡村文明新风。在现代化过程中，乡村社会道德传统和原有价值体系不断面临挑战，重构乡村道德秩序，就得依赖社会成员对公共秩序的自觉践行和遵守，也就是德治。乡村德治建设，主要在于提升村民的思想道德素养，从内心改变村民的价值观，引导村民崇善尚德，帮助村民实现自我提升，使其自觉遵守和维护社会秩序，从而在整体上涵养乡风文明。

（三）社会主义核心价值观引领的传统文化传承创新

西方国家在工业革命以来，资本主义现代文明席卷各个社会阶层和城乡区域，乡村地区承载的传统文化遭遇现代性危机。现代社会的功利主义导向的价值观、理性化和科层化的制度精神、个体主义优先的原则等或多或少与传统农耕社会的价值观有所冲突。但是，在现代化程度达到一定水平后，各国又开始重视乡村文化和传统习俗的传承再造。由于西方国家属于内生型现代化，且时期较长，乡村文化的传承与现代性的冲突磨合是逐步展开的，最终基本以现代性战胜乡村文化为结果。对亚非拉等后发、外生型现代化国家来说，乡村地区所承载的传统文化与外来的现代性西方文化之间的冲突更加剧烈，民族主义价值观的转型难度更大。即便如此，各国仍难以放弃传统文化，所有经历现代化转型的国家都面临传统文化传承创新问题。

对于后发国家，现代化本身就是民族传统和现代性融合的产物，对于任何一国来说在文化上都不存在全盘西化的现代化方案。乡村文化重塑也不意味着完全回归传统社会价值观来重新构建乡村文化的价值体系和行为体系。中国的乡村文化现代化必须坚持以社会主义核心价值观为引领、推进以乡村农耕文明为内核的中华优秀传统文化的传承创新与再造，[①] 在保持自身传统和特质的

[①] 党的十八大报告提出，倡导富强、民主、文明、和谐，倡导自由、平等、公正、法治，倡导爱国、敬业、诚信、友善，积极培育和践行社会主义核心价值观。

基础上，取其精华、弃其糟粕，将现代性因素融入乡村文化，找到新的生长点，实现其从传统到现代的转型。

坚持以社会主义核心价值观引领乡村文化振兴的主要落脚点在于激发农民在乡村振兴中的主体性。农民对乡风文明内涵的理解更多的是延续传统乡村中仁义礼智信等道德价值标准，遵循的是乡土逻辑，乡土文化的提炼升华有赖于社会主义核心价值观的引领，推动农民思想道德观念、科学文化素质、思维模式和行为方式的现代化，推动实现传统农民向现代农民的全面转变。推动农民的现代化转型，最为关键的是激发乡村居民的主体性自觉，①实现物的现代化与人的现代化的统一。农村居民对乡村建设的主体性自觉，是指他们意识到乡村建设的重要价值及其可能带来的巨大发展潜力和机会并因此积极参与乡村建设。在乡村振兴过程中，文化振兴的关键在于与农村社会的传统伦理道德相结合，从而转化为农民心中的情感认同和行为习惯。②如果不能调动农民的积极性，也就不能确保农民的主体性地位，那么任何对农村发展设计的理想目标都难以获得农民的认同，也就不能得以实现。③必须调动农民作为乡村振兴参与主体的积极性和创造性，保障农民的合法权利和经济利益，尊重农民的自主选择，使乡村振兴成为农民建设自身美好家园的过程。④

一个完整的现代化应该包含传统文化的再造。乡村承担着传承和弘扬一个国家、一个民族和一个地区所特有的优秀传统文化的功能。⑤习近平总书记指出，乡村文化是中华民族文明史的主体，村庄是这种文明的载体，耕读文明是我们的软实力。中国式乡村现代化就是要通过乡村文化振兴传承优秀传统文化，维护好国家、民族永续发展的根脉。在快速推进的工业化、

---

① 在实践中，行动的动力主要来自行动者作为主体的自觉。每个人都有对美好生活的设想和追求，因此，主体性自觉的最直接根源就是其对美好生活的认知和追求。
② 石文祥、赵潜：《乡村振兴背景下新时代农村思想道德建设的构建》，《云南农业大学学报（社会科学）》2019年第5期。
③ 王春光：《关于乡村振兴中农民主体性问题的思考》，《社会发展研究》2018年第1期。
④ 陈锡文：《充分发挥乡村传承优秀传统文化的功能》，《北京日报》2019年2月26日。
⑤ 陈锡文：《实施乡村振兴战略，推进农业农村现代化》，《中国农业大学学报》（社会科学版）2018年第1期。

城镇化、信息化、全球化背景下,只有在乡村才能发掘出植根于悠久历史农耕文明土壤之中的中华文明基因。[1]要保护乡村风貌和乡村记忆,尤其要保护好传统村落、民族村寨、古建筑、古树木等,充分发掘和弘扬乡村风土民情、乡规民约、农耕文化、传统技艺等优秀传统乡土文化,使之成为乡村振兴的重要动力支撑。[2]

(四)共同体导向的乡村现代生活

乡村居民生活方式的现代化是西方各国现代化进程中的一个重要维度。随着乡村人口规模及其占总人口比重不断下降,仍在乡村居住生活的人们的生活方式也向城市趋同。在物质方面,政府持续增加对乡村基础设施和公共服务的投资,努力缩小城乡发展差距,确保乡村居民也可以就近享受便捷的教育、医疗、交通、通信等公共品。在生活习俗方面,时空距离的缩短使得乡村传统生活方式更容易受到城市文化的冲击,消费主义浪潮从城到乡席卷各国。20世纪末主要发达国家城乡居民在人均寿命、收入水平、教育年限、营养水平等发展指标上差距显著缩小。

总的来说,西方乡村生活现代化是在长时间内乡村人口大规模减少、农业人口比重极低、村庄大量自然消解合并等条件下实现的。与之相比,村庄在中国式乡村现代化进程中既是基层社会组织的基本形式、社会治理的基本单元,也是中华传统农耕文明的重要载体,更是集体所有制这一社会主义公有制基石的实现形式。中国式乡村现代化的实现绕不开村庄,中国的乡村生活现代化是一种共同体导向的乡村现代生活:在坚持村庄作为乡村社会基本组织、社会治理基本单元、乡村经济的重要主体、农民生活的主要空间等主体地位的同时,积极缩小城乡居民在基础设施、公共服务、资产和收入方面的差距,实现城乡居民生活水平的同等。

---

[1] 陈锡文:《充分发挥乡村传承优秀传统文化的功能》,《北京日报》2019年2月26日。
[2] 李周、温铁军、魏后凯、杜志雄、李成贵、金文成:《加快推进农业农村现代化:"三农"专家深度解读中共中央一号文件精神》,《中国农村经济》2021年第4期。

一方面，要坚持从村落共同体的视角整体推进乡村生活现代化。村落是一个由共同利益和共同价值的人民组成的共同体，即便在转型期的中国，村庄也不只是一个随着人口逐渐转出而逐步缩小、合并、消亡的物理空间，而是一个可以承载乡村居民生活现代化的文化—经济—社会—治理的共同体。首先，村庄是中华传统文明的发源地和乡村文脉延续的现实载体，乡村的文化内核存在于乡村的共同记忆、传统习俗等之中，乡村承载的优秀传统文化不能因急速城市化而消亡和衰落，保护传承乡村传统文化就是保护传承中华文明。其次，乡村是一个以集体所有制为基础的经济共同体。村庄不仅是一个地理范围和治理单元，也是一套以集体所有制为基础的制度装置，其中集体土地所有制是村庄制度的基石。通过土地的集体资产的确权、经营、收入分配等一整套集体产权制度安排，以及确定集体成员身份和边界的规则，村庄建立起了一整套以成员权为基础、将集体产权收益作为公共福利分配基础的共同体制度规则，为缩小城乡差距和实现村庄内部的共同富裕提供了社会经济基础。再次，村庄是一个基于"熟人社会"关系网络的社会共同体。与作为"陌生人社会"的城市相比，村庄是一个以熟人社会为基础的共同体，宗族网络、亲缘关系等传统性社会纽带为村民的日常互动、经济协作等提供了社会信任的基础，村民的日常行为也受到村庄传统道德规范的约束。最后，从国家与乡村的关系来看，村庄是国家治理中维系乡村秩序的基本单位。[①]村庄作为转型期的经济社会发展的"稳定器"，在缓解急速城市化带来的社会矛盾等方面发挥了不可替代的作用。正因有乡村共同体在稳定社会秩序上的"托底"，中国才得以在"可进可退"的城市化进程中为进城农民在农村留一条后路，从而始终维持社会稳定大局。

另一方面，实现农村居民生活现代化必须扎实推进城乡共同富裕。在城乡二元体制的长期影响下，中国的农民生活现代化程度较发达国家还有一定差距。中国的乡村常住人口规模巨大，"即使城市化率达到了75%，仍有将近

---

① 刘守英、熊雪锋：《中国乡村治理的制度与秩序演变——一个国家治理视角的回顾与评论》，《农业经济问题》2018年第9期。

四五亿农民生活在乡村。"这就导致要为四五亿乡村人口提供与城市同等的公共服务，投入压力巨大。要继续补足农村在道路、通信、用水、用电、环卫等基础设施，以及教育、医疗、社保、养老等公共服务方面的短板，推动实现城乡基础设施与公共服务基本实现一体化、均等化。此外，当前制约实现城乡共同富裕的重要因素在于城乡居民资产和收入差距过大。[1]实现农民生活现代化必须深化农村集体经济制度改革[2]和土地制度改革，进一步畅通城乡要素双向流动渠道，激活农民的土地、住宅等"沉睡"资产的价值，全面缩小城乡居民资产差距。

（五）现代性条件下的人与自然和谐共生

在传统自然经济条件下，人与自然就是和谐共生的。随着近代以来工业化、城镇化的推进，西方国家通过征服自然、以无限制攫取自然资源为代价采用工业化发展模式实现了生产力的飞跃和巨大社会财富的原始积累，同时也造成了巨大的生态灾难。工业化、城镇化对乡村的过度攫取，不仅导致农民生活水平提高缓慢，而且导致乡村生态系统破坏、环境污染加剧，洁净的水源、清新的空气、碧绿的原野、恬静的风光成为工业文明下的稀缺品。20世纪50年代以来，西方各国开始反思对自然资源过度攫取的传统发展模式，以《寂静的春天》的出版为标志，绿色发展、生态农业等概念逐渐被人们所接受。欧美国家为了保证经济的长远发展而进行功利性资源保护，对前一阶段被破坏的环境的修复，是对不计环境代价发展经济的行为的重新定位。[3]20世纪80年代以来在西方资本主义国家出现的生态现代化理论、可持续发展理论，强调通过预防性环境技术与政策革新来解决发展中的环境问题，实现经济发展和环境保护

---

[1] 改革开放以来，中国农村居民收入迅速增长且增速快于城镇居民，1978~2020年，城乡居民收入比从2004年的3.21下降到2020年的2.56。在部分发达地区，农村居民因集体资产等而获得分红，与城镇居民的收入差距大幅缩小，具备了实现城乡共同富裕的良好基础。
[2] 农村"三变"（资源变资产、资金变股金、农民变股东）改革有待进一步推进，集体和农户家庭的产权登记机制有待进一步完善。
[3] 付成双：《从征服自然到保护荒野：环境史视野下的美国现代化》，《历史研究》2013年第3期。

的"双赢"。①但总体上，西方国家在现代化过程中走的是一条"先污染后治理"的路子。

习近平总书记指出，中国式现代化是人与自然和谐共生的现代化。中国式乡村现代化是在绿色发展理念和"绿水青山就是金山银山"理论指导下，全面实现农业农村绿色发展，人与自然和谐共生，建设山清水秀、环境优美、生态宜居的美丽乡村的实践。②中国式乡村现代化要实现的乡村生态振兴不是回到传统的自然经济状态，通过降低开发强度来减小人类对生态环境的干预和影响，而是要在现代性条件下通过科技创新和生产效率提高等手段实现人与自然和谐共生，即通过顺应自然的开发干预，追求物质产品和生态服务供给之间的平衡。③

一方面，乡村生态现代化必须以现代性为前提。在现代化进程中，传统农村生态环境面临着现代性的侵蚀，必须在新的历史条件下重构农村生态文明。乡村生态现代化的目的绝不是降低生产力，回归自然经济模式。一种观点认为，人类社会对自然干预越少、污染物和碳排放越少，就越是环保的体现。西方国家不顾发展水平差异要求发展中国家承担同等的减排国际责任就是这一"狭隘生态主义观念"的体现。中国式乡村现代化的生态目标就是要坚持生态保护优先，全面实现农业农村绿色发展，推进农村生态文明全面进步，促进人与自然和谐共生，建设一个山清水秀、环境优美、生态宜居的美丽新乡村。④这一目标的内涵不局限于乡村人居环境的改善，还延伸到了农业的绿色转型、资源的可持续利用和生态修复等整个生产和治理体系，⑤力争农村环境治理达到世界先进水平。

另一方面，优美生态环境是人民美好生活的必需品，建设美丽乡村是满

---

① 李慧明：《生态现代化理论的内涵与核心观点》，《鄱阳湖学刊》2013年第2期。
② 魏后凯：《深刻把握农业农村现代化的科学内涵》，《农村工作通讯》2019年第2期。
③ 李周：《中国农业绿色发展：创新与演化》，《中国农村经济》2023年第2期。
④ 魏后凯：《深刻把握农业农村现代化的科学内涵》，《农村工作通讯》2019年第2期。
⑤ 贺聪志、王莎莎、赵泽阳：《生态宜居的微观实践与农民叙事》，《中国农业大学学报》（社会科学版）2022年第4期。

足乡村居民美好生活需要的必经之路。在乡村振兴的背景下，全面改善乡村生态环境、满足广大城乡居民日益增长的优美生态环境需要已成为全社会的重要共识，乡村生态现代化是对社会主要矛盾变化的回应。建设美丽乡村是实施乡村振兴战略的重要内容。生态振兴是乡村振兴的五大振兴任务之一，生态宜居是乡村现代化的目标之一。乡村振兴战略中，生态起着基础性作用，是推进乡村振兴的一个重要突破口。[①] 在现代化进程中，农村生态文明建设面临着生态治理理念滞后、生态治理主体单一、生态治理技术局限等现实问题。因此，乡村振兴必须补齐农村生态建设的短板，"生态宜居"的要求不限于村庄，要把村庄与周围环境融合为一体，建构适宜人类居住和美好生活的文化环境空间。[②] 实现乡村的农业生态环境、农耕文化、乡村风貌和田园景观等珍贵资源的再造。

三 中国式乡村现代化的实践路径

在乡村振兴大背景下，农业农村现代化是农村产业现代化、农村文化现代化、农村生态现代化、乡村治理现代化和农民生活现代化"五位一体"的有机整体，其中农业现代化是农村产业现代化的核心内容。[③] 到2035年要同步基本实现农村现代化，不仅需要基本实现农村基础设施的现代化，实现城乡基本公共服务均等化，也需要基本实现农村生产生活方式和乡村治理的现代化。在新发展阶段，加快农村现代化应把着力点放在产业、生活、治理和人的现代化方面。[④]

（一）坚持在粮食安全基础上建设现代化农业强国

中国式现代化是人口规模巨大的现代化，粮食和主要农产品供应安全是

[①] 邓玲、王芳：《乡村振兴背景下农村生态的现代化转型》，《甘肃社会科学》2019年第3期。
[②] 王春光：《关于乡村振兴中农民主体性问题的思考》，《社会发展研究》2018年第1期。
[③] 魏后凯：《深刻把握农业农村现代化的科学内涵》，《农村工作通讯》2019年第2期。
[④] 李周：《中国农业绿色发展：创新与演化》，《中国农村经济》2023年第2期。

经济社会现代化的前提，建设农业强国和推进农村一二三产业融合发展必须始终锚定粮食安全等重点任务。切实保障粮食等主要农产品安全，确保中国人的饭碗要牢牢端在自己手里。建立农业现代化投入优先保障机制，支持高标准农田建设，提升农业装备和信息化水平，增强农业科技自主创新能力，积极发展智慧农业、特色农业、观光旅游农业和农产品加工业。鼓励发达地区率先实现现代化，积极推进各地区农业共同现代化。要以机械化、自动化、信息化为核心推进农业现代化，提升农业竞争力，持续推进农业供给侧结构性改革。优化农业生产区域性布局，根据国家粮食生产功能区、重要农产品生产保护区和特色农产品优势区建设指南，形成比较稳定的县级农业主导产业，并围绕主导产业延长产业链，提高农业竞争力。

（二）坚持党建引领实现乡村共建共治共享

要坚持依靠党建引领下的乡村自治法治德治"三治"融合实现乡村社会的善治，解决乡村现代化过程中出现的内部矛盾和治理危机。要健全村级党组织、村委会组织功能，充分发挥两大组织在乡村治理体系建设中的优势和作用，贯彻落实乡村振兴战略各项部署，调动一切社会资源，为实现农业农村优先发展献策出力。要从深化村民自治实践、推进乡村法治建设、提升乡村德治水平等方面，构建"三治"现代乡村社会治理体系。完善村民代表会议制度，切实落实村民民主权利，保障人民的知情权、参与权、表达权和监督权，在商议解决乡村振兴和其他重大问题中充分发挥农民的主体作用。用好激励手段，调动农村"五老人员"在做好群众工作、化解社会矛盾、维护社会稳定、推进经济发展等方面的积极作用。用亲情和政策吸引能人和各种资源回流农村，为振兴家乡、繁荣家乡贡献力量。

（三）坚持以社会主义核心价值观引领乡村文化振兴

中国式现代化是物质文明和精神文明相协调的现代化，在乡村必须坚持社会主义核心价值观引领的传统文化传承创新与再造，把社会主义核心价值观中的先进的现代性与传统文化中的精华融合和发扬光大。大力宣传社会主义理想信念和道德风尚，在乡村举办道德讲堂或者夜校，宣传社会主义理想信念和道德风尚，引导人们践行社会主义核心价值观。结合新时代社会需要，培育具有时代特色、积极向上的文化产品，反映乡村农民的新生活和新精神。挖掘乡村文化创新人才，优化乡村文化人才队伍建设。创新乡村文化宣传内容和方式，通过对各种感人事迹的宣传，培育乡村新文化，振兴乡村文化。鼓励家庭培育形成优秀家风，营造人人参与乡风文明建设的良好氛围。充分挖掘乡村遗址、遗迹、文物、文献资料等文化资源，有效进行开发利用，带动乡村旅游并促进乡村经济发展，培育新时代乡村文化精神，增强乡村文化凝聚力。扶持乡村非物质文化遗产如剪纸、秧歌等的传承与"活化"，使之成为乡村文化振兴的重要引擎。

（四）坚持以村庄共同体为基础推动实现城乡共同富裕

中国式现代化是全体人民共同富裕的现代化，不仅要缩小城乡发展水平的差距，让农村具备现代生活条件，更要始终坚持集体所有制这个乡村共同体的制度基石，把村庄建设成为现代性条件下的文化—社会—经济—治理的共同体。建立农村基础设施建设优先配置机制，解决农村路水电气网及物流设施等基础设施"最后一公里"问题。建立农村公共服务优先供给机制，保障农村居民能获得与城市居民一样的公共教育卫生资源。坚持农村社会保障从"有"向"高""优"转变，建立城乡社会保障融合机制，支持基本医疗、基本养老、贫困救助优先实现城乡融合。赋予农民土地流转和交易权，加快土地制度改革，推进农村土地所有权、承包权、经营权三权分置，放开农村集体建设用地进入一级土地市场的限制，实行农村集体建设用地与城市土地"三同"（同市、同权、同价）政策。

（五）坚持现代化条件下的生态振兴

中国式现代化是人与自然和谐共生的现代化，与之对应的中国式乡村现代化也应该做到现代性条件下的人与自然和谐共生。持续改善乡村人居环境，分类推进"厕所革命"、逐步实现卫生厕所全覆盖，积极推进农村生活垃圾分类、提高资源化利用和无害化处理水平，因地制宜地推进农村污水无害化处理，逐步实现建设生态宜居美丽乡村的目标。控制化肥投入，减少资源消耗和面源污染，提高食物品质和农业发展的可持续性；以有机肥、新型肥替代化肥，减少化肥用量；以创建绿色防控示范县为抓手，推广免疫诱抗、防虫灯（板、网）、昆虫天敌、生物农药等农作物病虫害绿色防控产品和技术，把化学农药用量控制在合理范围内。

四 结语

中国式乡村现代化作为中国式现代化宏伟历史进程的一部分，也是中国式现代化道路选择和理论体系的重要部分，体现了中国式现代化的主要特征和基本规律。中国式乡村现代化演进的内在逻辑规律既受到中国历史悠久的农耕文化传统、村庄治理结构、乡村人口规模庞大等国情条件，以及中国共产党成立以来发动农民运动、开展农村建设等历史进程的影响，也遵循各国乡村现代化的一般规律。本文系统梳理了中国式乡村现代化的五大特征：粮食安全前提下的一二三产业融合发展、党建引领下的乡村自治法治德治善治、社会主义核心价值观引领的传统文化传承创新、共同体导向的乡村现代生活、现代性条件下的人与自然和谐共生。这五大特征兼顾了各国乡村现代化发展的一般规律和乡村现代化的中国模式、中国特色，彼此有机联系，共同构成中国式乡村现代化的内涵。

由于历史条件和国情不同，西方发达国家历史上的乡村现代化模式对于后发赶超型国家而言并不适用。对于后发赶超型现代化国家而言，乡村现代化往往是一个时空压缩的过程，也不具备发达国家现代化过程中向外扩张的条件。不加选择地迷信西方发展经验和发展理论并不能确保后发国家能顺利消除城乡二元差距、摆脱"中等收入陷阱"，从而真正实现乡村现代化。中国式乡村现代化已经取得了举世瞩目的发展成绩，例如解决了14亿人的吃饭问题、消除了绝对贫困、全面建成小康社会等，为后发赶超型国家可以提供深刻的理论和实践启示以及乡村现代化模式的新选择。

首先，中国式乡村现代化更好地协调了政府有形之手和市场无形之手，共同推动城乡二元结构转型。刘易斯模型、拉费模式等传统的发展经济学二元经济理论认为，只要选择合适的发展路径，发展中国家的城乡二元结构最终会转向一元化。中国式乡村现代化验证了政府在城乡融合的过程中发挥着至关重要的引导和调节作用，避免了在城市化的同时因市场之手的失灵而造成的乡村衰败，以城乡融合和共同繁荣的方案来解决困扰发展中国家的城乡二元发展问题。反之，西方模式是资本主导和驱动的发展模式，这就必然导致资本流出的乡村不可避免地走向衰落。

其次，中国式乡村现代化强调农业、农村、农民整体谋划、系统推进实现乡村现代化。中国式乡村现代化以"产业兴旺、生态宜居、乡风文明、治理有效、共同富裕"为总要求，通过发展产业、改善人居环境、保护传承乡村文化、加强乡村治理、加快基础设施建设、推进公共服务均衡化等措施，注重乡村的可持续发展，系统性地提升乡村在生产、生活、文化、生态等方面的发展成效，一并解决城乡差距、居民收入不平等等问题，为实现城乡共同富裕提供了新的思路。

建设农业强国的理论探索

关于农业强国、农业强省建设指标体系的思考

姜长云[*]

摘 要：当前构建农业强国建设指标体系，重点不是构建预测、监测指标体系，而是构建描述、评价指标体系。农业强省是农业强国在省级层面的具体化和区域支撑，构建农业强省建设指标体系需要立足自身的资源禀赋和推动农业强省建设的现实基础，因地制宜、扬长避短，努力发挥指标体系的导向作用。在构建农业强国和农业强省建设指标体系时，既要做到重视指标体系的引导作用又不盲目迷信指标体系。土地生产率、劳动生产率、资源利用率应该是农业强国建设的重要评价指标，但在具体操作中到底选择什么样的指标，还需要结合指标含义、指标属性和数据可得性慎重考虑。农业强国在世界农业竞争中呈现出规模化比较优势和较强竞争力，具体表现为"一底三强一高一足"特征。因此，在构建农业强国建设描述或评价指标体系时，"一底三强一高一足"特征应有适宜的指标来体现。

关键词：农业强国 农业强省 指标体系

---

[*] 姜长云，中国宏观经济研究院产业经济与技术经济研究所研究员，主要研究方向为农村产业经济。

党的二十大报告作出了"加快建设农业强国"的战略部署。2022年中央农村工作会议和2023年中央"一号文件"就加快建设农业强国进行了具体部署。此后，推进农业强国建设的实践蓬勃展开。截至2023年4月，全国已有20多个省份提出了农业强省建设目标。随着农业强国建设的推进，如何构建农业强国、农业强省建设指标体系，成为亟待回答的重要问题。许多研究者跃跃欲试，希望基于对农业强国、农业强省内涵特征的认识，科学构建相关指标体系，进一步明确推进农业强国、农业强省建设的目标任务，客观评价其进展和成效。总体来看，这种尝试是积极的、必要的。但是，农业强国、农业强省建设是一个有机整体，要注意通过科学构建农业强国、农业强省建设指标体系，系统、客观地反映农业强国、农业强省建设的进展和成效；更要注意通过构建科学、合理的指标体系，引导农业强国、农业强省建设。

一 明确构建指标体系的目的和需求

通常，指标体系是根据社会经济现象的内涵特征及其影响因素而构建的，是由若干相互联系、相互依存但又不相互重叠的统计指标按照一定逻辑关系组成的有机整体。[①] 如何构建，构建什么样的农业强国、农业强省建设指标体系，在很大程度上取决于构建目的，期望这套指标体系发挥什么样的作用。依据不同的构建目的而形成的农业强国、农业强省建设指标体系也应有所不同。

按照构建目的，指标体系可分别具有识别、描述、评价、预测和监测等作用，涉及事前引导、事中监测、事后评价。以农业强国建设为例，识别导向的指标体系主要用于辨识一个国家是不是农业强国。如《农业强国》一书中将2020年人均GDP达到世界银行划定的高收入国家平均水平的70%、具有规模

---

① 邹顺华：《社会经济统计学》，中国财政经济出版社，2010。

化的农业比较优势和强势竞争力作为两个"一票否决"指标，据此判断世界上哪些国家属于农业强国。[①] 描述导向的指标体系主要用于反映一个国家推进农业强国建设的进展和成效，比如2023年中央一号文件明确提出，要立足国情农情，体现中国特色，建设供给保障强、科技装备强、经营体系强、产业韧性强、竞争能力强的农业强国。为此，构建的指标体系从不同侧面反映供给保障强、科技装备强、经营体系强、产业韧性强、竞争能力强的状况，借此反映农业强国建设的实际进展，并将报告期与基期进行比较。评价导向的指标体系主要用于评价一个国家推进农业强国建设的进展、成效及其与目标值的差距，重在引导各类经济主体推进农业强国建设的总体行为。而为了评价一个国家推进农业强国建设的进展和成效，往往需要针对各指标设立农业强国或农业强省建设分阶段目标值。比如，将特定时点的现有农业强国相关指标的平均值或基本值作为未来某一时期我国农业强国建设的目标值，并对比各指标的现状值与目标值。预测导向的指标体系主要基于现状和未来影响因素、情景假定，用于预测农业强国建设的未来发展。监测导向的指标体系主要用于监测农业强国建设过程中可能出现的风险隐患或重点领域、关键环节失衡失控现象，并进行预警，通常设置红灯区、黄灯区、绿灯区等警情区间，或设置不同的警戒线。

　　构建农业强国建设指标体系，首先需要科学辨识构建指标体系的目的何在，是要构建识别指标体系，还是要构建描述、评价、预测或监测指标体系？要重点关注识别指标体系、描述指标体系、评价指标体系的差异。建成农业强国是我国的长期战略目标。构建识别指标体系，主要用于判断世界上哪些国家属于农业强国，不存在识别我国是否属于农业强国的问题。我国的农业强国建设在总体上仍属于开局起步阶段，对农业强国内涵特征的认识也亟待深化。构建农业强国建设指标体系，要基于对农业强国内涵特征和发展难点的科学把握，这是一个随实践、政策和理论的发展而逐步深化认识的过程。

[①] 姜长云：《农业强国》，东方出版社，2023。

因此，当前我国构建农业强国建设指标体系的重点不是预测、监测，而是描述、评价。无论是描述指标体系还是评价指标体系，都应该做到重要指标不缺失，尽量避免指标之间的重叠交叉或因果关系，不应因过度强调某些重要领域而形成评价盲区，造成描述不准或误评误判问题。有些专家在构建农业现代化或乡村振兴指标体系的过程中，经常出现因某些重要指标难以被量化而弃之不用的情况。显然，这是不合适的。也有一些专家设置的指标体系中部分指标之间存在严重的多重共线性问题，指标之间存在较高程度的相关关系，甚至互为因果，容易形成部分指标权重被有意无意地高估的问题，导致评价失真。

农业强国建设指标体系在很大程度上反映了我们对农业强国的衡量标准和推进农业强国建设的行为准则。而"衡量标准关系重大。我们衡量什么就影响我们做什么。如果我们的衡量标准有误，那么我们奋力争取的东西也将是错误的"，甚至"我们构筑的理论、我们检验的假设和我们持有的观点都由我们的衡量标准系统决定"。① 因此，在构建农业强国建设指标体系的过程中，对于未来看不准的，应该留个模糊地带，为深化认识提供必要的回旋余地；切忌盲目设置指标、强行量化，导致指标体系构建出现类似"先污染再治理"的问题。

农业强省可以从两个维度来思考。第一个是省份之间的比较。有的省份根据农业发展的若干指标，完全可以说自己是农业强省，因为其相对于其他省份农业发展具有明显的比较优势和较强的竞争力；第二个是在农业强国建设的坐标系中，农业强省是农业强国在省级层面的具体化，农业强省建设是农业强国建设的区域支撑，要按照建设农业强国的要求来衡量农业强省建设。本文采取第二个维度，即在农业强国建设的坐标系中考虑农业强省建设。农业强国建设是一个有机整体，需要各省份各部门各领域相关行动协同推进。有些省份在推进农业强国建设中具有重要的战略地位，

---

① 〔美〕约瑟夫·E.斯蒂格利茨、〔印度〕阿马蒂亚·森、〔法国〕让－保罗·菲图西：《对我们生活的误测：为什么GDP增长不等于社会进步》，阮江平、王海昉译，新华出版社，2011。

推进农业强省建设的条件也得天独厚。对于这些省份来说，加快推进农业强省建设是国家的要求，也是其自身的责任担当。引导发展基础和资源禀赋各异的省份，探索推进农业强国建设的不同道路和模式，有利于丰富我国农业强国建设的内涵，推进我国农业强国建设行稳致远，促进不同道路、不同模式各展其长、优势互补、协同发力。但是，对于更多的省份来说，与其说是要推进农业强省建设，不如找准其在我国加快建设农业强国中的独特定位和比较优势，扬长避短，做出自己的独特贡献。可见，在构建农业强省建设指标体系的过程中，也不宜简单搬用农业强国建设指标体系。各省份在构建农业强省建设指标体系的过程中，要立足自身的资源禀赋和推动农业强省建设的现实基础，面向未来需求，注意因地制宜、扬长避短，努力发挥指标体系的导向作用。构建农业强省建设指标体系，要注意把影响本省推进农业强省建设的关键指标筛选出来，通过构建高质量的指标体系，引领农业强省建设。

二 重视指标体系的积极引导作用但不盲目迷信指标体系

我们构建的农业强国建设指标体系，特别是描述指标体系或评价指标体系，往往是基于我们对农业强国内涵特征和时代要求的科学认识。因此，相关指标体系，特别是描述、评价指标体系，可在一定程度上作为推进农业强国建设的行为准则，要注意发挥指标体系考核评价对推进农业强国建设的积极引导作用。下文重点针对农业强国建设的描述、评价指标体系进行分析。

建设农业强国或农业强省的政策内涵极其丰富，任何一个描述或评价指标体系，都只能从若干维度或相关重要领域，就农业强国或农业强省建设的主要进展和成效进行粗略的、框架性的反映，难以全面、详细、准确地反映农业强国或农业强省建设的全貌。如保障粮食安全和重要农产品有效供给是建设农业强国的底线要求,在此方面除有总量要求外,还有结构要求。由于指标设置容易出现以偏概全甚至"盲人摸象"问题,基于数据可得性的考虑有时难免使用替代性指标,特别是指标体系的构建、指标选择、数据获取甚至描述和评价结果的分析,往往是建立在研究者有限理性的基础之上,多数情况下只能粗略反映农业强国或农业强省建设的外在表现,难以揭示其本质或内在机制。基于绩效和利益的关联,有些研究者还会自觉或不自觉地产生对某些指标的偏好,如选择容易凸显绩效的指标,轻视不易凸显绩效的指标,甚至不惜对量化指标数据"动手脚",或倒果为因——不是为了建设农业强国而选择某些绩效指标,而是为了凸显某些绩效指标在农业强国建设中的作用。

因此,在推进农业强国或农业强省建设的过程中,一方面,要加强对指标体系及其科学应用的研究;另一方面,要努力防止出现指标体系片面化的倾向,特别是要防止将农业强国建设简化为根据指标考核结果"修正"甚至"纠偏"实践,偏离丰富多彩的现实基础和时代要求。美国华盛顿天主教大学杰出教授杰瑞·穆勒指出,"指标其实可以成为好东西,只要我们是用它来辅助——而非替代——基于个人经验的判断力";但是,"今日各式各样的组织都深信,成功的必经之路就是量化绩效、公布结果,并根据数字来分配酬劳。但是,当我们饱含热情地投入具有科学严谨性的评估过程,我们却由测量绩效变成痴迷于测量本身。这就带来了'指标的暴政'",它始终威胁着人类生活的品质,甚至最重要机构的诚实性。① 在研究农业强国或农业强省建设的成效时,减少"指标固恋"或对指标体系的痴迷,适当参考、全面审视"经验丰富的专业人士"特别是农业强国、农业强省建设利益相关者、参与者"针对特定情景的判断",是必要的。

构建农业强国或农业强省建设描述或评价指标体系,包括设置考核评价指标,旨在引导、督促甚至检查参与者的行为。但是,"每一种量化,都有办

---

① 〔美〕杰瑞·穆勒:《指标陷阱:过度量化如何威胁当今的商业、社会和生活》,闾佳译,东方出版中心,2020。

法做手脚""量化绩效的压力，会造成扭曲和分心效应"。[①]过度依赖指标体系评价，也会导致我们片面地关注那些易于被衡量的指标，甚至因指标体系诱发价值偏好，导致相关行为主体按照考核指标的要求来开展工作，对那些不在考核指标之列的工作视而不见，在指标体系中权重高的工作多做、权重少的工作少做、没有权重的工作不做，甚至出现类似"为了考试而教学"的倾向。如推进农业强国建设，需要着力提高现代农业产业体系或现代农业产业链供应链的创新力、竞争力和可持续发展能力。这些都可以通过若干指标来体现。但是，作为其背后支撑的产业生态建设才是提升创新力、竞争力和可持续发展能力的雄厚底蕴。在推进农业强国或农业强省建设的过程中，如果只重视创新力、竞争力、可持续发展能力这些"毛"，不重视其背后的产业生态建设这张"皮"；那么，"皮之不存毛将焉附"？在推进农业强国甚至农业强省建设的过程中，要防止为"一时的热闹"而影响其可持续性。

注意发挥指标体系的引导作用，指标体系的设置不宜追求"一个模子框到底"。农业强国建设也好，农业强省建设也罢，指标体系的设置不仅要基于对农业强国、农业强省内涵特征和本质要求的认识，还要基于对农业强国、农业强省建设现实基础、时代要求和发展瓶颈、关键问题的科学研判。指标体系甚至特定指标的设置，往往基于这些背景，具有一定的"生命周期"，体现较强的时效性和前瞻性。当前，我们处于一个发展环境不稳定不确定性明显增强的时代。当发展环境、发展背景出现明显的质的变化或阶段性转变时，原先适用的指标体系或部分指标很可能失去其存在的价值。因此，顺应时代发展趋势，更新指标体系或特定指标设置，调整其重点或引导方向，是农业强国或农业强省建设的必然要求。构建农业强国或农业强省建设指标体系，不宜追求"一劳永逸"，要注意根据发展阶段的变化，适时更新，借此调整重点关注和引导的方向。况且，农业强国、农业强省建设本身是一个"打铁没

[①] 〔美〕杰瑞·穆勒：《指标陷阱：过度量化如何威胁当今的商业、社会和生活》，闾佳译，东方出版中心，2020年。

样，边打边像"的过程。随着认知的深化，动态调整或完善指标体系。基于此判断，当前设置农业强国、农业强省建设指标体系，宜以2035年或其之前为主，对于更长期的目标，如到本世纪中叶建成农业强国的目标宜粗不宜细。

农业强国、农业强省建设本身是一个"水涨船高"的过程。现有世界农业强国在今后的发展中很可能出现一些新现象、新趋势、新潮流，这会影响农业强国、农业强省建设的指标设置。无视这些新现象、新趋势、新潮流，很可能导致农业强国建设与世界农业强国"共同特征"出现偏差，而且这种偏差很可能与"基于国情的中国特色"无关。从这种角度考虑，构建农业强国或农业强省建设指标体系，也应以2035年或其之前为重点。

三　关于评价指标体系中若干具体指标的建议

笔者在《农业强国》一书中提出了"农业强国2020年主要评价指标"，并与相关国家进行了比较。但从严格意义上说，该书重点探讨了什么是农业强国、农业强国有哪些具体表征、推进农业强国建设有哪些共同经验和普遍趋势，对农业强国评价指标的分析还比较粗略。较为准确地说，其中有的指标，如"农业比较优势和强势竞争力例证"应该算作农业强国的识别指标，而非评价指标。总体而言，关于农业强国或农业强省描述或评价指标体系，还未见较为成熟的研究成果发布。有专家提出，土地生产率、劳动生产率、资源利用率应该是农业强国建设的重要评价指标。但是具体操作起来，关于土地生产率、劳动生产率、资源利用率的指标含义、指标属性要慎重处理。如图1和表1所示，2020年我国单位耕地面积农业增加值为9464.49美元/公顷；在研究筛选的11个农业强国中，除加拿大和新西兰数据缺失外，我国仅低于以色列、荷兰和日本，三者分别为14317.01美元/公顷、14478.22美元/公顷和12824.65美元/公顷；相比之下，澳大利亚、德国、丹麦、法国、意大利和美国分别仅相当于我国的9.2%、26.5%、21.5%、24.4%、58.9%和13.4%。

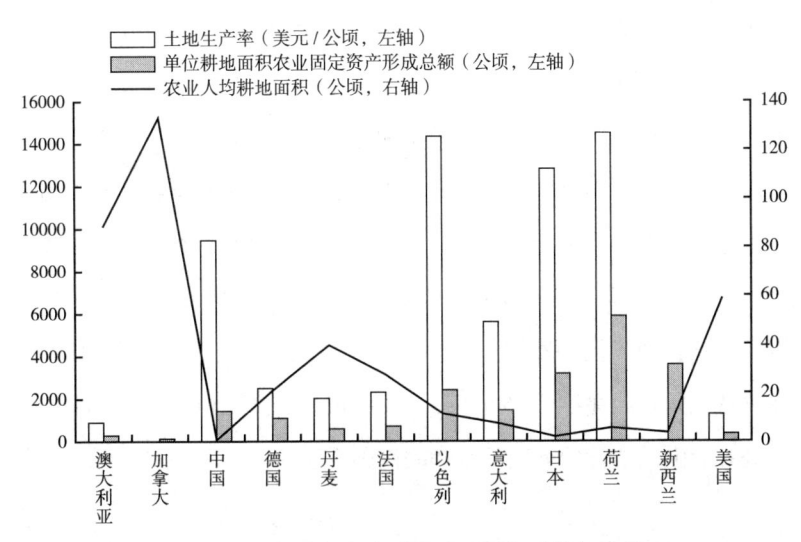

图1　2020年我国与主要农业强国部分指标比较

资料来源：农业人均耕地面积=耕地面积/农业从业人员，农业从业人员数据来自FAO，https：//www.fao.org/faostat/en/#data/OE，耕地面积数据来自World Bank，https：//data.worldbank.org/indicator/AG.LND.ARBL.HA；土地生产率用单位耕地面积农业增加值来衡量，单位耕地面积农业增加值=农业增加值/耕地面积，农业增加值（现价）数据来自World Bank，https：//data.worldbank.org/indicator/NV.AGR.TOTL.CD（2020年新西兰和加拿大的农业增加值数据缺失）；单位耕地面积农业固定资产形成总额=农业固定资产形成总额/耕地面积，农业固定资产形成总额数据来自FAO，https：//www.fao.org/faostat/en/#data/CISP。以上数据更新时间均为2022年12月22日。

表1　2020年我国与主要农业强国相关指标比较

单位：公顷，美元/公顷

国家	农业人均耕地面积	土地生产率	单位耕地面积农业固定资产形成总额
澳大利亚	88.50	871.25	305.38
加拿大	133.33	—	135.17
德国	20.82	2509.23	1091.42
丹麦	39.51	2039.60	608.60
法国	27.55	2306.90	738.75
以色列	11.36	14317.01	2442.29
意大利	7.40	5578.17	1473.85
日本	1.89	12824.65	3182.77
荷兰	5.42	14478.22	5887.00
新西兰	3.37	—	3637.42
美国	59.72	1266.87	375.95
中国	0.62	9464.49	1431.43

资料来源：同图1。

可见，与农业强国相比，我国农业的土地生产率并不低。从表2还可以看出，我国主要农作物单产水平，有的低于部分农业强国，有的高于部分农业强国，总体上与农业强国相比我国差距不大。以色列、荷兰、日本农业的土地生产率较高，其重要原因是人均耕地面积小，农业集约化经营特征比较明显。当前，土地生产率低于我国的农业强国，农业人均耕地面积都明显高于我国。从我国和农业强国单位耕地面积农业固定资产形成总额的比较也可以看出这一点。因此，在比较不同国家农业土地生产率时，应该适当关注资源禀赋差异，甚至在筛选农业强国建设评价指标时，不一定要选择土地生产率指标，因为它不是制约农业强国建设的突出问题和关键因素。

表2 2021年我国主要农作物单产与主要农业强国比较

单位：公斤/公顷

国家	谷物类作物	主要农作物			糖料作物	豆类作物	油菜籽作物	蔬菜类作物
		水稻	玉米	小麦				
澳大利亚	2548.0	9382.0	6682.2	2524.9	85928.2	1580.7	1819.7	24290.2
加拿大	3078.3	—	10056.7	2411.2	78774.4	1253.3	1537.3	24745.1
德国	6998.1	—	10360.8	7301.5	81764.5	3414.4	3501.4	34993.7
丹麦	6355.0	—	7073.4	7526.7	77503.0	3535.5	4008.0	23683.3
法国	7170.9	5072.4	9911.7	6928.4	85511.6	2552.0	3373.6	23357.6
以色列	3508.8	—	21113.5	2331.3	—	1425.1	—	16862.8
意大利	5562.8	6427.5	10329.5	4224.8	54127.9	1978.0	3085.0	34476.7
日本	6787.3	7496.7	2678.7	4986.4	66769.9	1636.1	1969.5	27487.0
荷兰	7872.3	—	9966.3	8018.0	81248.7	—	3027.6	57468.0
新西兰	8728.4	—	11400.0	9712.2	—	3417.4	2021.7	25981.9
美国	8268.0	8640.4	11110.9	2978.2	76488.6	1367.8	1463.1	33657.5
中国	6320.8	7112.4	6291.2	5810.1	84298.6	1832.7	2163.7	25747.4

注：" — "表示数据缺失，数据更新时间为2023年3月24日。

资料来源：FAO, https://www.fao.org/faostat/zh/#data/QCL。

农业劳动生产率和比较劳动生产率是衡量各国农业现代化水平的重要标准，也是评价农业强国建设进展的重要指标。评价农业强国建设进展，需要使用农业劳动生产率这个指标，对此不作过多解释。农业比较劳动生产率可在相当程度上反映农业现代化相对于国民经济现代化的差距，可用农业劳动生产率与全社会劳动生产率的比值来表示。如按当年价格计算，2019年我国农业比较劳动生产率为27.7%，而农业强国美国、法国、德国、意大利、澳大利亚、丹麦、荷兰、以色列和日本分别为65.9%、58.9%、64.2%、48.7%、83.8%、55.5%、79.2%、130.3%和29.5%；加拿大和新西兰2019年数据缺失，2018年分别为111.3%和99.4%。[1] 从我国来看，根据《中国统计年鉴》，用第一产业比较劳动生产率粗略代替农业比较劳动生产率，从图2可见，除黑龙江、河北两个粮食主产省农业比较劳动生产率较高外，河南、山东、四川、江苏、吉林、安徽、湖南、湖北、内蒙古、江西、辽宁等粮食主产省农业比较劳动生产率多处于中下游位置；而黑龙江、河北两省整体经济发展水平低，2021年人均GDP分别排全国倒数第2位和倒数第5位，仅相当于当年全国人均GDP的58.0%和66.6%。[2] 可见，就粮食主产区而言，推进农业强省建设必须尽快改变农业现代化相对于国民经济现代化滞后的状况；就黑龙江、河北等农业比较劳动生产率较高的粮食主产省而言，推进农业强省建设则应在提升经济现代化水平上发力。

2023年中央一号文件将"供给保障强"作为农业强国的一个重要特征。农业强国在世界农业竞争中具有规模优势和较强竞争力，表现出"一底三强一高一足"特征。"一底"即以保障粮食安全和重要农产品稳定供给为底线。有些农业强国属于小国，依靠自身难以保障粮食安全和重要农产品稳定供给，但由于经济发展水平高，通过国际市场仍能解决此问题。但人口大国要成为农业强国，保障粮食安全和重要农产品有效供给需要依靠自己。根据FAO，2020

---

[1] 姜长云：《农业强国》，东方出版社，2023年。
[2] 人均GDP数据来源于国家统计局，https://data.stats.gov.cn/search.htm?s=%E4%BA%BA%E5%9D%87GDP。

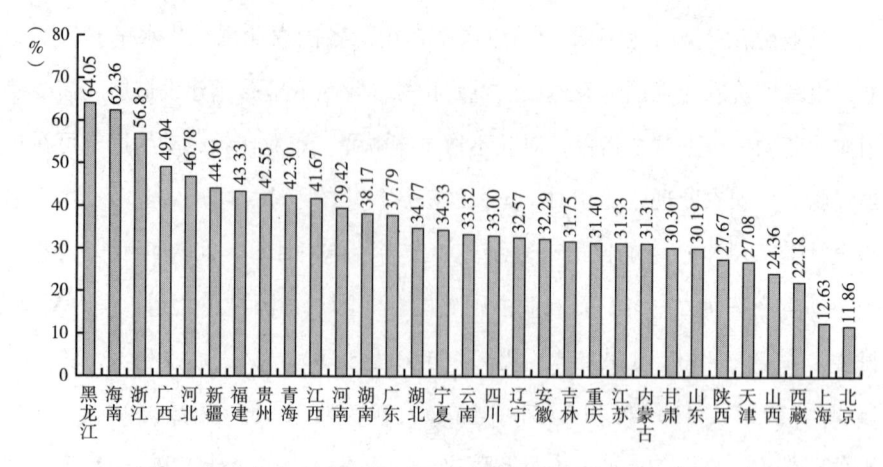

图2　2021年各省区市第一产业比较劳动生产率（当年价）

注：第一产业比较劳动生产率=（第一产业劳动生产率/各省区市劳动生产率）×100%，其中第一产业劳动生产率=第一产业增加值（当年价格）/第一产业就业人数，各省区市劳动生产率=各省区市GDP（当年价格）/各省区市就业总人数。

资料来源：各省区市统计局。

年和2021年中国大陆人均谷物产量分别为432.75公斤和443.28公斤，分别居世界第40位和第38位。基于2020年、2021年的数据计算人均谷物产量前39位和前37位的国家（地区）总人口分别15.78亿人和14.78亿人，分别仅比中国大陆多1.53亿人和0.52亿人，其中包括加拿大、丹麦、美国、澳大利亚、法国、德国等农业强国。[①] 鉴于我国的粮食口径比国际上通行的谷物口径大，按照"粮食=谷物+薯类+大豆"的口径，[②] 计算人均粮食产量，结果发现2021年我国人均粮食产量为554.31公斤，[③] 居世界第37位。同年居世界前

[①] FAO数据库，谷物数据来自https://www.fao.org/faostat/en/#data/QCL（数据更新时间2023年3月24日）；人口数据来自https://www.fao.org/faostat/en/#data/OA（数据更新时间2022年11月10日）。

[②] 国家统计局农村社会经济调查司：《中国农村统计年鉴2021》，第375页。数据来源：谷物、薯类、大豆数据均来自FAO数据库，https://www.fao.org/faostat/en/#data/QCL（数据更新时间2023年3月24日）；人口数据来自FAO数据库，https://www.fao.org/faostat/en/#data/OA（数据更新时间2022年11月10日）。

[③] 按《中国统计摘要2023》中2022年粮食产量和年末人口数计算，2022年中国大陆人均粮食产量为486.30公斤，与此处的554.31公斤差距较大。可能的原因是薯类作为粮食的折算比例问题，我国在计算粮食产量时按5公斤鲜薯折1公斤粮食，但FAO数据不能反映鲜薯、薯类数据要不要折算的问题。因此，相关数据仅供参考。

36位的国家共有人口12.87亿人,较同年我国人口(14.26亿人)少1.39亿人,低9.7%;其中包括前述6个农业强国。当然,除保障粮食安全和重要农产品有效供给外,还要保障其他重要农产品有效供给;所指有效供给,不仅涉及总量问题,还涉及结构问题。各省份在设置农业强省建设指标体系时,其重要农产品选取可能有所不同,对此应该予以充分重视。

农业强国的"三强一高一足"特征,主要是指农业及其关联产业创新力强、国际竞争力强、可持续发展能力强、农业现代化水平高、农业产业链供应链韧性和安全水平足,从宽度上看,体现在现代农业产业体系、生产体系和经营体系建设中;从长度上看,体现在农业及其关联产业链供应链发展上;从高度上看,体现为特定阶段、特定背景下农业强国建设的时代要求。在构建农业强国建设描述或评价指标体系时,"三强一高一足"的特征应由适宜的指标来体现。但是,说起来容易,做起来难,企图"速战速决"更容易导致所构建的指标体系"难堪大用",甚至容易"误导决策""误导实践"。应在深化研究的基础上,构建相关评价指标体系,在一定时期内鼓励不同的评价指标体系"竞争共生"、优势互补,可能是不得不采取的"次优"选择。也可以看出,可将农业强国建设描述或评价指标体系作为研究的重要参考,但只宜放在辅助位置,不可过度崇拜、迷恋甚至固恋这类指标体系,而将其抬高到"主修课"甚至"指挥棒"的地位。

通常而言,省际产业、资源、要素的流动性往往明显强于国与国之间。况且,现代农业产业体系、生产体系、经营体系往往受到周边地区的影响;农业及其关联产业链供应链创新力、竞争力、可持续发展能力的提升问题更可能跨越省级行政区。因此,相对于农业强国建设,更应重视农业强省建设指标体系构建的复杂性和不同省份的差异性。加强农业强省建设指标体系的研究,既要有紧迫感,又要注意扎实前行,注意"在发展中探索,在探索中完善"。对于构建农业强国建设指标体系,也不存在"绝对正确"的模式。

中国式现代化语境下的农业强国建设：
关键要义和实现路径

罗 颖[*]

摘 要： 本文从农业强国的理论逻辑出发，从宏观、中观、微观角度明确农业强国的意蕴内涵，从宏观层面上，是指农业产业强，乡村要繁荣，农民要富裕，三者都既包括农业全面升级，也包括农村全面进步、农民全面发展；在中观层面上，表现为农业产业强、农业科技创新能力强、农业现代化装备强、农业经营体系强、农业可持续发展能力强以及农业贸易竞争力强；在微观层面上，表现为农村全面进步，农民全面发展。此外，从加强建设农业强国的顶层设计、全方位夯实粮食安全根基、抓住科技创新关键变量等方面提出加强建设农业强国的现实路径。

关键词： 中国式现代化　农业强国　农业现代化

习近平总书记参加第十四届全国人民代表大会第一次会议江苏代表团审

---

[*] 罗颖，湖北省社会科学院助理研究员，主要研究方向为农业农村发展、产业政策。

议时强调，农业强国是社会主义现代化强国的根基，推进农业现代化是实现高质量发展的必然要求。党的十八大提出了 4 个强国战略，在党的十九大时增加为 12 个，党的二十大则在原有 12 个强国战略的基础上增加了农业强国，将农业强国放在全局性战略性地位予以考虑，纳入全面建设社会主义现代化强国建设战略。结合中国式现代化要求，明确农业强国的意蕴内涵，有助于从战略上分步骤分阶段加快农业强国建设。

一 建设农业强国的理论逻辑

农业作为生产者生存和一切生产的先决条件，是国民经济其他部门独立和发展的基础，只有当农业生产者生产的产品出现剩余时，才可能有部分农业劳动者从事农业以外的其他物质生产活动和精神生产活动。[1]我国作为有 4 亿多农业人口的国家，大国小农、人多地少是基本国情，我国是农业大国而非强国。2018 年，《中共中央 国务院关于实施乡村振兴战略的意见》明确提出，要加快实现由农业大国向农业强国转变。党的二十大报告明确提出农业强国战略，这是新时代习近平总书记农业强国思想的重要内容。

当前学术界对于农业强国没有统一的定义，魏后凯和崔凯提出若一国农业整体或农业优势部门的现代化水平位居世界前列并引领世界农业发展，则可称为农业强国。[2]黄祖辉和傅琳琳提出了农业强国的特征，认为农业强国不仅在农业产品上具有国际竞争力而且在农业科技方面能自主掌控关键技术，不仅能守住国家农业安全底线而且能满足广大人民群众高水平、高质量的消费需求。[3]

（一）加快建设农业强国是推进中国式现代化的必然要求

加快农业强国建设对于国家经济发展和社会稳定而言具有重要意义。粮

---

[1] 杜志雄、苑鹏：《新中国农业农村发展研究 70 年》，中国社会科学出版社，2019。
[2] 魏后凯、崔凯：《建设农业强国的中国道路：基本逻辑、进程研判与战略支撑》，《中国农村经济》2022 年第 1 期。
[3] 黄祖辉、傅琳琳：《建设农业强国：内涵、关键与路径》，《求索》2023 年第 1 期。

食安全与能源安全、金融安全并称国家三大安全，其中粮食安全居首位。只有实现粮食基本自给、掌握粮食安全主动权，一国才能掌控经济社会发展大局。我国深入实施"以我为主、立足国内、确保产能、适度进口、科技支撑"的国家粮食安全战略，农业作为保障安全的基础产业，直接关系到经济社会稳定。根据国际货币基金组织发布的大宗粮食商品价格走势数据，1990~2011年粮食价格经历了下降与回升的交织徘徊，2012年开始大麦、小麦、大米及玉米等大宗粮食商品价格逐渐上涨，2018年上涨迅猛，达到了近30年来最高，此后有所回落，但整体上看，世界大宗粮食商品价格均呈现出不同程度的提升。近年来，地缘政治冲突不断，加上新冠疫情冲击，欧洲各国通胀持续，受化肥价格上涨等诸多因素影响，国际谷物理事会（IGC）数据显示，全球的粮食储备已经连续五年萎缩，俄乌冲突令全球粮食价格进一步升高，将饥荒程度推向前所未有的水平，2020年有7.2亿~8.11亿人挨饿。[1]联合国粮农组织估计，到2027年全球粮食价格可能会上涨8.5%。[2] 面对国际大宗粮食商品价格持续走高，国际社会纷纷暂停或削减粮食出口。习近平同志强调，要把中国人民的饭碗牢牢端在自己手中。在世界大宗粮食商品价格上涨的大背景下，加强农业强国建设，对于保障谷物基本自给、口粮绝对安全具有重要意义，在未来一个时期保障粮食安全不仅要"确保所有的人在任何时候既能买得到又能买得起所需要的基本食品"，[3] 而且对维持社会稳定具有重要的意义。

《2021年我国卫生健康事业发展统计公报》显示，我国居民人均预期寿命78.2岁。[4] 习近平总书记指出，要树立大食物观，从更好满足人民美好生活需要出发，掌握人民群众食物结构变化趋势，在确保粮食供

---

[1] 《全球粮食危机再度来袭，各国囤粮以求自保》，https://baijiahao.baidu.com/s?id=1730341088273750938&wfr=spider&for=pc，2022年4月17日。
[2] 《全球粮食危机阴云》，https://m.thepaper.cn/baijiahao_19747451，2022年9月13日。
[3] 1983年联合国粮农组织对粮食安全目标进行了调整。
[4] 《2021年我国卫生健康事业发展统计公报》，http://www.gov.cn/xinwen/2022-07/12/content_5700670.htm，2022年7月12日。

图1 大宗粮食商品价格走势

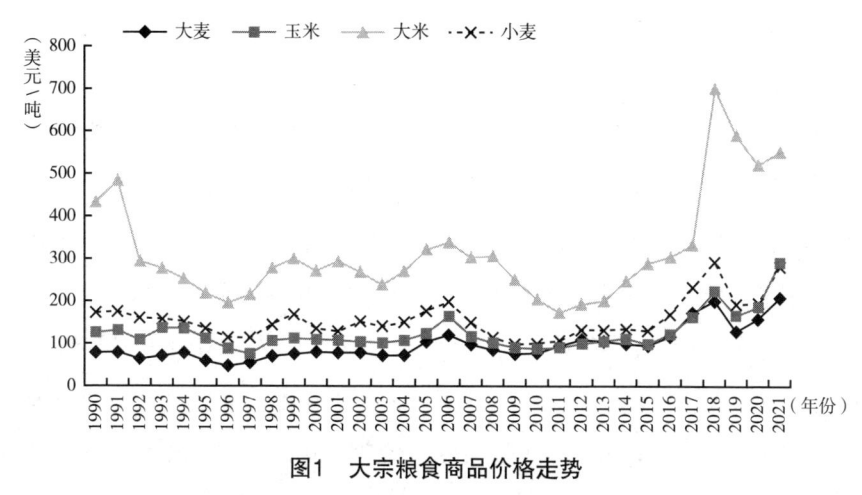

资料来源：国际货币基金组织，CEIC数据库。

给的同时，保障肉类、蔬菜、水果、水产品等各类食物有效供给，缺了哪样也不行。[①] 党的二十大报告提出，中国式现代化是人口规模巨大的现代化，我国14亿多人口整体迈入现代化社会，规模将超过现有发达国家人口的总和，农业强国建设是我国在解决绝对贫困问题的重要节点上提出的新战略要求，是为了让14亿多人民不仅"吃得饱"而且"吃得好"。根据当前居民食物消费结构变化，高水平满足人民群众的需求，从需求端出发倒逼我国传统农业提质升级。那么，加快建设农业强国就是我国为实现人口规模巨大背景下的共同富裕和中国式现代化目标的必然选择，是保障和推进中国式现代化的必然要求，是实现全体人民共同富裕的基础和保障。

（二）农业大而不强是我国现代化建设的最大短板

重农固本是安家之基、治国之要。自古以来我国就是农业大国，与西方发达国家的工业化时期不同，我国自农耕社会以来就采取小农经营方

[①] 《习近平看望参加政协会议的农业界社会福利和社会保障界委员》，《人民政协报》2022年3月7日。

式，农民自给自足的耕作方式使得农业规模化、产业化发展滞后。新中国成立之初我国作为典型的农业大国，农业产值占比达到50%，党中央面对国际局势制定了"重工轻农"发展方略，通过产业政策引导农业富余劳动力流向工业部门，即便如此，我国仍然具有典型的农耕社会属性。1978年中国人均GDP仅为385元，产业结构为27.7∶47.7∶24.6，第一产业就业人口占比高达70.5%。党的十六大报告指出中国城乡二元经济结构仍没有改变。此后，中央作出"两个趋向"的重要论断，即在工业化初始阶段，农业支持工业、为工业提供积累；而在工业化达到相当程度后，工业反哺农业。中国经历了近20年的以工促农发展阶段，在农业产值和规模化生产方面取得了一定成就，用世界9%的土地、6%的淡水资源养活了近20%的人口。① 但是要正视的是中国仍面临着"农业不强"和"农民不富"的双重难题。②

一是农业人口多但劳动生产率较低。中国农业人口规模居世界第一位，2021年中国第一产业就业人数为17072万人，占全国总就业人数的22.9%。我国有超过1/3的人口分布在农村地区。事实上，发达国家第三产业就业人口占比相对较大，表1列举了部分发展中国家和发达国家的就业结构，在工业化过程中，农业富余劳动力进入城镇成为产业工人或者服务行业从业者。可以看到相较于发达国家，我国第一产业就业人口占比大。然而对比中美两国分产业就业人口创造增加值发现，第一产业就业人口创造增加值最低，中国仅相当于美国的6.4%。这与中美两国农业生产力差距相关，在我国农村地区，特别是边远地区农户作为主要劳动力的文化程度低，缺乏农业生产技术和非农就业技能，劳动生产率较低。

---

① 《中国用9%的耕地6%的淡水资源养活了近20%的人口》，http://www.scio.gov.cn/video/gxbb/34056/Document/1666572/1666572.htm，2019年10月14日。

② 全世文：《论农业政策的演进逻辑——兼论中国农业转型的关键问题与潜在风险》，《中国农村经济》2022年第2期。

表1 2019年主要发展中国家和发达国家的三次产业的就业结构差异

单位：%

国家	第一产业就业人口比例	第二产业就业人口比例	第三产业就业人口比例
缅甸	48.9	16.1	35.0
印度	42.4	25.6	32.0
中国	25.4	28.2	46.4
韩国	4.9	25.1	70.0
日本	3.4	24.3	72.3
美国	1.3	19.8	78.9
德国	1.2	27.0	71.7

资料来源：世界银行数据，https://data.worldbank.org/indicator/SL.AGR.EMPL.ZS。

表2 中美两国GDP分产业增加值情况

项目	国家	第一产业	第二产业	第三产业	合计
增加值（亿美元）	美国	1692	39013	173571	214276
	中国	10214	55978	77442	143634
就业人口（万人）	美国	206	3144	12530	15880
	中国	19445	21305	36721	77471
分产业就业人口创造增加值	绝对值（美元/人） 美国	82016	124087	138524	—
	绝对值（美元/人） 中国	5253	26275	21089	—
	比值（％） 中国/美国	6.40	21.17	15.22	—

资料来源：FAO。

二是耕地面积大但优质良田较少，耕地"非农化""非粮化"问题仍旧存在。第三次全国国土调查显示，我国耕地面积19.179亿亩，大于18亿亩的耕地红线，但我国人均耕地面积只有1.33亩，不足世界平均水平的40%。同时，后备耕地资源不足，不像南美地区，还有很多未开垦的地方。不仅如此，我国耕地质量不高，根据2019年发布的《全国耕地质量等级情况公报》，全国耕地中评级为一至三等的耕地面积只占耕地总面积的31.24%。也就是说，2/3的耕地是中低产田。此外，我国耕地非农化、非粮化问题仍旧存在，农业是低效益产业，极易出现将耕地改作更高效益的建设用地等现象。而耕地资源空间分布不均衡，农业生产空间不平衡也是当前农业耕地所面临的难题。最明显的是，粮食生产主要集中在干旱的北方，而水资源则多是分布在南方。不仅如此，耕地减少趋势仍然存在。我国处于高速城镇化过程中，根据《国家人口发展规划（2016—2030年）》，到2030年全国总人口达到14.5亿人左右，同时，预计2016~2030年农村向城镇累计转移人口约2亿人，城镇化率将达到70%。这意味着城市建设用地的需求仍然存在，耕地保护压力仍非常大。

三是农业产量高，但某些产品进口依赖度较高。2021年中国的粮食播种面积达到17.64亿亩，粮食总产量达到13657亿斤，粮食进出口总额达到3041.7亿美元，位居全球第一。我国粮食供求仍处于紧平衡状况，大豆油料自给率偏低，稳产保供基础还不牢固。我国豆油进口量占全球的24%，位居世界第一。在大豆食用油方面，我国进口依赖度非常高。2022年1~9月，我国农产品出口4729亿元，同比增长22.7%；进口11532亿元，同比增长7.5%。①

（三）我国正处于农业大国向农业强国跨越的关键期

在我国的快速工业化阶段，农业富余劳动力大量流向工业部门。1978年以来得益于改革开放的政策红利以及二元经济结构特有的劳动力无限供给优势，叠加高储蓄和高投资，我国经济实现了长达40余年的高速增长。2010年中国经济总量排名跃居世界第2位，而后连续11年保持该位置，而1978年仅居世界第11位。但"中国奇迹"的背后是高投资、高能耗的粗放式增长模式，其潜在风险是巨大的。我国逐渐步入深度老龄化社会，传统人口红利消失、传统农业生产要素回报率递减。

新型农业经营主体、农业生产社会化服务组织和小农户利益联结机制不断健全，小农户和现代农业发展有机衔接、持续深入，适度规模经营水平逐步提高。但当前我国仍面临着农业生产技术和装备水平较低，农田水利设施老化失修，数字化水平有待提高；农业生产经营规模小，发展方式比较粗放，规模

---

① https://www.ndrc.gov.cn/fgsj/tjsj/jjmy/dwjmjztfx/202210/t20221031_1340515_ext.html.

化、组织化、服务化水平较低；化肥、农药过量使用，农业面源污染治理任务繁重等诸多问题，但是不可否认的是当前我国已具备由农业大国向农业强国迈进的基本条件，我国作为粮食产量大国和人口大国，建设农业强国正当其时。《中国农村发展报告（2021）》预测，我国最有可能于2040年前后全面进入农业强国行列，保守估计，实现农业强国的时间应不晚于2045年。因此，当前我国正处于农业大国向农业强国跨越的关键期。

二 建设农业强国的关键要义

2023年中央农村工作会议要求，抓紧研究制定加快建设农业强国规划，立足今后5年、面向2035年、描绘2050年，明确分阶段的路线图和施工图。围绕保障粮食和重要农产品稳定安全供给，制定把永久基本农田建成高标准农田的总体方案，推动实施新一轮千亿斤粮食产能提升行动，谋划一批发展现代设施农业的政策抓手，强化政策举措加快构建多元化食物供给体系，推动出台健全种粮农民收益保障机制的政策文件。[①]事实上，当前学术界对于农业强国并没有明确的标准和定义，农业强国作为一个综合性概念，其内涵丰富，不能用单一尺度或指标进行衡量。叶贞琴认为现代农业强国具有粮食等农产品供给保障能力强、农业现代化产业体系强、农业可持续发展能力强、农业科技实力和支撑能力强、农业经营主体活力强五大重要标志。[②]魏后凯和崔凯提出世界农业强国具有农业保障能力强等"四强一高"基本特征。[③]姜长云等认为保障粮食和重要农产品有效供给的基础支撑强等"六高六强"共同特征。[④]虽然

[①] 农业农村部新闻办公室、农业农村部党组召开会议传达学习中央经济工作会议、中央农村工作会议精神，会议强调深入学习贯彻习近平总书记重要讲话精神，锚定建设农业强国目标扎实做好各项工作，http://www.moa.gov.cn/xw/zwdt/202212/t20221227_6417793.htm，2022年12月27日。

[②] 叶贞琴：《现代农业强国有五大重要标志》，《农村工作通讯》2016年第23期。

[③] 魏后凯、崔凯：《建设农业强国的中国道路：基本逻辑、进程研判与战略支撑》，《中国农村经济》2022年第1期。

[④] 姜长云、李俊茹、巩慧臻：《全球农业强国的共同特征和经验启示》，《学术界》2022年第8期。

对于农业强国没有明确定义，但是通常将美国、加拿大、澳大利亚、法国、德国、荷兰、丹麦、以色列、日本等少数发达国家作为农业强国的参照对象，这些国家劳均农业增加值大都在3万美元以上。

农业强国从宏观层面上是指农业产业强，乡村要繁荣，农民要富裕，既包括农业全面升级，也包括农村全面进步、农民全面发展；在中观层面上表现为农业产业强、农业科技创新能力强、农业现代化装备强、农业经营体系强、农业可持续发展能力强以及农业贸易竞争力强；在微观层面上表现为农村全面进步，农民全面发展。

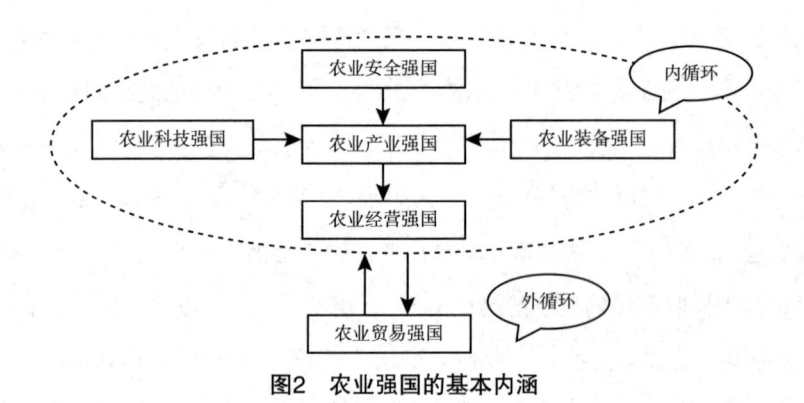

图2　农业强国的基本内涵

（一）农业产业强国

粮食安全问题是战略问题，中国作为14亿多人口的大国，建设农业强国首先就是要有充足的供给保障能力。农业作为国民经济的基础，农业的强弱直接影响到国民生产生活，因此建设农业强国具体包含供给保障能力强、产业韧性强、生产加工能力强以及农业品牌强。

1. 供给保障能力强

并非产粮大国就是农业强国，如日本作为农业强国，粮食产量并不高但机械化和农产品附加值高。美国作为农业强国，也是世界第一粮食出口国。俄罗斯、加拿大既是农业强国也是产粮大国。这些国家之所以强，是同粮食生产能力强联系在一起的。因此农业强国的首要标志就是农业生产供给保障能力强。农业强国建设要牢牢守住18亿亩耕地红线不动摇，确保15.6亿亩基本农田数量不减少、质量有提高。《中华人民共和国国民经济和社会发展第十四个五年规划和2035年远景目标纳要》提出，要遏制耕地"非农化"、防止"非粮化"，规范耕地占补平衡，严禁占优补劣、占水田补旱地。以粮食生产功能区和重要农产品生产保护区为重点，建设国家粮食安全产业带，实施高标准农田建设工程，建成10.75亿亩集中连片高标准农田。实施黑土地保护工程，加强东北黑土地保护和地力恢复。推进大中型灌区节水改造和精细化管理，建设节水灌溉骨干工程，同步推进水价综合改革。加强大中型、智能化、复合型农业机械研发应用，农作物耕种收综合机械化率提高到75%。加强种质资源保护利用和种子库建设，确保种源安全。加强农业良种技术攻关，有序推进生物育种产业化应用，培育具有国际竞争力的种业龙头企业。

2. 产业韧性强

产业韧性强是农业强国建设的基础保障。强化产业韧性，要不断延链补链强链，推动产业融合发展，同时精准识别农业系统风险并做好监测预警和管控，增强风险转移能力，提升产业链供应链抗风险能力和稳定性，筑牢农产品有效供给"防御系统"。[①] 农业新产业、新业态、新模式加快发展，产业链不断延伸，价值链不断提升，供应链不断巩固；农业系统风险监测预警与管控机制持续健全，农业产业韧性和抗风险能力逐步增强，以有效应对"黑天鹅""灰犀牛"事件。但是，当前国际局势风云变幻，大国博弈、贸易保护主义、地缘政治风险等愈演愈烈，极端气象灾害频发多发重发，动植物疫情、突发公共卫生事件等集中出现，国内外市场剧烈波动，产业链供应链不稳定性不确定性明显增加，农业强国建设面临的风险因素不断积聚，产业韧性尚需进一步提升。

---

① 石自忠、胡向东：《增强农业产业韧性 加快建设农业强国》，https://m.gmw.cn/baijia/2022-11/22/36179472.html，2022年11月22日。

3. 生产加工能力强

我国农产品精深加工业与发达国家相比仍存在一定差距，农产品产后损耗仍较大，粮油、水果、豆类、肉蛋、水产品等的深加工率仅30%左右，远低于发达国家70%以上的水平。此外，农产品梯次加工技术缺乏，精深加工不足，关键酶制剂和配料仍依赖进口，60%以上的加工副产物没有得到综合利用，产品附加值较低。因此，建设农业强国，要求增强初级农产品的初加工和深加工能力。为解决农产品同质化和产品保质期短等问题，对产品进行深加工，改变产品原始形态，走向精深，大幅提升产品附加价值，提升产品竞争力。

4. 农业品牌强

农业强国也必定是品牌大国。品牌是标志，是形象，是核心竞争力。农业要强，就要实现农业现代化，而品牌是重要的支撑。当前我国有一批优质的农业产业品牌。如何让这些品牌走出国门成为世界品牌，就要抓承载品牌的企业。世界上大多数农业发达的国家通常坚持标准引领、品牌强农与引导农业优势特色产业聚链集群成带发展相结合，形成具有品牌影响力或者产地认证标准的国际品牌，如按照原产地命名的法国葡萄酒，产地便是其最重要的质量保证，有助于产品在市场上获得较高的品牌溢价。

（二）农业科技强国

从20世纪80年代起，传统生产要素对农业的贡献逐渐式微，稳定的技术进步成为农业持续增长的重要支撑。一般认为，在发达国家，科技对农业的贡献率为80%左右，农业机械化水平的贡献率在90%以上。根据国家发改委公布的数据，2021年我国农业科技进步贡献率达到61%，[1]虽然与世界先进水平相比还有差距，但从总体上看，农业科技进步对农业的贡献率已明显超过土地、资本和其他要素的总和，成为我国农业劳动生产率提升的重要驱动力。

---

[1] 《2021年农业科技进步贡献率达61%》，中工网，2022年9月29日。

《中国农村发展报告（2021）》预测，2035年中国农业科技进步贡献率将达到70%以上。当前我国仍采取以政策为主导的农业科学技术研究和农业技术推广模式。农业强，需要农业科技创新能力和农业现代化装备强的支持。

农业技术创新依靠农民、农业企业家、农业技术人员等。基础研究领域的投资周期较长，各国不约而同地将农业科技领域的基础研究作为政策支持的重点。新中国成立以来，我国逐步建成学科门类齐全的农业科研体系。在应用研究方面，政府投资的主要集中于技术难以转化、知识产权难以得到保护但社会效益较高的项目。私人投资则集中于产品市场开放程度较高、市场需求较大以及经济效益较好的项目。当前，美国农业部农业研究局下的科研服务机构承担了全国公共研究经费的40%左右，私人企业对农业科研的投入也很大，占全国农业实验站投入经费的19%左右。

种植业、林业、畜牧业、渔业相关的科研成果和实用技术的转化和推广离不开农业技术人员。不仅如此，大数据也可为农业强国建设保驾护航。早在1998年中国科学院就采取了3S技术，即GPS（全球定位系统）、GIS（地理信息系统）和RS（遥感系统）对农作物开展大面积测产、农业灾害评估。随着3S技术的不断进步，遥感图像信息的提取和分类更加精确，有利于提高作物品种的分类精度和对气象灾害评估的准确性，发展精准农业，采用科技手段全过程助力农业生产。

（三）农业装备强国

农业现代化作为农业强国建设的基础和前提，在全面建设社会主义现代化国家的新征程中，需要建设一个现代化的农业强国。农业装备配套完善是建设农业强国的物质保障，从硬件、软件两方面优化农机设计，使其成为更便利、高效的农业生产工具，全部或部分替代或辅助人工安全、可靠地完成特定且复杂的目标任务。2021年，我国农作物耕种收综合机械化率超过72%。

2018年国务院印发《关于加快推进农业机械化和农机装备产业转型升级的指导意见》，提出力争到2025年农机装备品类基本齐全，产品质量可靠性达到国际先进水平，同时加快推动农机装备产业高质量发展，强调深入实施藏粮于地、藏粮于技战略，强化农业科技和装备支撑。① 在助推农业装备高质量发展阶段，除了推动传统农业装备企业积极转型外，我国也涌现出一大批智能农机公司。它们凭借信息技术、互联网技术、人工智能、大数据等，正在引领农业装备企业数字化、智能化发展。如从农机自动驾驶系统、智能控制系统、作业监测设备到智能拖拉机、采棉机、智慧农场解决方案等，为农民提供了全方位的农业生产作业解决方案。

（四）农业经营强国

提高农业生产效率，不仅要提升农业生产技术，而且要优化农业生产组织方式与制度，前者主要通过提高技术尽可能地扩大农业生产可能性边界以提高农业增长率，而后者则通过降低成本的方式来提高农业生产率。有效的农业经营模式和供应链体系能够畅通农产品供销渠道，适度规模化经营能降低生产成本。

提高农产品物流保供保畅能力。农村物流与农产品生产加工、商贸流通等供应链上下游的融通，有利于缩短农产品从田间地头到饭馆餐桌的时间。物流是流通体系建设中的薄弱环节，应推动乡镇运输服务站等的新建、改建和扩建，加快健全农村物流节点，不断提高农村物流网络节点的覆盖率。

新经济新业态助力农产品经营流通。世界经济论坛发布的《2013年全球信息技术报告》指出，加快大数据应用有助于全球经济复苏。大数据应用于农业，有利于降低农业生产成本，实现"产—加—销"信息对接，缓解供需矛盾。

（五）农业安全强国

我国农业农村经济发展取得巨大成就，农业资源过度开发、农业投入品

---

① 《产业链加速协同　产品加速数智化　中国农业装备高质量发展势不可挡》，https://baijiahao.baidu.com/s?id=1742848501875607876&wfr=spider&for=pc，2022年9月2日。

过量使用、地下水超采以及农业内外源污染相互叠加等问题凸显,农业可持续发展面临严峻挑战。此外,种子是农业的"芯片",种子好不好事关人民饱不饱,影响农业可持续发展。当前,农作物自主选育品种面积占比超过95%,水稻、小麦两大作物品种实现自给自足,玉米、大豆、生猪等种源有保障。目前,外资企业在我国种子市场中的份额为3%左右,进口种子占全国用种量的0.1%。[1]

(六)农业贸易强国

从世界范围来看,不同国家虽然农业资源禀赋不同,但在推进农业现代化过程中对更高农业竞争力的追求是一致的,都期望生产出质优价低、具有国际竞争力的农产品。2001~2020年,中国农产品贸易额从不足300亿美元增至2468亿美元,是全球第二大农产品贸易国、第一大进口国、第五大出口国,也是全球大豆、油菜籽、棉花、猪肉等大宗农产品最大买家。[2]

三 建设农业强国的战略支撑

(一)加强建设农业强国的顶层设计

农业强国建设要体现中国特色,立足国情,立足人多地少的资源禀赋、农耕文明的历史底蕴、人与自然和谐共生的时代要求,不简单照搬国外现代化农业强国模式。一是要锚定建设农业强国目标,制定分阶段分步骤的规划方案和实施路径,各地要针对本区域农业资源禀赋和农业产业优势确定发展目标,解决农业农村发展最迫切、农民反映最强烈的实际问题。二是加强农业强省强区的示范引领作用,主要涉及东部农业发达省份,包括农垦系统、各类农业园区示范区、大中城市的都市农区等。三是各地应该根据特色农产品,找准优势

---

[1] 郭志强:《中国种业安全,存在"卡脖子"问题吗?》,https://baijiahao.baidu.com/s?id=1739296909785351081&wfr=spider&for=pc,2022年7月25日。
[2] 彭瑶、吕珂昕:《入世20年,大国农业对外开放行稳致远》,《农民日报》2021年12月9日。

农产品，培育竞争优势，打造地方品牌，促进农业资源利用效率和产业竞争力的提升，推动农业发展更好地满足日益多样化的消费需求。

（二）全方位夯实粮食安全根基

进一步落实党的二十大报告中提到的"全方位夯实粮食安全根基，全面落实粮食安全党政同责，牢牢守住十八亿亩耕地红线，逐步把永久基本农田全部建成高标准农田"要求。在耕地保护方面做到"保数量、提质量、管用途、挖潜力"。要按照耕地和永久基本农田、生态保护红线、城镇开发边界的顺序，统筹划定落实三条控制线。要足额带位置逐级分解下达耕地保有量和永久基本农田保护目标任务。要突破现代种业、现代农业机械装备等发展瓶颈。要树立大食物观，即从传统狭义的"谷、豆、薯"粮食口径扩大到"谷、豆、薯＋肉蛋奶等重要农产品"，扩大高能量、高蛋白农产品供给，构建多元化食物供给体系，满足人民群众多层次需求。充分利用物种间资源互补的特点，拓展粮田功能，如在南方探索稻田养鱼、稻虾共生等现代循环农业发展新模式，实现一田多用。此外，科学合理地做好粮食储备工作，降低粮食损失风险，保证粮食有效供给。加强食物采收、储运、加工、销售、消费每个环节的"跑冒滴漏"监管。消费环节要避免"舌尖上的浪费"，进一步深入开展"光盘行动"，提倡健康饮食。

（三）抓住科技创新关键变量

在科研攻关方面，提升科技在食物生产中的贡献率，《国家创新驱动发展战略纲要》提出争取2030年我国跻身创新型国家前列的目标。如果生物技术、种质资源、农机装备制造、信息化技术等领域的"卡脖子"技术能够取得突破，预计到2035年我国在农业科技创新领域将具备较强实力。在科研攻关领域强化创新，而农业创新关键在人。在农业技术推广和运用方面，健全农民教育培训体系，完善短期培训、职业培训和学历教育衔接畅通的培训制度，培育一批服务于农业强国建设的新型职业农民。持续推动由"农民进城"向

"人才下乡"转变，支持各类人才返乡入乡下乡在乡，夯实农业强国建设人才基础。

（四）一二三产业融合、四化同步发展促进农民富裕

加强新型农业经营主体培育，鼓励和引导龙头企业、家庭农场、农民合作社等新型经营主体积极投身于农业强国建设。健全农业专业化社会化服务体系，支持专业化社会化服务组织高质量发展。建立健全新型农业经营主体、农业专业化社会化服务组织与小农户利益联结机制，推动小农户和现代农业发展有机衔接。创新工农城乡要素流动体制机制，重构工农城乡要素平等交换法则。

（五）增强国内国际两个市场、两种资源联动效应，增强"走出去""运回来"的能力

要充分利用好国内国际两个市场、两种资源，遵循"适度进口"的国家安全战略，促进食物进口来源、渠道、品种的多元化，分散食物进口市场过度集中的风险。要继续深化与粮农组织、世界粮食计划署、国际农发基金等国际组织在国际紧急粮食援助、农业技术培训等方面的合作，积极动员一些关注农业和减贫问题的非政府组织，充分发挥其优势和作用，引领非政府间的南南合作和三方合作发展。适当增加对食物安全问题突出的欠发达国家和地区的资源投入，帮助其提高农业技术水平和生产能力，从而促进国际食物安全目标的实现。

新时期我国粮食安全保障路径及对策

苗 洁[*]

摘 要：农业强国建设目标的核心要义是能够依靠自身力量解决吃饱饭问题，保障粮食等主要农产品稳定安全供给。新时期，粮食安全内涵进一步拓展，不仅包括粮食数量安全，也包括粮食质量和粮食产业的安全。当前保障粮食安全面临着诸多挑战，确保粮食安全的根基尚不稳固。加快建设农业强国、全面推进乡村振兴，在更高水平上夯实粮食安全根基，应强化从生态、资源到产业的全要素、全环节、全链条、全方位保障，着力解决关键环节的突出问题，筑牢粮食安全多维防火墙。

关键词：粮食安全 农业强国 现代农业

作为国之大者、民之要者，粮食安全一头连着百姓饭碗，一头连着国家战略，是稳住国内发展基本盘、切实保障和改善民生的重要支撑。我国正处于从农业大国向农业强国跨越的新阶段，保障粮食和重要农产品稳定安全供给

---

[*] 苗洁，河南省社会科学院农村发展研究所副研究员，主要研究方向为区域经济、农业农村发展。

是建设农业强国的头等大事和底线任务,也是建设农业强国的基础性评判标准。无论现代农业的范围如何拓展、功能如何强化,粮食生产的地位和作用都不会改变,始终是建设中国特色农业强国的基础和核心。尤其是在国际各种矛盾风险易发期和多发期,我国只有农业强起来,粮食供给有保障,才能为稳大局、应变局、开新局提供充足底气,才能经受住风高浪急甚至惊涛骇浪的重大考验。

一 新时期粮食安全的内涵拓展

我国传统的粮食安全是以单纯追求总量增长或以解决温饱为中心的粮食保障模式,主要关注粮食数量供给、储备安全及可获得性,几乎不考虑粮食质量和经济效益。传统的粮食安全战略让我国"吃不饱"的问题彻底成为历史,但是随着粮食连年丰收、居民收入水平持续提高和消费结构不断转型,其已经难以适应国家和个体层面的需求和变化,供需不匹配、结构不平衡问题日益凸显,粮食安全面临新的要求。尤其是在建设农业强国战略背景下,树立营养、绿色、多元的新时代粮食安全观势在必行,需要从多维度、多层次解读粮食安全的新内涵。

新时期粮食安全不仅包括粮食数量安全,也包括粮食质量和粮食产业安全,要产得出、供得上、调得动,涉及粮食生产、流通、消费等整个系统的可持续性。其中,粮食安全的保障重点从确保宏观粮食安全向兼顾微观个体需求转变,粮食安全的责任主体从"压产区"向"一盘棋"转变,粮食安全的保障目标从"促产出""重数量"向"提质量""强产能"转变,粮食安全保障范围从"顾全面"向"保重点"转变,从传统的"口粮观"向"大食物观"转变。高水平的粮食安全保障体系,不仅可以为食者造福,让城乡居民吃得安全健康,也可以为耕者谋利,增加种粮农民收入,还可以为业者护航,促进粮食产业提质增效。

具体来讲,新时期粮食安全内涵有以下要点:一是粮食数量安全。要求数量充足、粮源稳定，让每个人尤其是低收入者不管什么时候都能吃得饱，这是最基本的内涵。新时期粮食安全不再单纯强调产出，但不是不需要强调数量，未来一段时期我国粮食产需仍将处于"紧平衡"状态，并且只有保障数量，才有空间和能力去提升粮食品质，当然，也不是指所有的粮食品种，而是"谷物基本自给、口粮绝对安全"。二是粮食质量安全。强调绿色优质，就是在保持粮食产能稳定的基础上，坚持节约高效、绿色低碳的粮食生产、流通和消费模式，扩大高品质粮食产品供给，让人们不仅吃得饱，还要吃得好、吃得营养、吃得健康。三是粮食产业安全。粮食产业是涉及生产、收购、储备、物流、加工、销售、消费等多个环节的系统工程。我国主要粮食完全可以实现自给自足，但并不意味着我国的粮食产业竞争力就强。新时期保障粮食安全不仅要抓好生产，还要实现产需对接、适度加工、绿色收储、高效流通、健康消费，提高产业竞争力，在更高水平上保障国家粮食安全。因此，保障粮食产业安全要求从更深的维度上把握粮食安全内涵。四是树立"大食物观"。"大食物观"是顺应人民群众膳食结构变化趋势和对美好生活的追求，在保障粮食稳定供给的同时，多渠道、多途径保障肉蛋奶蔬果等各类食物有效供给。"大食物观"与国际上粮食安全的概念更为一致，是从更广的维度上来把握粮食安全。

二 新时期粮食安全保障面临的挑战

受新冠疫情、极端天气、地缘冲突等因素影响，近年全球粮食生产、供应链系统中不稳定、不确定、难预料因素增多，我国面临粮食生产成本与进口成本上涨的双重压力，在资源环境和技术水平的硬约束下，粮食持续增产势头面临挑战，粮食产业发展水平不高，确保粮食安全的根基还不稳固。

一是资源约束趋紧。受城镇化进程、农业结构调整、生态修复等因素影响，全国耕地面积持续减少。从第三次全国国土调查数据看，"二调"以来的10年间，全国耕地面积减少了7522.7千公顷，耕地保护形势依然严峻。中低产田仍占较大比重，由于土地高强度利用、缺少休耕轮作等，部分耕地的土壤质量退化。水资源分布不均，一些地区农业水资源实际利用量已超过水资源的可持续利用量，短缺与浪费并存，农业用水严重不足且利用率低。受全球气候变化影响，近年来极端天气增多，农业气象灾害发生频率显著增加，灾害异常性和不可预见性越来越明显。我国有效应对灾害的能力仍然薄弱。

二是稳粮动力不足。土地、劳动力和农资等种粮投入的生产要素价格大幅增加，成本优势渐失，粮价提升空间有限，农民种粮收益受到挤压。近两年得益于价格的上升，种粮收益有所增加，但远不及种植特色经济作物的收益，导致耕地"非粮化"。现行粮食支持保护政策不适应发展形势，粮食最低收购价制度尚未引导粮食生产真正做到优质优价。粮食主产区利益补偿机制尚不健全，难以长期维持粮食主产区农民种粮抓粮的积极性。随着农村劳动力大量外出务工，种粮兼业化、老龄化程度不断提高，"谁来种粮""如何种粮"的困境亟待破解。

三是科技支撑待强化。育种方面，利用常规育种手段培育的品种，增产潜力基本上已发挥到极限，种质资源创新、生物育种技术等方面与发达国家相比还存在较大差距，制约了粮食单产提升。农业机械化发展方面，丘陵山区农机供给不足，谷物联合收割机等传统主流机具和装备水平不高，数字化、智能化水平有待提升。技术集成推广方面，距良种良法配套、农机农艺融合还有较大差距，比如大豆—玉米带状复合种植仍在推广中，适宜品种选择、种植密度、机收、病虫草害防治等问题尚未得到有效解决。

四是粮食产业大而不强。我国粮食产量不断创新高，但粮食产业的弱质性没有从根本上改变，尤其是一些产粮大省的粮食产业大而不强，亟须转型升级。以河南为例，全省粮油加工企业中，还没有一家年产值超过100亿元的企业，没有一个面粉品牌成为全国知名品牌，这与河南作为全国第一粮食加工大省的地位不匹配。粮食种植结构无法与市场需求对接，面粉加工企业陷入同质化竞争，部分加工企业受到较大冲击。粮食产业发展比较滞后，带动乡村发展、农民增收能力较弱，也难以提升农民种粮抓粮的积极性。

三 新时期粮食安全保障的路径选择

加快建设农业强国、全面推进乡村振兴，在更高水平上保障粮食安全，需要立足现有基础，主动应对新形势新挑战，在大食物观和总体国家安全观下，顺应高品质生活需求和高水平安全保障，坚持产量产能、数量质量、生产生态一起抓，一方面解决当下粮食"产得出"的问题，提高综合供给能力，另一方面解决未来"供得上"的问题，强化从生态、资源到产业的全要素、全环节、全链条、全方位保障，为中国特色农业强国建设提供有力支撑。

（一）强化基础支撑，全要素筑牢高效供给基石

对于粮食生产而言，耕地是根本，科技是关键，水利是命脉。夯实粮食安全根基要紧抓耕地和种子两大要害，实施藏粮于地、藏粮于技、藏粮于水，积极拓展粮食生产空间，确保粮食产能跃上新台阶。一是聚焦藏粮于地，加快新时期粮食核心区建设。压实耕地保护责任，确保耕地红线不突破，遏制耕地"非粮化"。分类分区域大规模开展高标准农田建设和提质改造，实施耕地质量提升工程，真正把耕地特别是永久基本农田建成适宜耕作、旱涝保收、高产稳产、生态友好的现代化良田，形成一批"一季千斤、两季吨粮"的高产粮田。二是聚焦藏粮于技，提高粮食综合生产能力。加快破解农业种质资源保护开发利用、种源关键核心技术联合攻关等问题，抓好区域性良种繁育基地建设，选育推广粮食优良品种，建设现代种业强国。推动农机装备向全程全面、高效高质发展，着力解决机械收获、高效植保、产地烘干、秸秆处理等环节的技术难题，提高装备信息化水平。推进良田良种良法配套、农机农艺农技融合。三是聚焦藏粮于水，改善农田水利条件。推进灌区续建配套和现代化改造，升级现有农田灌排设施。加强丘陵旱区供水补源，提高渠灌保障能力。加强节水改造和用水管理，破解水资源保护、利用效率提升、污染治理等问题。

（二）强化绿色发展，全环节挖掘减损降耗潜力

绿色发展是增加绿色优质农产品供给、提升粮食安全可持续性的必由之路。要着眼于挖掘粮食全环节全链条减损降耗潜力，加快构建节约高效、绿色低碳、科学健康的粮食生产、流通和消费模式。一是推进粮食生产绿色低碳转型。不能走以前那种大水大肥的资源消耗型老路子，要通过生态保护和科技赋能，积极发展节种、节水、节肥、节药生产模式和循环经济模式，推进秸秆科学还田、测土配方施肥及水肥一体化，在地下水漏斗区、重金属污染区、生态严重退化区等区域建立健全休耕轮作制度，走资源节约、环境友好的绿色发展新路子。二是推进粮食减损降耗。牢固树立"减损就是增产"意识，在粮食播种、收割、烘干、储藏、运输、加工等环节，加强工艺改进和农机装备升级，推动精量适量播种，降低机收损耗率，加强产后烘干，改善粮食储藏运输条件，提高粮油加工转化率和副产物综合利用率。三是遏制消费环节浪费。坚持节约优先，增强全民节约意识，营造爱粮节粮、健康消费的新风尚，减少"餐桌上的浪费"，持续深入开展粮食节约行动。四是提升粮食防灾减灾能力。加快建设绿色数字农田，提升智能化气象服务能力和突发自然灾害应急处置能力，推进自然灾害防治体系和防治能力现代化，减少因气候变化和自然灾害而造成的粮食减产减质。

（三）强化产业赋能，全链条拓展粮食增值空间

产业强，粮食安。粮食产业链越坚韧，粮食安全基础就越牢固。一是深化"三链同构""五优联动"。着力培育小麦、玉米、水稻、红薯、大豆等优势特色产业链，推进粮食产业延链补链强链优链，加快从抓粮食生产到抓粮食全产业链、从抓粮食产品到抓粮食产业体系、从聚焦粮食产业链到聚焦产业链供应链价值链"三链同构"的转变，实现优粮优产优购优储优加优销"五优联动"，深化供需协同、产销对接。二是深化产业融合、提质升级。聚焦粮食产业发展中高端、关键环节，推进农业与旅游、教育、文创、康养等产业深度融合和产村产镇融合，建设现代农业产业园、农业产业强镇、优势特色产业集

群,不断提升粮食产业链供应链数字化、现代化水平,打造国家粮食安全产业带。三是深化集群成链、格局重塑。立足县域布局粮食产地初加工、精深加工和综合利用加工,优化县域产业链空间布局,改变农村卖原粮、城市搞加工的格局,把产业链主体留在县城,把增值收益更多地留在县域,形成县城、中心乡镇、中心村层级明显、功能有机衔接的乡村产业结构布局和乡村产业体系。

(四)强化多元保障,全方位践行"大食物观"

在确保粮食供给的基础上,践行"大食物观",让食物品类更加丰富、食物结构更加优化、食物供给更有保障,是建设农业强国的重要内容,也是新时期保障粮食安全的客观要求。要顺应新阶段居民饮食结构变化趋势,多方位、多途径、多渠道开发食物资源,加快构建粮经饲统筹、农林牧渔结合、植物动物微生物并举的多样性供给体系,更好满足人民美好生活需要。一是持续深化农业供给侧结构性改革。在保障粮食尤其是口粮安全的基础上,加快推动高效种养业转型升级,以优势特色农业基地建设为依托,优化农业产业结构、品种结构、品质结构,促进粮食生产和高效农业发展相统一,引导居民形成合理膳食结构。二是向整个国土资源要食物。粮食是大田作物,对耕地依赖程度高。树立大资源观,在保护生态环境、实现可持续发展的前提下,除依靠耕地资源生产食物外,还可以向山水林草湖要食物,将食物生产向整个国土资源拓展,减少与粮争地,为约束日益趋紧的耕地减压松绑,为粮食安全争取更大的发展空间。三是创新食物生产方式。拓展粮田功能,探索粮经套种、稻虾共作等农业发展新模式,实现一田多用、多收。向设施农业要食物,探索发展智慧农业、立体农业、植物工厂;发展生物科技、生物产业,向植物动物微生物要热量、蛋白质,为百姓餐桌提供更多选择。

四 新时期粮食安全保障的对策建议

遵循新时期粮食安全保障路径,针对当前粮食生产中的关键环节和突出问题，需要持续加大对粮食生产的支持力度，发展多种形式的适度规模经营，加快推进粮食精深加工和品牌化，依靠科技创新提高粮食单产，健全粮食安全治理体系，筑牢粮食安全多维防火墙。

（一）加大对粮食生产的支持力度，激发各方积极性

应强化义利并举，调动和激发地方重农抓粮、农民务农种粮、工商资本投农营粮的积极性，形成粮食安全高质量保障的合力。一是调动和激发地方重农抓粮积极性，既要落实地方粮食安全主体责任，又要强化粮食主产区利益补偿。争取中央进一步加大对粮食主产省的转移支付力度、加大对粮食净调出省份的奖补力度，强化对产粮大县奖励政策的落实。优化主产区利益补偿资源的配置，促进粮食就地生产加工转化，将粮食主产区的粮食资源优势转换为产业优势。二是调动和激发农民务农种粮积极性。强化政策保本、保险兜底、经营增效，完善最低收购价制度，完善对种粮农民的补贴办法，扩大完全成本保险和收入保险试点范围，形成农业大灾有托底、农户收益有保障的新型农业保险体系，保障种粮农民的合理收益，稳定粮食种植面积。三是调动和激发工商资本投农营粮积极性。优化乡村营商环境，稳定种粮预期、增强种粮信心，鼓励龙头企业等市场主体积极开展涉农涉粮服务，除了流转土地直接从事农业经营之外，通过订单农业、托管服务、加工物流、产品营销等方式带动种粮农户进入现代市场体系。

（二）加强主体培育，发展多种形式适度规模经营

在积极培育新型农业经营主体的基础上，应重点发展面向小农户的社会化服务组织，带动粮食适度规模化集约化经营。一是培育壮大新型农业经营主体。以农民合作社和家庭农场两类新型经营主体为重点，稳步提升发展质量效益、增强服务带动效应。深化农村承包地"三权分置"改革，进一步放活土地经营权，引导土地经营权有序向合作社、家庭农场等新型农业经营主体流转，规范土地流转交易行为。二是加快完善粮食生产专业化社会化服务体系。将粮

食生产全过程中有服务需求的环节划分为一系列服务项目，如深耕、播种、日常管理、收割、烘干、储存、初加工、流通销售、秸秆还田等，制成"服务菜单"，通过半托管、全托管、代耕代种等方式，以服务规模化带动生产规模化，努力解决粮农一家一户办不了、办不好、办起来不合算的问题。三是推动实施小农户能力提升行动。加强新型职业农民培育，鼓励小农户参加相关粮食生产技能提升培训活动。支持小农户以组建合伙农场的方式联合开展耕种生产，逐步融入现代农业发展。

（三）做大做强粮食产业，构建现代粮食储运体系

一是加快推进粮食精深加工和主食产业化。加强数字赋能、品质提升，开发中高档主食加工产品，打造绿色食品产业集群，创新"农粮食"融合发展模式。二是壮大粮食产业主体。着力解决产粮大省粮食加工企业小、弱、散问题，扶持龙头企业增强产品研发、市场开拓等能力。支持经济实力强、联农带农紧的龙头企业与农民合作社、家庭农场、小农户构建粮食产业化联合体，培育多主体参与的产业发展共同体和利益共同体。三是提升粮食品牌影响力。推动粮食品牌从数量优势向质量优势转变，打造具有较强市场竞争力的地方特色粮油产品和品牌。推进"互联网+粮食"行动，助力优势粮油品牌走向更广阔市场，从"卖原粮"向"卖产品"、从"卖大路货"向"卖品牌产品"转型。四是完善粮食储运体系。粮食储备是保障粮食安全的最后一道防线，要优化储备布局，建设现代仓储体系，逐步建立粮食加工企业社会责任储备制度，推广绿色储粮和科技储粮。畅通粮食流通渠道，完善多元化联运物流体系。建设布局合理、辐射全国的农产品市场交易体系，统筹强化粮食产购储加销协同保障，促进粮食安全各环节协调联动。

（四）加快构建技术支持体系，提高粮食单产水平

国家新一轮粮食产能提升行动把提高单产作为主攻方向，而农业技术是提升粮食单产的关键，必须加强粮食产业技术创新和服务体系建设，走依靠科

技提高粮食单产的内涵式发展道路。一是加强技术创新。加大对涉农涉粮高等院校和科研单位的支持力度，加快重点农业科研项目建设。开展小麦、玉米超高产新品种选育及超级水稻的新品种开发，加快小麦、玉米重点实验室等高水平创新平台建设。开展病虫害防治科技创新，推进病虫害防治智能化、专业化、绿色化。二是推动重大技术集成。整合良田、良种、农机、农艺等各方面优势资源，构建适合区域保肥改土与产能提升的高效综合技术模式。建立重大技术集成创新平台，加强粮食综合性优质高产、超高产配套栽培技术的集成研究与示范，如玉米高产密植栽培技术、小麦玉米连作高产栽培技术、稻麦连作高产栽培技术等。三是强化技术转化推广。着重解决农业科研生产"两张皮"问题，引导农民进行全程规范化、标准化种植，充分发挥新型农业经营主体的引领作用，示范带动小农户运用高产品种技术，把粮食增产潜力转化为现实产量。

（五）聚焦主体责任落实，健全粮食安全治理体系

一是严格落实粮食安全党政同责。压实地方主体责任，坚持五级书记一起抓粮食安全，把保障粮食安全作为建设农业强国和实施乡村振兴战略的首要任务抓实抓好，推动出台和落实保障粮食安全的政策。完善粮食安全责任和耕地保护责任目标落实情况的考核监督机制，将考核结果作为领导干部考核奖惩和调整使用的重要参考，以及乡村振兴考核实绩的重要依据。二是健全粮食安全治理体系。坚持以党建引领粮食安全治理，建立县乡村三级粮食安全治理体系，组织开展粮食安全治理试点建设和示范村镇创建。深入实施数字粮食安全行动，打造网格化管理、精细化服务、信息化支撑的粮食安全治理平台。推动粮食安全由政策治理向法治治理转变，制定修订相关法规规章，完善相关配套规章制度，为耕地保护和粮食生产提供法治保障，充分发挥法治在保障粮食安全中固根本、稳预期、利长远的重要作用。

参考文献

薛洲、高强:《从农业大国迈向农业强国:挑战、动力与策略》,《南京农业大学学报》(社会科学版)2023年第1期。

彭玮:《多维审视"全方位夯实粮食安全根基"的时代价值》,《江汉论坛》2023年第4期。

黄季焜:《对近期与中长期中国粮食安全的再认识》,《农业经济问题》2021年第1期。

张新平、代家玮:《总体国家安全观视域下我国粮食安全问题研究》,《甘肃理论学刊》2022年第4期。

杜志雄、肖卫东:《全方位夯实粮食安全根基:意义、内涵及重点任务》,《中州学刊》2022年第12期。

陈明星:《全方位擦亮粮食生产"王牌"》,《河南日报》2022年12月4日。

崔宁波:《构建国家粮食安全新发展格局》,《人民论坛》2022年第1期。

钟钰、崔奇峰:《从粮食安全到大食物观:困境与路径选择》,《理论学刊》2022年第6期。

程国强:《大食物观:结构变化、政策涵义与实践逻辑》,《农业经济问题》2023年第5期。

蒋和平等:《新时期我国粮食安全保障的发展思路与政策建议》,《经济学家》2020年第1期。

建设农业强省的地方实践

黑龙江建设农业强省的基础条件、问题挑战与实现路径

赵 勤[*]

摘 要： 农业强省是农业强国的重要抓手和载体。黑龙江在农业强国建设中的地位突出、优势明显，具备率先建成农业强省的基础条件和发展潜力。在开启全面建设社会主义现代化国家新的历史时期，黑龙江省率先建设农业强省面临着农业生产成本逐步走高、农业产业链供应链不完整、科技装备保障能力有差距、资源环境约束日益趋紧、农业支持政策不稳定不完善、农民收入低且结构不合理等挑战。新的历史时期，黑龙江省要以现代化大农业为主攻方向，以实施现代农业振兴计划为牵动，巩固提高粮食和重要农产品供给能力、推进黑土区耕地数量质量生态"三位一体"保护、加快实现农业科技自立自强、筑牢农业省建设的人才根基、促进小农户与现代农业有机衔接、不断完善粮食主产区利益补偿机制。

关键词： 农业强省 农业现代化 黑龙江

---

[*] 赵勤，黑龙江省社会科学院农村发展研究所所长、研究员，主要研究方向为农业经济理论与政策、农村区域发展。

"强国必先强农,农强方能国强"。党的二十大报告首次明确提出"加快建设农业强国"。2022年中央农村工作会议对建设农业强国理论及实践问题进行了系统的阐释。农业强省是农业强国的重要抓手和载体,建成农业强国需要依靠更多的、各具特色的农业强省来支撑。农业强省是指在生产经营规模较大和综合产能较高的基础上,农业发展质量和发展水平达到更高程度的省份。[①] 黑龙江是全国农业大省、产粮大省,在农业强国建设中的地位突出、优势明显,具备率先建成农业强省的基础条件和发展潜力。2023年9月6~8日,习近平总书记在黑龙江省视察时指出,黑龙江要当好国家粮食安全"压舱石",要以发展现代化大农业为主攻方向,加快建设现代农业大基地、大企业、大产业,率先实现农业物质装备现代化、科技现代化、经营管理现代化、农业信息化、资源利用可持续化。2023年黑龙江省委农村工作会议对加快农业强省建设进行了全面的部署。在新的历史时期,黑龙江省要从更好服务国家战略出发,准确把握"率先建成农业强省"的战略定位,坚持以现代化大农业为方向,聚焦关键环节,集中资源力量,推进农业高质量发展,实现由农业大省向农业强省转变,努力在农业强国建设中走在前列。

一 黑龙江省建设农业强省的基础条件

黑龙江省自然资源条件优越,农业发展基础好、潜力大。全省现有耕地2.579亿亩,占全国的13.4%;人均耕地是全国平均水平的5.96倍;地处世界三大黑土带之一,土壤有机质含量为全国最高;位于北纬43°~53°,是世界公认的黄金玉米种植带、黄金奶牛养殖带、粳稻和大豆主产区。经过多年发展,黑龙江省一些衡量现代农业发展成效的重要指标已经走在全国前列、站上全国排头,为率先建设农业强省打下坚实的基础。

---

① 郭翔宇:《推进农业高质量发展,以农业强省支撑农业强国建设》,《农业经济与管理》2022年第6期。

（一）农产品供给保障有力

黑龙江省是中国重要的优质粳稻、玉米、大豆生产区。2022年，全省粮食产量达1552.6亿斤，连续12年居全国首位，人均粮食占有量为2517公斤，是全国平均水平的5.2倍；粮食商品量超过1400亿斤，约占全国商品量的1/7；粮食调出量超过800亿斤，约占全国调出量的1/6，粮食安全"压舱石"地位持续巩固。同时，黑龙江还是全国生猪、肉牛生产大省，全国最大的奶粉和婴幼儿配方乳粉生产基地，优质荷斯坦奶牛存栏总量、乳制品加工能力、奶粉产量和婴幼儿配方奶粉产量均居全国第一位。此外，黑龙江省林特产品、冷水鱼资源也比较丰富。

（二）农业规模经营基础较好

黑龙江省充分发挥耕地面积大、土地平坦且集中连片的优势，加快推进农业规模化生产，形成了以优质粮食、畜产品、山特产品为主导的农产品产业集群。2022年，全省50亩以上的农业适度规模经营面积超过1.47亿亩，是2015年的2.3倍，占耕地总面积的61.5%，居全国之首；新型农业经营主体突破20万个，家庭农场6.17万家，农民合作社9.5万个，农业社会化服务组织近4万家。黑龙江省农业生产托管走在全国前列，托管服务面积达到1.48亿亩次，服务小农户190多万户。此外，畜禽养殖规模化率、水产健康养殖示范面积比重也都超过60%。

（三）基础设施条件明显改善

黑龙江省坚持加强农田水利基础设施建设，大力发展设施农业。截至2021年底，全省划定粮食生产功能区和重要农产品生产保护区1.68亿亩，累计建成高标准农田超过10200万亩，其中高效节水灌溉面积超过2000万亩。全省累计建成各类水库898座，总库容273亿立方米，江河5级及以上堤防长度达到1.54万千米；万亩以上灌区达到387处，其中大型灌区27处；农田实灌面积达 6618 万亩，占全部耕地的 25.7%。全省设施棚室总面积 66.8 万亩（含北大荒集团、龙江森工集团），其中日光温室 5 万亩、连栋温室 0.5 万亩；食用菌种植达 63.5 亿袋，鲜品总产量 364 万吨，占全国总产量的 11%，其中黑木耳产量居全国首位。

（四）科技与装备支撑力较强

黑龙江省现有 41 所涉农科研院校，形成了兽医、乳业、大豆、杂粮四大国家级科研平台和 90 余个省级重点实验室、工程技术中心，打造了一批省级示范引领性产业化平台。2021 年，全省农业科技进步贡献率为 69%，高于全国平均水平 8 个百分点，农业主推技术到位率稳定在 95% 以上；[①] 主要农作物自主选育品种比重达 87%，主要畜禽核心种源自给率超过 75%。积极推进农业机械装备更新，有序引导农业机械化向全程全面高质量发展。截至 2021 年底，全省农机总动力达 6888.4 万千瓦，农作物耕种收综合机械化率保持在 98% 以上，高于全国平均水平 26 个百分点，稳居全国首位。

（五）农业绿色发展成效显著

黑龙江省注重发挥资源丰富、生态良好优势，坚持绿色发展、特色发展，绿色食品供给规模不断扩大。2021 年，全省绿色、有机食品认证面积达到 8816.8 万亩，其中绿色食品认证面积 7934.3 万亩，居全国首位。农作物亩均化肥施用量（折纯）仅为全国平均水平的 1/2 左右，化肥利用率、农药利用率、绿色防控覆盖率、统防统治率分别为 42.8%、46%、54%、57%，均大幅度高于全国平均水平；秸秆综合利用率在 91% 以上，畜禽粪污资源化利用率达到 82%，农药包装废弃物回收率达 84%，农膜回收率达 86%。

---

① 王兆宪：《筑牢压舱石 争当排头兵 十年累计贡献粮食 1.47 万亿斤》，《农村工作通讯》2022 年第 20 期。

（六）北大荒"三大一航母"作用突出

黑龙江省以"垦区集团化、农场企业化"为方向，持续推动农垦改革，不断激发释放发展潜力，引领带动全省现代农业发展。2021年，北大荒集团粮食总产463.1亿斤，粮食综合单产1038.9斤/亩；劳均粮食产量是全国平均水平的15倍以上；粮食调出量440.1亿斤，占全省调出量的50%以上、全国调出量的20%。主要农作物耕种收综合机械化率达99.7%；农业科技贡献率达77.1%，科技成果转化率高达82%，居世界领先水平。[1] 集团资产总额达2319.27亿元，实现营业收入1703.7亿元，其中工业企业营业总收入670.4亿元；粮食加工能力1496万吨，自有仓储能力1442.7万吨。"北大荒"品牌价值1439.85亿元，在世界500强品牌中列第412位。农业社会化服务面积5270万亩，带动小农户350万余户，实现粮食增产21.52亿斤，节本增效26.93亿元。

二 黑龙江省建设农业强省面临的问题和挑战

在开启全面建设社会主义现代化国家新的历史时期，黑龙江省率先建设农业强省，具备较好的基础和诸多有利条件，但面临的问题和挑战也十分严峻。

（一）农业生产成本逐步走高

当前，受生产资料、土地、劳动力等要素价格上涨的影响，黑龙江省主要农产品生产成本越来越高。2022年，由于化肥市场供应短缺、价格上涨，传导至种子、农药等农业生产资料价格跟涨，增加了农业生产成本，严重挤压了农业收益。近年来，全省人工和土地费用占农业生产总成本的比重已超过60%，

---

[1] 熊然、代琳、吕维明：《新时代背景下传承南泥湾精神续写北大荒国企改革发展新篇章》，《中国农垦》2021年第9期。

而且物流成本普遍增加。此外，新型农业经营主体带动能力较弱，全省市级示范家庭农场仅占1%，省级示范社占比不到1%；农业品牌"小、散、杂"问题突出，质量农业发展层次不高，在一定程度上推高了农业生产成本。

（二）农业产业链供应链不完整

一是产业链条偏短。黑龙江省一二三产业融合发展不足，农业产业链偏短、价值链较弱，新业态发育不足。农产品以初加工为主，多为中间产品，高附加值产品较少，即食性产品或预调理终端产品加工能力不足、同质化严重，距"粮头食尾""农头工尾"还有较大差距。2021年，全省规模以上农产品加工企业1900家，营业收入仅为3226.8亿元，而河南、山东等省早已突破万亿元；农产品加工转化率为63.5%，低于全国平均水平5个百分点；农产品加工业产值与农业总产值之比为0.57∶1，与全国2.5∶1的平均水平相比差距较大，与山东的4.6∶1、河南的2.8∶1相比差距更大。二是农业供应链不完整。农产品产地道路交通、仓储物流等基础设施建设仍然比较滞后，特别是冷链物流严重不足；数字技术尚未覆盖产前、产中、产后各环节，从生产、流通到消费等节点存在信息不对称、信息传递缺失等问题，规模化物联网应用不足，供应链运行成本高且运营效率低。

（三）科技装备保障能力有差距

从农业科技看，2021年黑龙江省农业科技贡献率为69%，而同期美国达到80%以上；尚未掌握一些农业基础性、关键技术，相关技术集成不够。2021年，美国玉米单产770公斤/亩，黑龙江省为424公斤/亩，每亩产量相差346公斤；美国大豆单产240公斤/亩，黑龙江省为123公斤/亩，每亩产量相差117公斤。美国良种对单产的贡献率为65%，黑龙江仅为45%，特别是高筋强筋小麦、专用马铃薯、高产蔬菜等品种基本依赖从美国进口。从农机装备看，黑龙江省亩均农机动力为0.27千瓦，虽然作业效率高于全国水平，但与美国相比，在装备档次、单机动力、科技含量方面差距明显。比如，欧美标准型拖拉机的功率达到 350 马力，一次作业便可实现犁、耙、播、肥等复合作业，而黑龙江省 20 马力及以下拖拉机占比仅 29%，作业效率较低。

（四）资源环境约束日益趋紧

随着粮食及农产品供给不断增加，黑龙江省农业资源和生态环境承载压力不断加大。一是黑土地保护难度加大。多年来大规模农业开垦与不合理的耕作方式，使寒地黑土长期处于超负荷利用状态，[①]黑土地"量减质退"问题没有得到根本扭转；由于缺乏激励机制，黑土地保护"上热下冷"，效果还不太明显；水土流失面积仍高达 755.6 万公顷（1.13 亿亩），列全国第七位，治理难度大。二是水资源紧缺问题日益突出。黑龙江省水资源总量不足全国的 3%，农业用水量却占全国的 7% 左右，流域性水利控制工程不多，利用地表水灌溉农田的能力不强，一些粮食主产区地下水位下降明显。同时，水资源管理基础相对薄弱，农业用水计量率较低、计量精准度不足，水资源监控能力不强。

（五）农业支持政策不稳定不完善

2004 年以来，黑龙江省实施了一系列惠农政策，农业支持力度不断加大。但普惠性和区域性政策还不完善。一是支持政策存在差异性。对粮食生产的支持政策较多，而对畜禽、水产、蔬菜、食用菌等的支持政策较少。二是支持政策不完善。为支持设施农业、蔬菜产业发展，黑龙江省对标准化绿色蔬菜生产基地棚室及冷储设施建设给予贷款全额贴息，但该项政策有效期仅 3 年。三是相关支持政策缺乏。在发展林下经济方面，省、市、县三级财政均未安排专项资金和引导资金；支持政策尚待完善，受到生猪价格大幅波动、奶牛养殖成本上升等因素影响，中小养殖场户养殖数量锐减、养殖效益下降，抵御市场风险能力弱。

---

① 赵勤、陈芷珊：《粮食主产区农民生计满意度调查研究》，《黑龙江粮食》2021 年第 10 期。

（六）农民收入低且结构不合理

2015年以来，黑龙江省农村居民人均可支配收入增速高于地区生产总值增速和城镇居民人均可支配收入增速，但低于全国农村居民人均可支配收入增速。2022年，全省农村居民人均可支配收入为18577元，比全国平均水平低1556元，排全国第18位。从收入结构上看，以种养为主的农民收入结构尚未根本改变，农民收入构成中家庭经营净收入占比持续下降，但仍超过52%；工资性收入占比18.4%；财产净收入占比略有提高，达到7.1%；转移净收入占比超过工资性收入，达到22.4%。由此可见，农民多元增收渠道尚未从根本上建立，政策因素仍是支撑农民增收的主要力量，地多粮多而农民不富的难题仍未从根本上破解。

三 黑龙江省建设农业强省的实现路径

加快农业强省建设是一项系统工程，要以现代化大农业为主攻方向，以实施现代农业振兴计划为牵动，以保障国家粮食安全为底线，以科技和机制创新为动力，以设施和装备升级为重点，[①]大力发展科技农业、绿色农业、质量农业、品牌农业，推动农业发展由追求速度、规模向注重质量、效益、竞争力转变，由依靠传统要素驱动向注重科技创新和提高劳动者素质转变，由产业链相对单一向集聚融合发展转变。[②]

（一）守好"粮"：巩固提高粮食和重要农产品供给能力

"当好国家粮食稳产保供'压舱石'是东北的首要担当"。农业强，首要是粮食和重要农产品供给保障能力必须强。建设农业强省，基础在维护粮食安

[①] 唐仁健：《加快建设农业强国》，《人民日报》2022年12月15日。
[②] 郭翔宇：《推进农业高质量发展，以农业强省支撑农业强国建设》，《农业经济与管理》2022年第6期。

全。一是以统筹发展和安全为导向,把粮食和重要农产品稳定供给作为首要任务抓好,深入实施"藏粮于地、藏粮于技"战略,坚持把粮食安全党政同责一落到底,稳步提升黑龙江粮食和重要农产品综合生产能力,当好国家粮食安全的"压舱石"、保障农产品等食物供给安全的"主力军"。[①]二是加力实施千万吨粮食增产计划,通过提升黑土区耕地质量、推进种业创新、集成推广高产技术、发展规模化种植和管理、强化节粮减损等增产路径,充分挖掘增产潜力,实现粮食产量增加1000万吨,为"中国粮食、中国饭碗"作出更大贡献。三是着力打造践行大食物观先行地,充分发挥耕地、森林、江河湖等资源优势,大力发展设施农业、现代畜牧业,加快建设生态森林食品、冷水鱼产品、寒地果蔬等生产供应基地,多途径开发食物来源,全方位拓展"食物地图"。

(二)立足"地":推进黑土区耕地数量质量生态"三位一体"保护

"饭从粮来,粮从地出"。建设农业强省,必须坚持黑土区耕地数量质量生态"三位一体"保护,综合采取工程、农艺、生物等方面的多种措施,确保总量不减少、功能不退化、质量有提升、产能可持续。一是坚决守住耕地保护红线。采取"长牙齿"的硬措施保护好、利用好"黑土地",实行党政同责,终身追责;严格落实耕地占补平衡、易地补充耕地、土地复垦等政策;严格耕地用途管制,明确耕地利用优先序,坚决遏制耕地"非农化"、防止"非粮化";深入实施"5+2"田长制,加强黑土区耕地保护利用、监督管理、质量监测;全面加大对黑土区耕地违法违规问题的执法力度。二是开展新一轮高标准农田建设。坚持良田粮用,优先在永久基本农田保护区、粮食生产功能区和重要农产品生产保护区实施高标准农田建设,改善农田基础设施。三是实施耕地地力提升工程。落实保护性耕作、施用有机肥及深松整地等肥沃耕层构建的农艺措施,因地制宜推广"龙江模式""三江模式",加强耕地轮作试点,提

---

① 许勤:《树立大食物观 端稳中国饭碗》,《求是》2022年第19期。

升土壤有机质，培肥地力。四是持续推进水土保持。坚持水土保持与耕作、生物措施相结合，防治黑土区耕地水土流失，推进退耕还林还草还湿，持续加强"三北"防护林、坡耕地与风蚀沙化土地综合防护治理。五是推行绿色生产方式。持续实施科学施肥、合理用药；统筹推进秸秆处理和畜禽粪肥还田利用；推进农药包装废弃物、农膜等回收处理；大力发展生态循环农业，增加绿色有机食品认证面积和数量。

（三）着眼"技"：加快实现农业科技高水平自立自强

坚持将科技创新贯穿于农业产业链和生产周期全过程，面向市场需求，聚焦全产业链"卡脖子"问题，加强关键核心技术攻关，重点推进生物技术在农业领域的应用。一是推进种业自主创新。大力实施种业振兴行动，持续开展农业种质资源普查和系统调查，开展种质资源精准鉴定评价；推进良种技术攻关，集中力量突破种业"卡脖子"技术难题，依托垦丰种业等加快生物育种技术创新应用，注重新品种培育，强化知识产权保护，实现种业科技自立自强、种源自主可控。二是加快生物技术创新及应用。要跳出固有的思维模式，改变传统农业生产和食物生产模式，大力发展生物科技和生物产业，加快生物技术在农业领域的应用，利用生物育种、生物制造、合成生物等生物技术对传统农业升级再造，大力开发地域性与功能性食物资源，建设细胞工厂，打造工业化农业。三是推进农业数字化转型。加强新一代信息技术与涉农产业融合，推动数字技术全方位、全角度、全链条赋能现代大农业。利用数字技术，推进耕地用途管控和质量动态监测、育种设计智能化和自动化决策、农业自动化管理，推进食品加工智能化处理；推进食物生产、物流等信息追踪与溯源。四是加快推进农业装备改造升级。优化农机装备结构，推进先进农机创制应用，加快高端智能农机研发推广，推动北斗终端在农机领域的应用，创建高端智能农机推广应用先导区；大力发展现代设施农业，加快改善农业生产设施条件。五是强化农业科技协同创新。充分发挥高校、科研院所"国家队""省队"的主导作用，积极发挥专精特新企业的主力作用，以知识产权为纽带，探索建立健全产学研用联合攻关机制，围绕农业产业链布局创新链，优化配置科技创新力量，共享科技创新资源，推动科技协同创新，实现从基础研究到技术创新的跨越，构建农业科技与经济发展紧密融合的协同创新体系。

（四）聚焦"人"：筑牢农业省建设的人才根基

人才是最宝贵的资源，是加快建设农业强省的基础性、战略性支撑。要"面向世界科技前沿、面向经济主战场、面向国家重大需求、面向人民生命健康"，充分发挥涉农高校优势，多维度培养、塑造各类人才。一是加强涉农领域创新型人才培养。现代农业发展需要多学科知识体系的融合，因此通过通识教育、交叉学科教育、跨学科教育等，构建起涉农领域人才知识体系，凝聚学科合力，努力培养一批创新型人才，特别是培养一批善于把握世界科技大势、农业科技发展战略方向，能够引领创新团队抢占战略领域、赢得先机、形成优势的"帅才型科学家"。二是实施新型职业农民培育工程。针对生产经营型、专业技能型、社会服务型等不同类型职业农民群体，制定不同的培养计划，把教育培训办到涉农企业、农民合作社、家庭农场等农业生产一线，鼓励农民接受更加专业化、系统化的培训，努力提高其综合素质和职业能力。特别是要适应数字经济和平台经济发展需求，加强电商、直播等技能培训，培育农村电商带头人、农民主播。适时举办涉农行业职业技能大赛、农民创新创业大赛等，搭建农民交流思想、切磋技艺的舞台。三是创新各类人才引进机制。实施高层次人才引进计划，通过制定农业强省人才引进管理办法、建立省市级农业强省专家服务基地等方式，引进各类急需紧缺高层次人才投身于农业强省建设，对于在基层服务时间累计达到一定期限的高层次人才，在国家和省级人才工程项目申报等方面给予一定的倾斜；开展返乡创业就业推进行动，通过出台更优惠的政策、搭建更实用的平台、提供更优质的服务，支持外出务工人员返乡创业就业；[①]实施高校毕业生乡村成长计划，将高校毕业生"三支一扶"计划与农

---

① 邢明：《乡村振兴需要多元化人才支撑》，《黑龙江日报》（理论版）2018年10月3日。

业强省、乡村振兴有机结合，对于这部分人员在公务员、研究生入学考试等方面给予适当倾斜。

（五）依托"服"：促进小农户与现代农业有机衔接

在当前和今后相当长的一段时期内，小农户仍将是黑龙江省农业发展的重要力量。在农村空心化、农业生产人口老龄化问题日趋严峻的背景下，健全农业社会化服务体系，发展农业适度规模经营，是把小农生产引入现代农业发展轨道、解决"谁来种地、如何种好地"的关键所在。一是大力发展农业生产性服务业。不断强化农业社会化服务组织能力建设，通过专业化、规模化的农业社会化服务，特别是农业生产托管服务，调整建立新型生产关系，实现农业生产经营方式变革，促进小农户与现代农业发展的有机衔接；不断完善农业科技推广体系，健全农业科技特派员制度；深化垦地合作，通过农业生产托管、技术承包、专业化服务等形式，为地方农民提供全产业链农事服务；[①]加快农村金融改革，深入实施信贷支农行动，扩大农业保险覆盖面，开展农业大灾保险试点；积极搭建科技信息、仓储物流、融资担保、检验检测、劳动用工、出口代理、农产品营销等现代农业社会化公共服务平台，形成公益性和经营性相结合的农业社会化服务新机制。二是完善新型经营主体与小农户利益联结机制。推进新型农业经营主体与小农户形成更加紧密、更加长期的合作关系，积极推广合同制、合作制、股份制等多种利益联结；把小农户受益作为政策支持新型经营主体的必备前置条件，将是否与小农户建立稳固的利益纽带、带动小农户数量与经济效益增加等作为主要考核指标，同时鼓励各级政府将支持新型经营主体的部分补贴资金通过折股等方式量化给小农户，使小农户共享发展成果。

（六）围绕"利"：不断完善粮食主产区利益补偿机制

现行粮食主产区相关补偿政策以粮食生产和粮食产业发展为重点，虽然

[①] 刘伟林、岳海兴：《农业社会化服务的"北大荒路径"》，《农民日报》2023年5月24日。

也有产粮大省、产粮大县奖励等区域性政策，但这些政策仍局限于生产性政策范畴，忽视了黑龙江作为粮食主产区，其经济社会发展的特殊性。建设农业强省，首先要抓好粮食和重要农产品稳产保供，这需要不断完善粮食主产区利益补偿机制。一是完善粮食生产者利益补偿机制，建议通过适度的累进补贴、赠送大型农机具、无偿派发农业保险等对种粮大户进行"特惠"补贴，以实现土地流转和规模经营；对粮食经营耕作面积在一定范围内却又达不到种粮大户标准的专业农户，其用于农田水利等基础设施建设的投资可采取项目申请支持等方式获得补贴；扩大三大粮食作物完全成本和收入保险试点范围，适当开展大灾险试点，稳定粮食主产区农业保险覆盖率。二是建立粮食产销区横向利益协调机制。从国家层面，通过设立商品粮调销补偿基金、粮食产销合作基金等形式，运用中央纵向与地方横向两级财政转移支付手段，统筹建立粮食净调入省区与净调出省区之间的利益补偿机制，平衡粮食产销区域利益关系，真正做到"饭碗一起端、责任一起扛"。三是建立粮食主产区农业生态补偿机制。建议将产粮大县纳入生态补偿范围，采取与禁止开发区基本相同的补偿政策，在试点的基础上逐步推广；将东北黑土区纳入生态补偿范围，并将质量退化、水土流失严重地块纳入休耕计划；调整优化省级财政支出结构，提高黑土地生态补偿比例，建立黑土质量建设补贴机制。

参考文献

魏后凯、崔凯：《农业强国的内涵特征、建设基础与推进策略》，《改革》2022年第12期。

宋洪远、江帆：《农业强国的内涵特征、重点任务和关键举措》，《农业经济问题》2023年第6期。

江苏建设农业强省的现实基础、突出问题与对策思考

金高峰 吕美晔 刘明轩[*]

摘 要: 农业强国建设为"三农"工作指明了方向、提供了根本遵循。农业强省是农业强国的重要支撑,江苏省农业现代化走在全国前列,农业类型丰富、科研基础厚实、经营主体有潜力、消费市场大,但也面临资源环境约束、地区产业不平衡、农业竞争力还不强等挑战。推进农业强省建设,亟须关注地区产业主攻方向不明、"新要素"导入整合慢、产业链"中间高、两头低"、品牌"杂而不亮"、"双强"支农边际效益递减等问题,既要立足实际找准位置,锻长板,巩固走在前列的优势,也要补齐短板、解决痛点、打通堵点、突破卡点,在坚守粮食安全和生态环境底线的前提下,进一步优化区域品种结构,从抓生产向抓市场转变,从抓规模、抓产量向抓品牌、抓质量转变。协同抓好粮食安全与产业增效,着力优化传统要素配置,加大"链主"招引与培

---

[*] 金高峰,江苏省社会科学院农村发展研究所副研究员,主要研究方向为产业经济与区域经济;吕美晔,江苏省社会科学院农村发展研究所副研究员,主要研究方向为农业与农村发展;刘明轩,江苏省社会科学院农村发展研究所助理研究员,主要研究方向为农业与农村发展。

育力度，以"品牌"建设引领高质量发展，优化支农扶农政策机制。

关键词： 农业强省　农业现代化　农业竞争力

农业强省是农业强国的重要支撑，狭义上看，农业强省建设聚焦农业产业，要求在生产经营规模较大和综合产能较高的基础上，农业发展质量和水平更高，具有产业体系强、科技装备强、产业主体强、发展韧性强、产业富民强等特征。江苏作为经济较为发达的省份，也是农业大省，历来重视"三农"问题，农业现代化走在全国前列，农业产业有特色、科技有基础、经济有支撑、主体有潜力，有能力也有责任在农业强国建设中担起大梁、率先作为。但应该看到，农业大而不强、多而不优、规模不经济等问题仍是江苏农业强省建设中的突出问题，与世界公认的农业发达国家或地区相比还存在较大差距。为此，立足国情省情推进农业强省建设，亟须找准江苏农业强省建设中的难点与痛点，早做谋划精准施策、补齐短板，把约束江苏"三农"发展的根本性、制度性问题解决好。

一　江苏农业强省的现实基础与短板挑战

江苏是中华农耕文明的重要发源地之一，自古就是令人向往的富庶之地、鱼米之乡；是经济大省，也是农业大省，文化底蕴丰厚，在产业基础、发展动力、消费市场等方面具有明显的比较优势，有条件、有能力率先建成农业强省，在农业强国建设中担起大梁。

（一）江苏农业强省的特色优势

江苏省历来重视"三农"问题，新时期围绕现代化走在前列的总要求，积极推动农业现代化，加快实现乡村振兴，为农业发展创造了良好的政策制度环境。全省农业产业类型丰富、科技资源厚实、经济支撑能力提升、经营主体快速发展、市场需求增加，为农业强省战略的顺利实施和社会主义现代化强省建设打下了坚实的物质、制度和市场基础。

1. 产业类型丰富，多项指标位居全国前列

江苏地处南北气候过渡带，生态类型多样，享有"鱼米之乡"的美誉，农业产业类型齐全，以占全国1.1%的土地、3.2%的耕地，生产全国5.6%的粮食、7.6%的蔬菜、3.4%的肉类、6.9%的禽蛋和7.4%的水产品，处于全国前列，淡水渔业总产值居全国第一位。①在高标准农田建设、良种培育、主粮生产、特色种养、农技应用等方面都是"优等生"，农业劳动产出率、土地产出率和综合效益均处于前列。2022年江苏省农林牧渔业总产值8733.9亿元，增加值4959.4亿元，粮食总产753.8亿斤，连续9年保持在700亿斤以上。从粮食产量看，2022年，江苏省粮食产量为3769.1万吨，排全国第8位（有所下降），前七位分别为黑龙江、河南、山东、安徽、吉林、内蒙古、河北；从粮食单产看，2022年，江苏省粮食单产为461.53公斤/亩，列全国第5位、主产省第3位，低于上海、新疆、吉林、辽宁；在农业产业强镇建设方面，经国家层面已公布认定5批共1309个农业产业强镇，江苏省有64个，低于山东、四川、河南，位居全国第4，成为农业产业发展、打响名片的重要阵地，创建邳州银杏、固城湖螃蟹、海门山羊、溧阳青虾、兴化香葱、宝应荷藕、连云港紫菜等12个国家级特色农产品优势区，32个省级特色农产品优势区，盱眙龙虾、射阳大米品牌价值分别达306.5亿元和245亿元。产业集聚效应逐步形成，亿元级产业集群不断涌现。

表1　2022年主要省份粮食总产、单产与产业强镇总个数

粮食产量		粮食单产		产业强镇（50个以上）	
省份	产量（万吨）	省份	单产（公斤/亩）	省份	个数（个）
江苏	3769.1	江苏	461.53	江苏	64
山东	5543.8	山东	441.44	山东	89
河南	6789.4	河南	419.94	河南	80

---

① 本文基础数据主要来源于江苏省农业农村厅产业处，省外比较数据为自行测算，如无特别说明，下同。

续表

粮食产量		粮食单产		产业强镇（50个以上）	
省份	产量（万吨）	省份	单产（公斤/亩）	省份	个数（个）
湖南	3018.0	湖南	422.20	湖南	61
黑龙江	7763.1	上海	518.81	黑龙江	61
安徽	4100.1	天津	453.47	安徽	54
河北	3865.1	新疆	496.73	河北	57
四川	3510.5	辽宁	465.07	四川	83
吉林	4080.8	吉林	470.26	广东	57
内蒙古	3900.6	全国平均	386.78	湖北	61

注："粮食产量"数据来源于《中国统计年鉴2023》，"产业强镇"数据由农业农村部公开资料整理。

2.科研基础厚实，农业科技贡献领跑全国

江苏农业科教资源丰富、力量雄厚，拥有南京农业大学、江南大学、扬州大学、江苏省农业科学院、农业农村部南京农机化研究所等70多所涉农高校和科研院所，居全国第二位，涉农科研人员1万多名，推广机构2000多个，江苏里下河地区农科所综合实力连续多年排全国地市级农科所第一。同时拥有国家农创中心和农高区两个国家级农业科技平台、以生物育种钟山实验室为核心的种业硅谷、25个现代农业产业技术体系、140个产业科技创新团队、"农技耘"服务云平台，为乡村产业发展壮大提供了强大的科技支撑。

随着科技兴农战略的深入实施，全省农业科学技术的研究开发能力不断增强，科技对江苏农业发展的贡献率进一步提高，2022年，农业科技进步贡献率达71.8%，高于全国平均水平10个百分点。一大批先进适用的农业新科技成果将转化为现实生产力，为江苏现代农业发展提供有力的技术支持。全省累计建设高标准农田4600万亩，农业综合机械化水平高于全国平均水平19个百分点，农田有效灌溉面积比重高于全国平均水平30多个百分点，粮食产地烘干能力为全国最强，无人植保飞机推广应用水平位列全国前三，秸秆机械化还田水平居全国前列。

3.经济实力强，为农业强省提供充足支撑

江苏经济实力强，是全国第二经济大省，2022年全国30强城市中江苏占据6席，包括苏州、南京、无锡、南通、常州、徐州等。[①]雄厚的经济基础为农业现代化发展提供了相对充裕的资金保障，有利于江苏不断增加农业投资渠道，加大农业投入，形成多元化农业投资机制。为打好种业"翻身仗"，江苏省持续加大种业振兴行动支持力度，2022年下达省级资金超过5000万元。省以上财政安排直接用于粮食生产的资金超过280亿元，高标准农田建设财政投资标准从每亩1750元提高至每亩3000元，支持大豆玉米带状复合种植推广，在中央财政每亩补贴150元的基础上，省级财政每亩再补贴170元。

同时，2022年下达耕地地力保护补贴资金60.3亿元，惠及超过1000万户农户。除了财政投入，出台财政金融支农政策16项，投入2400万元对农业新型经营主体直接用于粮油生产贷款予以贴息支持，实现水稻、小麦、玉米三大粮食作物完全成本保险产粮大县全覆盖。特别是苏南地区第二、第三产业回报农业的力度加大，江苏农业生产条件改善、基础设施建设及科技支持能力明显增强。

4. 主体有潜力，新型经营主体成长为核心力量

江苏积极培育壮大新型农业经营主体和服务主体，新型农业经营主体增加，成为建设农业强省的必备主体与核心力量，主体数量位于全国前列。全省有8个国家级农业现代化示范区、14个现代农业产业园、73个省级现代农业产业示范园。2022年，全省规上农产品加工企业达6746家，营业收入1.25万亿元，县级以上农业龙头企业5828家（国家级99家），964家省级以上销售交易额8236亿元；产业化联合体600家，组建了苏合农服、大疆无人机共享、蜻蜓农服等社会化服务组织；家庭农场超过16.8万家，各级示范家庭农场近2万家，其中省级示范家庭农场2855家；国家级农民合作社示范社329家，省级农民合作社示范社1569家；农村创业创新人员50万人，全国双创带头人27人。农村一二三产业融合发展加速，精准农业、智慧农业等新产业新业态发展迅速。农业社会化服务体系逐步完善，农村电商、休闲农业以及乡村旅游

[①] 《2022年GDP 100强城市榜：江苏13市均超4000亿，10强有变化》，https://www.thepaper.cn/newsDetail_forward_22335965。

等新业态涌现。

5.市场有优势，区域一体化激发消费需求

我国正处于新型工业化、信息化、城镇化、农业现代化四化同步发展阶段，广阔的国内市场拥有巨大的发展潜力，消费升级又蕴藏着新的发展空间，从而形成推动农业发展的强大动力。一方面，城镇化率的提高和居民人均可支配收入的增加，将为乡村特色农产品提供更大的市场空间。江苏常住人口8474.8万人，较浙江和上海人口总和还多530万人，比安徽多2300万人，全省人口增量居全国第三位。江苏城镇化率仅次于上海，达到73.4%，城镇常住人口6223.9万人，超过浙江和上海城镇人口总和。另一方面，长三角区域一体化加快推进，区域农业分工合作进一步加强。近年来，江浙沪皖三省一市互联互动明显加快，经济社会一体化进程加速，区域农产品市场加快协同整合。《长江三角洲区域一体化发展规划纲要》提出要引导产业合理布局，支持苏北等革命老区重点发展现代农业、文化旅游、大健康、医药产业、农产品加工等特色产业及配套产业。依托都市圈，苏南都市农业比较优势明显，苏北粮食主产区将成为长三角绿色农产品生产加工供应基地，为农业强省建设开拓广阔的空间。

（二）江苏农业强省的挑战

江苏是全国13个粮食主产区之一，肩负确保国家粮食安全以及菜篮子产品有效供给的艰巨任务。在经济发展进入新常态的背景下，农业强省建设面临瞬息万变的内外部环境条件、错综复杂的问题，必须认真分析、准确把握。

1.资源环境约束趋紧，耕地数量与质量难突破

农业生产高度依赖自然资源，包括耕地资源、水资源，以及适宜的气候条件，然而，近年来江苏省农业生产面临的耕地资源和水资源约束持续加紧，农业强省建设面临重大挑战。江苏人多地少、资源紧缺，人均耕地面积不到0.9亩，仅相当于全国平均水平的2/3，相比美国210万个家庭农场170公顷的

平均经营规模、欧盟平均 18 公顷的经营规模，差距较大。[①] 基于有限的资源，形成了依赖高复种、高化肥农药投入的生产路径，环境承载压力大。江苏省农业农村厅 2018 年的一项调查数据显示，江苏有的县市单位面积农药、化肥使用量较大，是世界平均水平的 3 倍以上，与农业强国相比差距更大，农膜回收率仅 60% 左右，农业复种指数高，农业面源污染问题不容忽视，耕地地力透支，加上工业、生活等污染，农村环境问题较为严峻，对农产品质量安全和农业长远发展造成的影响不容忽视。

2. 地区产业发展不平衡，主粮生产向苏北集中

建设农业强省，需要调动多方的积极性，因地制宜推进农业强市、产业强省，促使后发地区实现超越式发展，达到区域均衡增长的要求。江苏农业发展的区域差异明显。如果把镇江市归入苏中地区，依据农业 GDP 占比、农业劳动生产率和农林牧渔就业人数占比 3 项反映的农业现代化水平指标值可明显区分为苏南、苏中与苏北地区 3 个发展梯度，且差距显著，苏北五市农业总产值占全省的 55% 以上，而苏南五市占比不足 20%，江苏粮食安全重任也更多地落在苏北、苏中地区。具体到各市，盐城粮食、水果、水产品产量均居全省之首，粮食产量居全国各市前 15 位，徐州蔬菜产量稳居省内首位，与山东潍坊相当，也是全省的棉花和肉类产出大市，南通则是油料产量最大的地区。此外，农业产业各环节之间发展不平衡。不同品种在劳动生产率、科技进步贡献率、农业机械化水平等方面存在差距。

3. 农业竞争力与强国差距较大，强省之路还很长

应该看到，农业大而不强、多而不优、规模不经济的问题仍是江苏农业强省建设中的突出问题，农业综合效益和竞争力亟待提升，农业与非农业劳动生产率差距较大，农业现代化明显滞后于新型工业化、信息化、城镇化，与世界公认的农业发达国家相比还存在较大的差距。在经济发展水平方面，2021 年江苏省人均地区生产总值约 19794 美元，与农业强国相比尚有不小差距，仅

[①] 杜鹰：《小农生产与农业现代化》，《中国农村经济》2018 年第 10 期。

相当于美国的 1/3、意大利的 2/3、加拿大的 4/9，还需要长时期的经济增长和人均生产效率提升支撑，才有机会跻身农业强省行列；在城镇化水平方面，江苏省城镇化率达 73.44%，高于全国平均水平近 10 个百分点，南京、苏州、无锡等的城镇化水平与发达国家较为接近，但苏北地区的城镇化率还有待提升，连云港、宿迁、盐城的城镇化水平还不到 65%，需加速推进；从劳均农产品产量来看，2020 年，江苏省劳均粮食、大豆和油料的产量分别为 420 公斤/人、41 公斤/人、25 公斤/人，为国内较高水平，但与发达国家美国相比仍有很大差距，粮食劳均产量仅相当于美国的 1/4；在农业比较效益方面，农业的劳动生产率仅仅相当于第二产业的 1/8、第三产业的 1/4，比较效益低，农业产业的要素流失加剧。推进四化同步，进一步加快城市化进程，提高劳动生产率、土地产出率等是农业强省建设中的必然选择。

当然，这些挑战可能也会为江苏省带来更广阔的前景：大量新要素、新技术的融入促成更多的比较优势和后发优势，地区产业梯度协同带来整体合力提升，劳动力持续转移赋予新型主体更大的发展空间。

二 江苏农业强省亟须关注的几个问题

江苏农业大省的地位毋庸置疑，但是与农业强省仍然有一定的距离。江苏农业强省需要重点关注核心竞争力、科技引领作用、产业链紧密度、品牌价值体现、产业富民效果等方面的突出问题与薄弱环节。

（一）地区产业主攻方向亟须明确

江苏省农业产业规模与发展水平在全国来看都较为突出，但具有较强话语权的产业几乎没有。江苏人均耕地不如黑龙江、内蒙古、吉林等，农业生产规模不如东北三省、山东、河南等，淡水产品资源不如湖北、广东，高效农业发展不如上海、浙江、山东等省份，在龙头企业、品牌建设等方面也都存在"有高原、无高峰"的现象，究其原因：一是各地产业同质化。一些地区在产业发展上一味追求大而全，没有处理好食品安全供给的数量增加与质量提升的关系。江苏省粮食作物占相对较高的比重，但各市均有粮食供给的基本任务要求，一定程度上分散了优势产业的发展空间。江苏各市在水产上均有分布，如太湖大闸蟹、南通溱水蟹、连云港大闸蟹等，沿海各市均积极布局海产品市场，但拳头产品不多。畜产品也存在同样的问题，前几年受非洲猪瘟的影响，苏南各市为了保供需求，在土地紧张的情况下花大力气搞生猪集中养殖。花卉苗木产业是扬州、无锡、常州、宿迁等市的主要发展方向。产业分布过于分散，导致全省的优势特色不明显。二是各地产业协同度不高。受体制机制影响，各地协调机制还不完善，资源配置方面存在短板。省内统一大市场面临不少限制，产业耦合度不高，不同地区产业联系较弱、互利合作机会较少、农产品供销衔接不紧密问题可能延缓农业强省建设进程。

（二）"新要素"的导入整合亟须提升

农业生产要素优化配置是农业现代化的根基所在。与十年前相比，江苏农业生产要素配置有三个显著变化：一是全省第一产业从业人员占总从业人员的比重为13%左右，苏南地区该占比达到3%左右，已接近甚至达到国外农业发达国家水平。二是土地流转面积超过3000万亩，土地流转率达60%，适度规模经营水平提升显著，特别是苏北土地规模化经营格局已经基本形成。三是农业物质装备水平显著提高，农作物耕种收综合机械化率达85%。三大传统农业生产要素的优化配置为农业强省建设奠定了坚实的基础。在传统生产要素已然实现较优配置的前提下，农业科技将是农业强省建设的主要动力。江苏省农业科技进步贡献率在国内领先，但与农业强国相比差距明显，在农业原创科研成果研发、新品种和新技术推广、农业智能化、数字化技术应用等方面面临挑战，关键性、前沿性技术与品种自给能力欠缺，具体表现为农科教、产学研合作不紧密，农业科技成果转化与应用推广不足等。究其原因，农业新生产要素导入渠道不畅。在新要素需求层面，受"优质低价"的影响，大多数生产经营主体既缺乏导入新技术的动力，也缺乏获取新技术的渠道。在新要素供给层面,农业科技研发人员受短期考核所困,科研成果实用性转化不足;农业技术推广方面面临公益性部门线断人散、市场化推广组织发展不佳等现实困难。由此可见,上述问题需要市场、政府甚至各类组织综合施策才能予以破解。

(三)"中间高、两头低"的产业链亟须转变

江苏农业全产业链发展加速推进,农业产业竞争力逐步增强,但农业全产业链总体呈现出"生产环节能力强、研发与加工营销环节竞争力弱"的态势。这一特征与邻省浙江形成了强烈对比。浙江农业生产基础和条件并不好,但借助互联网等新经济形式,其将农业全产业链构建的发力点放在加工营销端,通过培育加工营销端大链主企业和大营销平台反向重塑了生产环节和研发环节。究其原因,江苏省无论是农业主管部门还是生产经营主体,长期以来均将工作重心主要放在生产环节,对加工营销环节的重视程度远远不够,促进产业链后延的办法不多,有的基地反倒成了省外大型龙头企业的原料来源地。江苏省农业生产经营主体发展迅速,全省国家级龙头企业数量居全国第二位,但存在发展程度较低、企业规模较小、竞争力不足等问题,在整个供应链中有较大影响力和议价能力的企业不多,链主型企业缺少。营销组织化程度偏低,且高度依赖传统渠道,致使销售环节多、时效和收益低、稳定性差,抗风险能力弱。这也就导致江苏省优势农业产业和农产品均难以变现为相应的经济价值,由此上游农业科技难以转化为现实生产力,进而影响产业竞争力提升。

(四)品牌"杂而不亮"局面亟须改变

高质量发展是农业强省的重要方向,而品牌建设是高质量发展的重要支撑。然而,在促进绿色、有机等农业产业发展过程中投入大量人力、物力和财力,却很难在最终产品的价值中得以实现,发展可持续性不足。江苏省绿色食品、有机农产品、农产品地理标志总数分别达5383个、262个、141个,对比其他省份,"苏"字号农产品总体呈现品牌"杂而不亮"的现象。究其原因,在农产品品牌建设和管理中存在一些问题。首先,品牌打造尚未形成合力。从

区域层面看，以点状开花、单兵作战为主，同质化竞争，未能产生"1+1>2"的正外部性，以稻米品牌为例，几乎每个地区、不少经营主体都注册有品牌，品种与品质上几乎没区别，真正叫得响的可谓凤毛麟角。从主体层面来看，重要示范主体之间缺乏强强联合、资源共享，对一般小规模生产经营主体的带动不强。其次，区域公共品牌授权与管理状况亟待改善。品牌识别度不高、授权机制不健全等，实际生产中没有明确的标准体系，区域公共品牌的市场认可度不高，品牌溢价难实现。

（五）"双强"支农模式亟须调整

强政府主导和强财政资金投入是江苏推进农业强省建设的重要方式和主要特征。十年间，省级支农资金占全省一般公共预算支出的比例为7.58%~10.61%，支农力度在全国居前列，但"双强"支农的边际效益锐减。具体而言，双强支农模式在一些资本投入大、均质化程度较高、具有规模效应、正外部性较强的领域往往效果较佳，如在完善农业基础设施、提升粮食生产综合能力、提高农机装备水平等方面成效卓著。江苏这些领域的现代化程度均处于领先梯队；但在产业联农带农、平衡粮食产销区利益等方面存在错位失位，如在推行"公司＋农户"模式带动农户增收方面，能做大做强的并不多，农民多是打短工，真正从产业发展中获益的不多。在一些需要创意和智力投入、满足个性化和差异化需求、精细化作业、高附加值的领域收效不足，如新品种新技术的研发与推广、农业绿色发展、优质农产品营销等是江苏农业强省建设中的短板弱项。不难看出，调整优化支农政策，激发产业发展内生动力势在必行。

三 推进江苏农业强省建设的对策思考

农业强省是一项长期、复杂、系统性的工作，既要立足实际找准位置、锻长板，巩固走在前列的优势，也要补齐短板、解决痛点、打通堵点、突破卡点，多做打基础、利长远的工作，把约束江苏"三农"发展的根本性、制度性问题解决好。在发展思路上，在坚守粮食安全和生态环境底线的前提下，进一步优化区域品种结构，从抓生产向抓市场转变，从抓规模、抓产量向抓品牌、抓质量转变。协同抓好粮食安全与产业增效，增强科技创新链效能，提升农业产业链掌控能力，以品牌建设引领高质量发展，优化支农扶农机制，努力建成综合产能强、科技装备强、产业主体强、功能效益强、竞争能力强的农业强省，为此，提出以下针对性建议。

（一）协同抓好粮食保供与产业增效，夯实强省产业根基

完善的产业体系是农业强省的基础，要立足实际循序推进，根据不同阶段制定具体实施步骤，也要在夯实粮食安全底线的同时，依据不同地区的禀赋，各展所长、各尽所能、互补共进，形成整体效应和协同优势。首先，明确农业强省的目标与路线图。主动对接即将出台的加快建设农业强国规划，同江苏省"十四五"乡村振兴和农业农村现代化规划等相衔接，统筹研究制定加快建设农业强省规划，针对未来5年、2035年、本世纪中叶的目标分别制定农业强省建设路线图和施工表，增强规划的引领性，逐步把规划蓝图变成美好现实。其次，分区域分产业细化农业强省建设任务。在区域层面，合理利用好苏南苏中苏北的梯度差异，错位发展，从整体上提升江苏省农业的经济效益与竞争力，重点要平衡好不同地区的利益关系，处理好大食物观下粮食保供与产业高效之间的关系。苏南地区坚持红线不突破，以都市农业、智慧农业为主体，加快新兴要素向农业渗透，注重发展连接农业生产基地与消费市场的总部经济；苏中地区要把主要精力放在特色农业和高效农业发展上，充分利用都市化的田园景观、生态元素，发展休闲体验农业、生态农业等新业态；苏北地区突出大田作物、现代农业，建成重要的粮食供给基地，全面提高安全水平，增强农产品精深加工能力。选取具有突出优势的地区，推进农业强市、农业强县试点示范，赋能农业强省建设。在产业层面，进一步优化农林牧渔产业结构，稳定一产规模、扩充二产总量、拓宽三产边界，促进江苏现代农业产业体系的形

成。出台专项规划，分步建设农产品加工业强省、高效农业强省、品牌强省、水产强省、果蔬强省等，充分挖掘农业多元价值，促进产业深度融合。最后，完善区域协同机制。要在进一步推进区域间交通物流互联互通的基础上，聚焦"大粮食""大农业"变成"大食品""大产业"，深化区域协同合作。在优势产业带建设上，要依据地缘、文化等因素推动优势互补，选择一批重点产业、市县、园区和企业，共同完善产业链、提升价值链，建立跨区域紧密协作、相互配套的产业体系；在促进产销衔接上，加强与上海等长三角城市的产销对接，高水平建设配送中心、直销窗口等供销平台，建立稳定的合作关系，打通苏南苏北粮食和农产品供应通道；在促进创新资源共建共享上，支持苏南苏北共建"科创飞地"，共建省级工程技术研究中心、重点实验室等创新载体，开展研发创新、成果转化和招才引智，完善科技人才资源跨区域流动和柔性共享使用机制，打造南北协同的科技创新生态系统。

（二）着力优化传统要素配置，打造强省科技引擎

以未来农业发展需求和生产实际问题为牵引，优化配置生产资源与创新要素，促进土地、人才、科技等资源与链条的有机衔接、深度融合。一是围绕土地适度规模化经营这个核心配置土地资源。统筹推进高标准农田打造、农业附属配套设施建设、农业机械数字化和智能化改造，着力推动产业布局、经营方式和结构优化。二是要继续推进农业从业人员的减量提质。特别是苏北农区，要在提高公共服务和社会保障水平的前提下，弱化土地的保障功能，使农业经营向专业大户、家庭农场集中。三是齐抓共管科技创新、成果转化与科技服务。与国家现代农业技术体系相衔接，围绕产业前沿激发创新活力，立足实际需求完善利益共享机制、提升科技服务的针对性和有效性，打通科技"堵点"。一方面，继续改进和完善科研人员考核及成果转化机制。对于原创性科研团队要改变短期考核方式，使其聚焦农业前沿关键核心技术攻关。鼓励农业科技人员深入生产一线，将农业科技成果转化、推广应用纳入科研人员考核和晋升机制。同时，涉农科研院所要合理制定专利单位与专

利人的成果转化收益分配机制，不得以职务专利归属本职单位为名，阻碍科研人员成果转化。积极搭建全省农业科技成果转移转化平台，加快出台省级农业科技成果转化指导性文件，鼓励探索农业新品种、专利和著作等知识产权的作价入股、盈利分成等多种转化模式，创新项目组织机制、投入方式及分配方式，引导社会资本参与科技成果转化。另一方面，构建多元农业技术推广服务体系和服务平台。优化公益性机构人员配置，完善基层推广组织网络；鼓励公益性机构和经营性推广组织协同发展，探索合作式、订单式、托管式等模式，采取政府订购、定向委托、奖励补助、招投标等方式，创新项目化运行机制；坚持专业化、便捷化、高效化的目标，在农业技术推广的基础上，提供病虫害统防统治、农业气象预报、市场供求信息、农资供应、粮食仓储、农机作业等综合生产经营服务，鼓励发展全程化、一站式技术服务模式。

（三）加大"链主"招引与培育力度，提升农业全产业链竞争力

把培育市场占有率高、竞争力和带动力强的龙头企业放在重要的位置。一是建立"链主"企业招引与梯次培育体系。围绕四条省重点链条，对有"链主"或有"潜在链主"的产业链，构建"已有链主企业—潜在链主企业—未来链主企业"三级梯次培育体系和多层次发展梯队；对没有"链主"企业的产业链，要梳理国内外目标"链主"企业，建立招商长跑机制，积极招引"链主"，在全省进行全产业链布局。二是围绕"链主"企业打造优势产业集群。鼓励"链主"企业纵向整合产加销、横向融合农文旅资源，以国家级优势特色产业集群、农业产业强镇、现代农业产业园区为载体，培育一批上下游企业，畅通产业链、供应链各环节，提升多功能价值，以链式效应带动产业集聚，增强产业集群效应。重点培育农垦集团、沿海开发集团，以及各地农发集团等本土企业，鼓励采取兼并重组、股份合作等方式，聚焦农业科技研发、农产品精深加工、农产品营销三大领域，打造全产业链生态圈，促进产业链、供应链纵深拓展、耦合升级，实现整体向价值链高端跃升。三是加强"链主"企业发展要素

保障。针对"链主"企业，在人才、用地、信贷、税收等领域采取"一链一项目库""一链一策"等方式，保障重点重大项目能顺利实施、发挥效能。

（四）以"品牌"引领农业高质量发展，增强强省产业韧性

要加强对品牌的系统谋划、创新营销和标准引领，提升品牌知名度和竞争力，以此引领农业高质量发展。一是以区域品牌布局绿色优质特色产业。完善公用品牌、企业品牌协同体系，明确地标农产品的品牌定位，加快技术革新和品种开发，推动地标品牌与高质量产业协同发展。加强区域内行政主体之间的多领域联合，形成区域农业强市（县）发展共同体，建设特色农产品优势区。二是继续深入实施"品牌强农、营销富农"工程。挖掘农业品牌价值与文化内涵，赋能品牌建设，筑牢品牌底盘。加大品牌营销推介力度，聘请国内外顶尖品牌咨询和运营公司，围绕入选中国农业品牌目录的"苏"字号产品，全面提升区域公共品牌活跃度、美誉度和识别度，创"苏"字号品牌新高峰。三是完善品牌管理监督机制。落实落地《农产品区域公用品牌管理规范》，加强农业品牌优化整合，动态调整品牌目录。全面对接国际、国内食品安全标准，推动公共品牌产品的标准化生产，加快建立全环节标准体系。探索多样化的精准监管模式，促进品牌使用主体监管全覆盖，实现品牌产品全过程、全链条质量安全可追溯。

（五）优化支农扶农政策机制，激发强省市场活力

以激发市场活力为重点，优化财政支农方式，提高财政投入的边际效益。一是稳定支农政策与资金保障，平衡区域与产业发展。发挥"以财行政，以政理财"功能，引导产业发展和协调区域均衡发展。用好省级统筹资金，进一步向苏中苏北倾斜，完善利益补偿机制，支持产量大、贡献大、质量高的粮食主产区稳定提升粮食产能，培育建强稻米产业链。推广宁淮、锡连产销利益横向补偿模式，深化省内外粮食产销合作，完善粮食等重要农产品生产者补贴制度，带动农民增收。二是完善市场主导、政府引导、主体自愿的长效推进

机制。在绿色发展、加工营销等领域，强化政策引导，发挥财政资金的杠杆效应，鼓励企业和农民自主选择并平等参与市场竞争，优胜劣汰，提升农业市场化发展程度。在产业利益链方面，优化支农惠农政策条款，鼓励企业创新保护价收购、利润返还、信贷担保、吸收入股等合作模式，真正用现代生产理念、管理方式和生产要素带动小农户发展。三是优化营商环境，引导和鼓励社会资源投入农业强省建设中。用好乡村振兴基金子基金，撬动社会资本参与农业投资，拓宽农业资金来源，促进农业多元化发展。同时，加强对农业金融保险服务的引导和监管，提高农业融资和保险服务的效率和便利性，为农业强省建设保驾护航。

参考文献

陈明：《农业强国、乡村振兴与农业农村现代化——新时代"三农"政策范式解析》，《治理现代化研究》2023年第3期。

黄祖辉、傅琳琳：《建设农业强国：内涵、关键与路径》，《求索》2023年第1期。

姜长云、王一杰、李俊茹：《科学把握中国式农业农村现代化的政策寓意和政策导向》，《南京农业大学学报》（社会科学版）2023年第2期。

唐华俊、吴永常、陈学渊：《中国式农业农村现代化：演进特征、问题挑战与政策建议》，《农业经济问题》2023年第4期。

魏后凯、崔凯：《农业强国的内涵特征、建设基础与推进策略》，《改革》2022年第12期。

张红宇：《农业强国的全球特征与中国要求》，《农业经济问题》2023年第3期。

祝保平：《探索江苏农业农村现代化新路径》，《群众》2018年第3期。

科技赋能江西农业强省建设的进展、瓶颈与突破路径

张宜红 杨锦琦 向红玲[*]

摘　要： 中央农村工作会议强调，要依靠科技和改革双轮驱动加快建设农业强国，吹响了科技驱动农业强国建设的号角。江西要实现由农业大省向农业强省迈进，利器在于科技，核心在于创新。本文通过分析江西省农业科技创新发展现状，准确研判江西农业科技创新瓶颈，并提出从加大农业科技创新支持力度、构建农业科技创新平台体系、促进农业科技成果集成转化、完善多元共存的农技推广体系、深化农业体制机制改革等方面推动科技创新这一"关键变量"持续为江西加快建设农业强省注入强劲动能。

关键词： 科技创新　农业强省　江西

---

[*] 张宜红，江西省社会科学院农业农村发展研究所所长、副研究员，主要研究方向为农业农村发展和生态经济；杨锦琦，江西省社会科学院农业农村发展研究所副研究员，主要研究方向为生态经济与农业发展；向红玲，江西省社会科学院农业农村发展研究所助理研究员，主要研究方向为智慧农业、农业社会化服务。

习近平总书记在中央农村工作会议上强调，要依靠科技和改革双轮驱动加快建设农业强国，吹响了科技驱动农业强国建设的号角。2023年江西省委农村工作会议明确指出，加快推动江西从农业大省向农业强省迈进，奋力开创全省农业农村现代化建设新局面。江西要实现由农业大省向农业强省迈进，利器在于科技，核心在于创新。为此，江西省社会科学院2023年5~7月课题组先后赴省科技厅、省农业农村厅等部门和吉安、赣州、上饶等市县就江西建设农业强省的情况开展了实地调研。

一 科技创新成为农业强省建设的利器

近年来，江西省大力推进科技创新、成果转化、人才建设，农业科技创新取得积极进展，科技创新这一"关键变量"持续为加快建设农业强省注入强劲动能。

（一）农业科技创新体系初步形成

江西省现有涉农科研机构共91家，其中，隶属于中央党政机关等机构1家（中国林业科学研究院亚热带林业实验中心），省级28家，市级36家，县（区）级14家，其他12家；事业单位82家（公益一类61家，公益二类21家），民办非企业9家。国家农业科技园区10个、省级农业科技园区43个，基本形成了以政府为主导，涉农高校、科研院所、涉农企业为主体，地方推广机构、新型农业经营主体共同参与的农业科技创新体系总体架构。

表1　江西省涉农科研机构情况

单位：家

机构类别	公益一类事业单位	公益二类事业单位	民办非企业	合计
隶属于中央党政机关等机构	0	1	0	1
省级	27	1	0	28
市级	21	15	0	36
县（区）级	12	2	0	14
其他	1	2	9	12
合计	61	21	9	91

（二）农业关键核心技术取得新突破

综观全球，农业强国必是农业科技创新强国。突破农业关键核心技术，做强农业"芯片"，是江西省迈向现代化农业强省的根本保障。近年来，江西持续加大农业科技研发投入，从2017年的3900万元增加到2022年的4500万元，累计投入2.23亿元，建设了24个省级现代农业产业技术体系，组建了食品产业、生猪产业、现代作物种业、现代家禽种业和油茶产业5个科技创新联合体，取得一批重大标志性创新成果。自主设计了"中芯一号"生猪种业技术"破卡"的重要利器，培育出世界首个具有显著节肥效果丛枝菌根高效共生水稻新品种"赣菌稻1号"，首次破译红花油茶遗传密码等。江西农业科技进步贡献率由2017年的58.8%增至2022年的62.5%（见图1），科技已成为江西农业农村经济社会发展的首要驱动力。

图1　2017~2022年江西省农业科技进步贡献率

（三）农业科技成果转化取得新进展

一是重大科技成果转化成效显著。"中芯一号"在全国24个生猪主产省区市推广应用，累计推广31万头份；直投式果蔬发酵专用益生菌剂成功在全国

20个省区市的100家企业推广应用；猪多肋性状的因果基因鉴别及产业化应用，产生直接经济效益达30多亿元。二是科技示范基地的带动效应日益凸显。围绕新品种、新技术、新成果示范推广，创建各类农业科技示范基地269个，主推技术56项，构建成果集成示范"新载体"，实现成果转化和技术推广有机衔接。三是"互联网+"推动科技成果加快转化。以"互联网+"思维促成果对接，促进科技成果转化线上与线下协同发展。截至2022年底，全省农业技术领域成交技术合同1380项，成交额达60.75亿元，占全省技术合同成交总额的8.5%。

（四）农业科技推广取得新成效

一是农技推广体系基本建成。据不完全统计，江西省市县三级共有农技推广机构或承担农技推广职能的机构187个，其中省级2个、市级27个、县级158个。省市县乡各级农业技术推广人员11205名，其中具有高级职称的1485人，累计招收基层农技人员定向培养生2094人；按照"一县一产业一团"组成科技特派团，每年选派科技特派员1393名。二是农业科技推广模式创新初见成效。探索形成了"信息化网络农业技术推广服务""产学研政社相结合的农技推广联盟""公益性与经营性服务组织相融合的农技推广"等模式；围绕特色产业建起30家科技小院，涉及20个优势特色产业，实现11个设区市全覆盖。三是智能化农机装备推广进入快车道。2022年全省主要农作物耕种收综合机械化率78.87%，高于全国平均水平（见图2）；在全国率先开展手机App申请补贴、机具二维码识别、物联网轨迹监测"三合一"工作，全省能实现作业可查看、轨迹可回放、面积可计算的机具超3.93万台，监测面积近5220万亩，居全国首位。

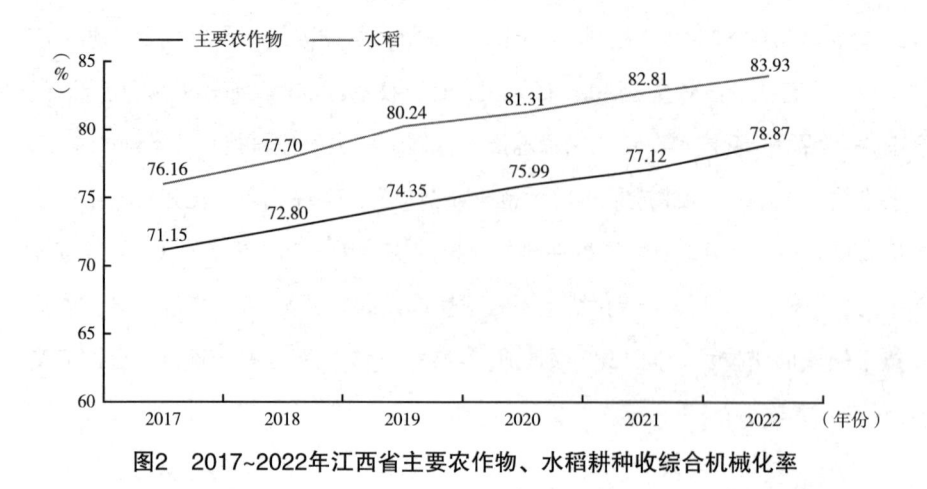

图2 2017~2022年江西省主要农作物、水稻耕种收综合机械化率

二 瓶颈

全省农业科技创新取得了一定成效，但也面临以下问题。

（一）农业科技创新水平不高

第一，从农业科技进步贡献率来看，处于全国平均水平，但在中部地区排名靠后。2022年江西省农业科技进步贡献率为62.5%，与全国（62.4%）平均水平持平，低于安徽的66%、湖北的65%、河南的64.9%、江苏的71.8%。第二，从农业科技投入来看，以财政投入为主，尚未设立农业科技专项资金。2022年，江西省现代农业产业技术体系年投入经费为4500万元，与江苏的1.3亿元、山东的8000多万元相比差距较大。第三，从关键核心技术来看，江西省在新品种选育及种养、核心种源、关键农机装备等领域实力相对较弱。以农机装备为例，2022年底全省水稻耕种收综合机械化率比全国平均水平低2个百分点，花生、大豆、马铃薯等农作物耕种收综合机械化率均低于全国平均水平20个百分点左右，存在"无机可用""无好机用""有机难用""有机不知道用"的问题，其根本原因在于缺乏适宜丘陵山区和土壤性状的农机装备生产龙头企业。第四，从农业科研实力来看，江西省农业科研力量薄弱。江西省农科院科研综合水平排全国倒数第五位；在2023年软科中国大学排名中，华中农大排第42名、湖南农大排第150名，而江西农大排第186名。此外，江西省农业科技领军人才缺乏，拥有涉农领域院士仅4位，而湖北有14位、湖南有8位。

（二）农业科技平台效能提升不够

一方面，"国字号"研发平台不多。截至2022年底，江西省涉农领域国家级科研平台6家，与湖北的13家、湖南的6家、安徽的8家相比差距较大（见表2），且湖北、湖南均建有国家现代农业产业技术创新中心，而江西省尚无突破。另一方面，高端农业科创平台质量不高。现代农业前沿科技创新、示范推广均不足。全省拥有10个国家级农业科技园区，低于湖北的11家、湖南的13家、安徽的18家，而且存在聚焦区域农业特色的高端研发项目不多、研发资金效用发挥不足、平台管理水平不高等问题。

表2　2022年中部省份科研平台比较分析

单位：家

省份	涉农领域国家级科研平台		国家级农业科技园区
	国家重点实验室	国家工程技术研究中心	
江西	2	4	10
湖北	8	5	11
湖南	3	3	13
安徽	1	7	18
河南	3	0	13
山西	0	0	4

（三）农业科技成果转化不畅

一是涉农企业创新主体长期缺位。长期以来，江西省涉农企业中开展研发活动的比例较低，2012~2022年，江西省植物品种权授权总数为683项，其中以企业为主体的有104项，占比为15.2%；河南省植物品种权授权总数为1162项，其中以企业为主体的有249项，占比为21%。上市公司煌上煌集团2022年研发经费占营业收入的比重仅为2.79%，低于广东圣农集团的5.18%、湖南隆平高科的11.46%、安徽荃银高科的3.26%、湖北安琪酵母的4.67%。涉农企业技术创新长期处于缺位状态，"产""用"主体地位不强，创新链与产业链不能实现有效连接。二是科研机构与市场主体"需求错位"。江西省涉农高等院校、科研院所取得的新成果、新技术，仅仅停留在发表论文专利、获得品种权和成果奖励上，难以或无法转化，大多"锁在铁皮柜子里"，没有形成"围绕产业链部署创新链、围绕创新链布局产业链"的双链对接融合项目的立项新机制，项目形成过程中过度依赖大专家，项目验收主要是对标项目合同任务，而没有以农业生产者评价或者市场转化为导向，与市场需求融合不紧密，对农业产业发展支撑不明显。三是科技成果市场转化机制不健全。截至2023年5月底，全国农业科技成果转移服务中心已在武汉、山东、淮海、大同、崖州湾、长春成立分中心，江西尚无。此外，江西省金融、中介机构嵌入程度不深，农业"科技—产业—金融"未形成良性循环。

（四）打通农技推广"最后一公里"难度不小

一是基层机构设置与职能发挥不匹配。当前江西省市县两级农技推广机构与农业农村局合署办公现象较为普遍，大部分乡镇农技推广人员和业务并入便民服务中心，农技人员"青黄不接"、混岗、"兼业化"、技术更新缓慢等问题突出，农技推广模式较为单一，运用大数据、云计算等现代信息技术手段不充分，乡镇农业技术推广工作尚待强化。二是公益性与市场性农技推广机构未形成合力。江西省公益性农技推广机构主要功能为农技推广服务、动植物疫病防控、农产品质量安全监管等，与多样化农业生产需求不匹配；绝大多数市场性农技推广机构服务覆盖面相对较窄，服务群体较分散，无法解决区域性产业发展面临的技术难题。三是农业科技社会化组织与产业需求不适应。江西省农业科技社会化组织化发展不充分，服务能力不适应农业发展需求。如水稻育秧中心建设不足，2022年全省水稻机播率为49.82%，比全国平均水平低12个百分点。此外，农机维修、机烘等服务也无法满足现实需求。

（五）农业科技创新体制机制不活

一是农业科研资源尚未得到有效整合。江西省农业科研力量分散在不同部门，科研资源没有得到有效整合，科研机构存在交叉较多、低水平重复的问题。如江西省农科院与赣州市农科院均开展花卉、蔬菜研究，交叉重复研究现象突出。二是考核评价奖励等机制不健全。江西省科研评价结果与职称评定、奖励性绩效工资挂钩制度执行效果有待提升，吃"大锅饭"现象仍存在。三是农业科技创新政策不协同。江西省农业科研机构和管理部门层次多，政策的系统性、协调性不够，相关政策不衔接、不配套等问题突出。

三 突破路径

（一）加大农业科技创新支持力度

一方面，加大农业科技投入。坚持农业科技优先发展方针，统筹全省现有农业科研项目资金，组织实施省科技计划项目，按一定比例设立农业科技研发专项经费，并逐年递增；建立农业科研投入长期稳定增长的机制，逐步把农业科技投入强度提高到全省科技投入强度平均水平，支撑全省新品种选育及种养关键技术、生猪生产技术、丘陵山区适用农机等重点领域实现"从0到1"的原创性突破创新。另一方面，拓宽农业科技创新资金来源渠道。鼓励社会资本加大对全省农业关键核心领域的科技投入，扩大农发行科技贷款规模，支持商业银行通过金融联盟、联合贷款、利率调整等方式提高对全省农业科技贷款比例；建立财政专项资金与金融资本、风险投资等社会资本结合机制，拓宽全省农业科技创新资金来源渠道。

（二）构建农业科技创新平台体系

一是争创一批国家级农业科技创新平台。建好用好江西省现有农业国字号科研平台，以国家重点实验室重组为契机，争创一批国家级农业科技创新平台落户江西，重点支持中国水稻研究所江西省早稻研究中心等国字号创新平台建设。二是提升改造一批国家农业科创平台。对标对表国家农高区的建设标准和国内先进国家级农高区的经验，加快推进井冈山农高区升级为国家级农高区。实施"管理服务水平、科技创新能力、创新创业活力"三大提升行动，加快推进国家农业科技园区建设成为农业科技成果培育与转移转化的创新高地。三是高水平建设一批省级农业科研平台。布局建设一批高水平涉农省级实验室、省重点实验室、科研试验基地、现代化种业基地等科研平台，建立省级生物育种中心、省级农机装备实验室，加快推进水稻品种性能鉴定中心、水稻品质检测中心建设。

（三）促进农业科技成果集成转化

一是强化涉农企业的技术创新主体地位。构建全省优质涉农企业梯度培育体系，培育壮大一批农业科技领军企业，扶持一批农业科技型骨干企业，支持中小微涉农企业创新发展。推动知识产权保护、研发费用加计扣除等政策落地落实，降低涉农企业创新的成本和风险。二是构建具有江西特色的实体化农业创新联合体。推行技术总师负责制，实行"揭榜挂帅""赛马"等制度，发挥金融资本作用，由农业领军企业牵头组建包括科研院所、技术推广机构等在内的江西农业科技创新联合体，支持创新联合体参与全省农业科技重大项目和平台建设。三是设立省级农业科技成果集成转化专项资金。由省农业农村厅、金融机构、龙头企业共同发起，设立省级农业科技成果集成转化专项资金，用于支持农业科技成果转化应用奖励，促进现代农业科技成果快速转化为现实生产力。四是构建专业化农业科技成果转化机制。争取全国农业科技成果转移服务中心在江西设立分中心；建立精准项目挖掘和快速项目论证的决策机制，大力引进国内外知名投资机构、中介机构，提升科技成果转化率。

（四）完善多元共存的农技推广体系

一是强化政府农技推广组织的公益性职能。深化基层乡镇机构改革，规范设置农技推广机构和农技专岗，基于农业乡土专家、种养能手、新型农业经营主体技术骨干、公费农科生充实基层农技人员力量，搭建基层农技推广人员和科技研发人员交流平台。二是推动农业科技社会化服务发展。鼓励以"农资+服务"、技术托管、示范带动等方式开展农技服务。通过政府购买农技推广服务清单方式，支持社会化农业科技服务力量承担可量化、易监管的农技服务。支持农业科技社会化服务组织开展个性化精准化农技服务，与小农户建立紧密的农技推广服务联结机制。三是加强科技服务载体和平台建设。搭建集农技需求—交流培训—农资交易—技术服务等于一体的省级农业技术服务数字化平台，为全省农业技术推广提供精准化、智能化服务。

（五）深化农业体制机制改革

一是推进科研机构分类改革。对全省科研院所进行广范围、多层次资源整合，实行"总院+独立院所"运行模式，设立地区分院或分支机构，强化科研院所总院基础研究属性，明确地区分院农技推广应用职责；支持符合条件的技术开发类省属院所组建科技型产业集团或直接转制企业。二是优化涉农人才引育机制。加强涉农高校学科体系建设，完善涉农专业设置，创新人才培养模式，分类分层培养农业科技领军人才、实用型农技推广人才等；实施赣鄱版"神农英才"引进计划和"周末磁场"计划，在高端农机装备、新品种选育等关键核心技术领域柔性引才引智。三是设立农业科研项目联审联评专业委员会。由不同农业科研项目部门联合成立全省统一的农业科研项目联审联评专业委员会，根据研究方向和产业发展需求，统筹全省项目研究内容、研发团队、考核评价指标等，集中力量办大事。四是完善成果评价和科研激励政策。允许涉农科研机构人员在企业兼职、持股，不受所在单位党政领导职务限制；对培育突破性农业关键核心技术的主体或个人，给予标识和激励，并在职称评聘、成果申报、人才评价、绩效考核、表彰奖励等方面，同等条件下优先给予支持。

参考文献

毛世平、林青宁、王晓君：《优化农业科技投入提高农业科技创新效率》，《中国农村科技》2023年第6期。

佟玲、张祝平：《科技创新驱动辽宁农业高质量发展的现实困境与突破路径研究》，《农业经济》2023年第6期。

李杰：《安阳县农业科技创新取得成效、存在问题及对策建议》，《基层农技推广》2020年第7期。

陈颖民、刘莹莹：《农业科技成果转化存在的问题与对策分析》，《现代农村科技》2020年第12期。

李咏梅、何超：《湖南省农业科技创新制约因素分析及对策探讨》，《湖南农业科学》2019年第11期。

刘欣宇：《农业科技成果转化中的问题和策略探讨》，《种子科技》2020年第12期。

毛世平：《农业科技创新如何补短板强弱项》，《开放导报》2021年第4期。

薛俊龙：《农业科技推广服务体制和运行机制创新研究》，《新农业》2022年第7期。

王晓莉、寇秋雯：《新时代我国农业科技成果转化的模式、现状及对策探析》，《农业科技管理》2021年第4期。

杨栋、唐衡：《中国省域农业科技创新能力测度与空间分布》，《农业展望》2022年第4期。

高道才、林志强：《农业科技推广服务体制和运行机制创新研究》，《中国海洋大学学报》（社会科学版）2015年第1期。

河南建设农业强省的关键支撑体系

侯红昌[*]

摘　要：农业绿色发展体系、农村对外开放体系、乡村治理效能体系、农村基层组织体系构成了河南省建设农业强省的关键支撑体系。河南省应当通过提升农业绿色生产能力、构建农业绿色发展产业体系、强化农业绿色发展科技支撑来打造农业绿色发展体系，通过提升农业对外开放合作水平、培育壮大农业对外开放主体、优化农业对外开放营商环境来构建农村对外开放体系，通过持续完善村民自治体系、推进乡村法治建设进程、提高乡村德治建设水平来完善乡村治理效能体系，通过坚持党对农村工作的全面领导、建立健全农村基层党组织制度、加强农村基层党组织人才建设来完善农村基层组织体系。

关键词：农业强省　绿色发展　对外开放　乡村治理

---

[*] 侯红昌，河南省社会科学院农村发展研究所副研究员，主要研究方向为农村经济。

党的二十大对建设农业强国作出战略部署，习近平总书记在中央农村工作会议上指出，"我们要建设的农业强国、实现的农业现代化，既有国外一般现代化农业强国的共同特征，更有基于自己国情的中国特色。"这既为农业强国建设指明了方向，也是农业强省建设的基本遵循。

就河南而言，实现农业大省向农业强省的转变，需要走具有河南特色的农业强省之路。党的十八大以来，河南坚定抓好粮食安全头等大事，全方位夯实粮食安全根基，不断深化农业供给侧结构性改革，促进农业转型升级，农业综合产能迈上新台阶。2022年，河南粮食总产量1357.87亿斤、粮食作物播种面积10778.4千公顷，分别较2012年增加230.15亿斤和793.25千公顷；农林牧渔业总产值10952.24亿元，较2012年增加4273.2亿元；农村居民人均可支配收入从2012年的7524.94元增加到2022年的18697.3元，增加11172.36元。截至2020年底，河南718.6万农村贫困人口全部脱贫，绝对贫困人口全部清零，区域性贫困问题得到有效解决。这些成绩既是河南现代农业强省建设的良好基础，也是河南现代农业强省建设的良好开局。

2023年2月，河南省召开省委农村工作会议，强调努力在农业农村现代化上走在全国前列，在建设农业强国上展现更大河南担当、贡献更多河南力量。因此，河南要在推进农业强省建设进程中走在全国前列，展现河南担当，必须确保农业的绿色发展、对外开放、有效治理和组织保障等几个关键体系完善有序、支撑有力。

一 建设农业强省需要打造农业绿色发展体系

2023年中央一号文件《中共中央 国务院关于做好2023年全面推进乡村振兴重点工作的意见》指出要推进农业绿色发展。可见转变农业发展方式，推动农业绿色清洁生产，发展种养结合的绿色循环农业，对实现农业现代化、建设现代农业强省具有重要意义。

（一）提升农业绿色生产能力

首先，要确保粮食生产能力的绿色发展。严守耕地红线，坚持耕地优先的利用顺序，加快高标准农田建设步伐，加强耕地质量建设，稳步推进已经退化的耕地绿色化治理。推进耕地的生态修复性治理，进一步建立和完善耕地绿色管理清单，设定高标准农田绿色治理时间进度表。在全省试点推广农田林网的绿色生态化循环发展模式，改善田园生态系统环境，使农业基本的粮食生产能力保持旺盛的同时实现绿色发展和资源的永续利用。

其次，要促进农业生产要素的绿色发展。推广绿色施肥技术，向新型经营主体推广测土配方施肥技术，以进一步降低化肥的施用量，提升优质绿色产品供给保障能力。在病虫害防治方面推行绿色防治一体化，推动农药减量控害工作。加快构建集生物防治、生态控制、农业防治、物理防治于一体的复合型绿色农业病虫害防治体系。同时要高度重视河南农业生产的物种资源、水生生物资源的保护性体系构建，严格防范境外物种的入侵和破坏，确保绿色农业生产要素体系不被破坏。

最后，要重视农业生产废弃物的绿色治理。要完善各地的农业生产用废弃农膜的回收利用程序和激励机制，在绿色生产试点地区实行农膜回收的补贴和奖励制度，同时逐步探索建立农用地膜生产厂商的责任延伸和激励机制，形成绿色生产、绿色使用、绿色回收的闭合循环。在农业废弃秸秆的资源化利用方面，以沼气工程为纽带，大力推进秸秆肥料化，推广秸秆还田技术等绿色循环技术，推进秸秆绿色综合利用。实施畜禽粪污资源化利用提升工程，推广种养结合的农业养殖绿色循环经济新模式。

（二）构建农业绿色发展产业体系

首先，要稳步提升农业绿色发展的质量与效益。通过在农业耕作生产的全产业链进行绿色化、有机化拓展，坚持加工减损、有机环保、循环发展的绿色发展理念，推进河南省优势农产品加工业的绿色转型，以打造河南农业的绿色产业发展体系。加快农业绿色标准化建设步伐，整合规范农业绿色地方标准和技术规程，使其基本涵盖农业生产各个环节和相关领域，推动农业绿色发展的集约化、高端化。全力打造国家级现代农业绿色示范基地，引领农业绿色发展标准化、优质化、品牌化。

其次，要着力推进农村农业绿色产业融合发展。以绿色发展为导向，依托农业产业园区和产业强镇，推动河南农业与食品加工业，以及新型农村生产性服务业融合发展。不断推动农业产业的生态化和绿色化发展，以合促融，以融促合，和美与共。充分发挥农村的生态资源功能和环境功能优势，提高绿色产业占比，形成现代农村产业融合发展共同体。推进现代农业产业园区和产业集群绿色化循环化改造，大力发展生态循环农业，促进农业废弃物资源化、产业化、高值化利用。

最后，要构建高效农业绿色供应链。健全绿色农业供应链生产体系，加快转变农业要素投入方式，将先进科学技术与绿色有机生产过程相结合，提高自主可控的良种育种能力、延长产业链、提高现代绿色农业的整体竞争力。发挥自主可控的绿色农业供应链对农业供给侧改革的牵引作用，提升绿色农业供应链的稳定度。依托河南省区位交通优势，发挥郑州、商丘等物流枢纽的交换作用，大力推进河南农产品冷链物流供应链的基础设施建设，建立健全农产品绿色低碳流通体系。依托河南省超大规模市场潜力，大力促进绿色农产品消费不断升级。

（三）强化农业绿色发展科技支撑

首先，要加强科技创新对河南农业绿色发展的引领作用。要系统梳理河南农业绿色发展在种子、化肥、施肥、土地等领域和环节的技术瓶颈和障碍，依托神农种业实验室、河南省农科院、河南农业大学以及农技推广机构，开展联合技术攻关，以期实现边际突破。同时，在河南具有比较优势的农机装备、小麦育种等领域，也要进一步加大科技资源的倾斜力度，确保优势更优，为河南现代农业强省建设提供坚实的科技支撑。

其次，要提升农业科技服务现代农业强省建设的农业绿色发展能力。要系统梳理全省以新型农业经营主体和小农户为代表的农业种植者在农业生产中的农技需求（如播种、施肥、收割等），开展针对性强的农技服务。在农闲时节，有针对性地开展农技成果宣传推广活动，加快农业科技成果转化，不断提升河南省农业绿色发展科技服务能力和水平。

最后，要强化现代农业强省建设中农业绿色发展人才队伍的培养和壮大。以"人人持证、技能河南"活动的开展为契机，大力培养河南农业绿色发展的后备人才以及领军人才。在现有的一些农林人才教育培养计划中，加大对农业绿色发展人才的倾斜力度。要重点培养和引进农业绿色发展方面的农业科技创新人才，通过制定相关人才优惠政策，使河南成为现代农业强国建设中农技人才的高地，为河南农业绿色发展提供强有力的人才支撑。

二 建设农业强省需要构建农村对外开放体系

农业对外开放是加快建设农业强国、推动农业高质量发展的重要举措。近年来，河南成为全国经济大省、新兴工业大省和现代农业大省，农业进入全方位对外开放新阶段。扩大农业对外开放，对于转变河南农业发展方式、增加农民收入、实现高质量发展、建设现代农业强省而言具有重要意义。

（一）提升农业对外开放合作水平

首先，要加快实施开放带动战略，提升河南农业对外开放的水平和层次。推进制度性开放战略在农业领域的深入实施，构建农业产品、技术及服务的开放通道，加快农业全方位、多层次、多元化对外开放与合作。加快完善省级农业对外开放管理协调（议事）机构。建议在省委、省政府的总体部署下，组建较高规格的跨部门的农业对外开放工作领导协调小组，从营商环境、金融支撑、财政倾斜、人才政策等方面，结合河南农业发展基础和实际，对农业企业"走出去"予以协调和指导。

其次，要完善农业多层次开放体系。加强现有涉农开放政策的整合，试点有序推进县级农业对外开放合作的试验区，稳步推进河南沿黄地区申建国家级农业对外开放合作试验区。鼓励走出去的企业建设海外农产品生产储运基地，引导农业外向型经济融合发展，提升境内外产业关联度，打造更加多元灵活的对外开放体系。

最后，要稳步提升河南农业国际竞争力。聚集粮、油、菌、农机、畜产品等具有河南特色和优势的农产品，大力支持若干具有一定竞争力的农业龙头企业发展，提升河南农业品牌的知名度和影响力。支持河南农业龙头企业创建对外出口联合体，充分发挥农业的产业龙头和"链主"作用，提升河南出口农业企业的竞合能力。

（二）培育壮大农业对外开放主体

首先，要推动重点龙头企业实施农业开放战略。鼓励农业龙头企业在境外开展农业项目的购并和技术合作，支持优秀农业企业在境外构建包括种植生产、加工储运等的国际性农产品生产流通网络。加强与共建"一带一路"国家和地区的合作，支持各类农业企业组建境外产业联盟，打造农业产业园区和农业技术实验境外示范基地。推动双汇、众品、华英、三全、思念等龙头农业加工企业进一步开拓日韩、东南亚、欧洲等国际市场。

其次，要大力实施品牌战略，通过质量铸就品牌。支持有条件的地方创建特色食品农产品生产基地，打造"一县一品""一县多品"的河南特色农产品体系。鼓励企业开展绿色食品、有机农产品等国际通行认证，并推动其开展国际商标注册工作，打造国际农产品品牌。鼓励华英、大用、永达建设生物安全区、出口加工区、出口保税工厂及保税仓库，建设中部地区出口绿色食品业产品质量安全示范区。

最后，树立企业"走出去"的良好形象，将经济效益和社会效益有机结合，主动承担企业社会责任。积极参与"一带一路"沿线发展中国家的农业技术和产品合作，促进和带动省内农业企业"走出去"。建立河南农业境外产业联盟（协会），为农业企业在应对贸易纠纷、抵御海外风险和跨国农业投资区域选择等方面提供服务。

（三）优化农业对外开放营商环境

首先，要深化"放管服"改革，对农业对外开放的高频事项认真梳理，开展免证可办和尽可能的涉企事项全程网办。出台新形势下河南农业对外开放利用外资的政策措施，实行与外资准入负面清单相适应的准入机制，保障外资企业依法参与现代农业项目的采购、招投标、标准制定等。支持具备条件的城市争创国家级营商环境创新试点城市，开展县级农业对外开放营商环境示范创建，全面提升现代农业强省建设中的开放型国际化水平。

其次，要加强农业信息体系建设。以增强信息服务功能为重点，进一步完善河南省农业信息网，把河南农业信息网建成宣传河南农业、推介河南农业招商项目和优质农产品的平台。组建一支农业信息队伍，建成一个对外招商引资项目库，及时在网上发布农业招商引资项目和各地农业招商引资工作进展情况。定期发布河南农业投资指南，对外进行广泛的宣传和推介。各级农业部门要建立招商引资项目库，不断完善项目资料，组织好招商引资相关工作。

最后，要加强规划设计和项目引导。积极推动河南农产品加工企业建立国际认可的产品检测和认证体系，同时，要进一步提高"河南认证"的国际化水平，使得获取"河南认证"的农产业在国际市场能够获得认可。促进检验检疫和通关便利化，力争实现关检一次申报、一次查验、一次放行，针对特殊进出口农产品开辟"绿色通道"。

三 建设农业强省需要完善乡村治理效能体系

习近平总书记强调，乡村是我们党执政大厦的地基，乡村治理有效是乡村振兴的重要保障，要完善党组织领导的"自治、法治、德治"相结合的乡村治理体系，让农村既充满活力又稳定有序。河南要实现乡村振兴、建设现代农业强省，就必须进一步完善乡村治理效能体系。

（一）持续完善村民自治体系

首先，要健全党组织领导下的乡村治理体系。坚持以党建引领乡村治理，强化县乡村三级治理体系功能，压实县级责任，推动乡镇扩权赋能，夯实村级基础。健全党组织领导的村民自治机制，全面落实"四议两公开"制度，确保村民是乡村自治的主体落到实处。坚持和发展新时代"枫桥经验"，完善矛盾纠纷源头预防、排查预警、多元化解机制，努力做到把矛盾纠纷解决在基层、化解在源头。

其次，要不断强化基层自治组织的主体作用。坚持在党、基层政府的领导和指引下，不断强化和完善基层自治组织的主体作用，要科学合理地理顺乡村自治组织与基层政府之间的关系，促使两者相互配合、协调治理。同时，要高度重视村民自治组织的规范性建设，划清村自治组织与基层政府的权力和责任边界。根据乡村的情况和特点，寻找一些适合的方法，做到权力和事务同步下移，充分调动村民自治的主动性，加快推进乡村治理体系现代化建设。

最后，要不断健全乡村治理主体自治空间。通过规范各项民主决策机制，增强乡村治理主体的参与积极性、议事协商的主动性，以及对村民治理事务的民主监督能力。要积极培育乡村社会组织，并激发其参与乡村治理的积极性，坚持顶层设计与地方创造相得益彰，引导乡村治理主体在自治中发挥积极作用。积极为村民搭建自治平台，有效提升村民参与治理的主动性和参与度，以村民小组为基本单元，通过制定合规的村规民约，不断推进乡村治理体系规范化。要加强和重视村务监督委员会建设，充分发挥村民在自治中的主观能动性，以维护广大村民的村务事项知情权。

（二）推进乡村法治建设

首先，要切实保障广大村民的民主参与权。加大普法力度，引导性制定合理合法的规章制度，推动广大村民有序参与，尤其是选举、决策、管理等环节，确保广大村民的知情权、参与权、诉求权。要在宪法和法律的框架内构建透明的村民自治运行机制，以确保广大村民能有效地行使自治权，通过加强法治宣传教育，促成自觉尊法、学法、用法，依法行使自治权。要完善乡村法律服务帮助体系，以增强村民依法维权、尊法守法的意识，懂得依法办事、用法来解决问题。

其次，要全面推进乡村基层治理体系法治化进程。根据相关法律法规、公序良俗，使法律条文本土化、具体化和通俗易懂化，根据各地乡村生活的实际情况，广泛收集村情民意，让广大村民参与村规民约的制定过程。这不仅使得村规民约能够真正得到村民的拥护，也是推进乡村治理现代化的重要内容。不断推进乡村治理体系的规范化，使广大村民敬畏法律、服从法律、相信法律准绳是乡村治理的唯一准则。

最后，要督促农村基层党组织和村委会带头尊法、学法、守法、用法，创新普法方式，让人们了解和掌握法律知识。同时，为了规范村民行为，各地还应结合实际，制定管理乡村秩序的村规民约，推动乡村治理现代化。此外，要督促各地建立公共法律服务体系，让广大村民学习法律知识的成本最小化，而且要在最大限度内给村民提供法律援助，保障村民的合法权益，为现代农业强省建设提供法律支撑。

（三）提高乡村德治建设水平

首先，要重视乡村德治秩序的塑造。应在传承弘扬优秀传统文化的基础上，充分汲取各地地域文化中蕴藏的乡村智慧，融入我们党的先进文化理念，围绕公共道德、村风民俗、精神文明建设等方面制定和美乡村新社会的道德标准和村规民约，塑造与各地历史人文相适应的乡村德治秩序，不断提升村民的文化自信和道德责任，提升群众的德治意识，增强他们的情感支持和社会认同。借助对"新乡贤"的宣传和引导，加强乡村德治宣传和道德教育，开展道德教育活动，构筑乡村德治良好氛围。与此同时，在落实上要对违反者依规进行教育、给予批评等，可尝试借鉴其他地区的村规民约"红黑榜"，实现人人参与、人人监督，切实让村规民约和道德准则落到实处，不断提升村民的道德素养和人格品质。

其次，要在文化上深入挖掘。依托河南各地丰富的传统文化资源，结合地域特色和民俗特征，不断拓展德治的文化载体和文化内涵，建立具有地域特色的自我规范和约束文化体系。结合优秀的德治思想观念、道德规范、家风传承等，讲好乡村道德故事，通过文化作品创新，在丰富农民群众的精神文化生活的同时，逐步形成新时代的道德规范和准则，打造和美乡村的新形象、新风貌。要充分发挥"新乡贤"的榜样作用，通过用他们的言行垂范乡里，鼓励村民参与现代农业强省建设、和美乡村建设，让广大村民在新风尚文明的创建活动中深入推进移风易俗。

最后，要加强农村精神文明建设。深入开展社会主义核心价值观宣传教育，推动移风易俗，纠治人情攀比、封建迷信等陈规陋习，弘扬敦亲睦邻、守望相助、诚信重礼的乡风民风。持续在乡村开展"听党话、感党恩、跟党走"宣传教育活动，弘扬爱国主义和集体主义精神，培育文明乡风和良好家风，不断提升农民群众的思想道德素质。深化农村群众性精神文明创建，开展以"诚信守法感恩"为主题的公民思想道德教育活动，弘扬时代新风，充分调动农民参与乡村振兴、农业强省与和美乡村建设的积极性、主动性和创造性。

四 建设农业强省需要完善农村基层组织体系

全面推进乡村振兴、加快建设农业强国，关键在党。必须要坚持党对农村工作的全面领导，充分发挥中国特色社会主义制度的显著优势，为河南现代农业强省建设提供坚强的政治和组织保障。

（一）坚持党对农村工作的全面领导

首先，要坚持和完善党领导"三农"工作的体制机制，更好履行政府职责,凝聚各方力量,形成推动河南建设现代农业强省的强大合力。要深入贯彻《中国共产党农村工作条例》《中华人民共和国乡村振兴促进法》,全面落实省负总责、市县乡抓落实的农村工作领导体制,按照党中央的要求,强化五级书记抓乡村振兴的工作机制,建立健全上下贯通、精准施策、一抓到底的现代农业强省建设的有效工作体系和机制。市县两级把"农业强省"工作作为"重头戏"来抓,特别是县委书记要当好"一线总指挥",把涉及多个部门、多个领域、多个环节的农村工作统筹起来,形成齐抓共管的工作合力新局面。

其次,要推动建立乡村振兴和现代农业强省建设的省、市、县级党委和政府的主要负责同志联系乡村点制度。统筹开展乡村振兴战略实绩考核、现代农业强省考核评估,将抓党建促乡村振兴和现代农业强市(县)、乡(镇)建设情况作为市县乡党委书记抓基层党建述职评议考核的重要内容。要完善考核督查机制,以责任落实推动工作落实、政策落实。持续纠治形式主义、官僚主义,将减轻村级组织不合理负担纳入基层减负督察重点内容。

最后,要加大涉农干部的培训工作力度。提高基层干部的"三农"工作本领,通过工作作风的改进和提升,在全省打造一支政治硬、能力强的优秀农村基层干部队伍。各级领导干部要把调查研究、求真务实作为基本功,牢固树立群众观点、贯彻群众路线,经常到农民群众家中"走一走、看一看",扎根群众、问需群众,真正了解群众的"急难愁盼"。

(二)建立健全农村基层党组织制度

首先,要坚持"三会一课"制度,严格开展党的组织生活。习近平总书记指出,党的组织生活是党内政治生活的重要内容和载体,是党组织对党员进行教育管理监督的重要形式。一个班子强不强、有没有战斗力,同有没有严肃认真的组织生活密切相关。因此,要严格组织农村党员开展组织生活,及时召开党员大会、党小组会。严格按照中央和省委的部署开展中心组学习,要在党支部委员会和党员大会上,让党员充分开展批评和自我批评,严格对党员进行民主评议。

其次，要健全激励机制，加大对农村基层党员干部的奖罚力度。对于在群众工作中做出重大贡献的党员干部要实时给予激励（包括提拔重用和物质奖励），让广大党员干部在群众工作中有冲劲、有干劲、有成就感、有自豪感。同时，要严格各项规章制度，尤其对党员干部和"领头人"的要求更为严格，一方面使得工作开展起来更能获得群众支持，另一方面也使得广大党员干部干事业能更专注。

最后，要完善各级各类监督机制。对基层党组织的党员干部的纪律要求，不仅包括党内管理、党内监督，还包括邀请和欢迎广大村民群众的监督。并且群众监督形式要多样化、适宜化和精准化，通过建立日常监督、信访举报、巡视巡察等多种方式，做到精准发现问题、及时处置问题。要加大对违法乱纪的农村基层党员干部的执纪力度，坚决维护和树立农村基层党员干部的清正廉洁形象。

（三）加强农村基层党组织人才建设

首先，要高度重视农村基层党组织的带头人选拔。要扩大农村基层党组织带头人的考察和选拔范围，具体包括农村技术能人、经营能人、返乡创业大学生、返乡退伍军人，以及返乡优秀农民工党员等，以充分调动农村社会各领域普通党员的积极性，引导广大党员将思想正、能力强的新型农民带头人党员干部推选为村党支部书记，充分发挥基层支部书记"带队伍、活资源"等"带头人"作用。

其次，要加大对农村基层党组织带头人的各类能力提升培训力度。现代农业强省建设中，广大党员群众必然对作为农村基层党组织带头人的能力素质的持续提升提出较高要求。因此必须要高度重视农村基层党组织带头人的能力提升的理论培训。一方面，要注重增强农村基层党组织带头人的责任意识和党建意识，尤其是使他们意识到在乡村振兴和现代农业强省建设的历史浪潮中，自身所肩负的"带头人"责任；另一方面，要注重培训的方式和方法，特别是在乡村"三治"建设中，以广大农民群众认可的方式开展工作，围绕现代农业强省建设、和美乡村建设展开培训。

最后，要加强对农村基层党组织带头人的监督。强化自上而下的监督，按照省市县党委巡察制度，把农村基层党组织带头人纳入重点巡察对象。做到发现问题、查处问题，形成震慑。同时对基层党组织带头人的监督要在生活和工作等方面给予全方位的严格要求，把问题解决在萌芽状态，做到强化"不敢腐"的震慑效应，筑牢"不能腐"的制度防线，增强"不想腐"的思想自觉。

参考文献

习近平：《加快建设农业强国　推进农业农村现代化》，《农村工作通讯》2023 年第 6 期。

庞国光、伍国勇、卢凤雏：《乡村数字经济发展困境及路径探析》，《新疆农垦经济》2023 年第 1 期。

周德祥：《乡村"三治"建设中农村基层党组织组织力提升路径探析》，《中州学刊》2021 年第 8 期。

孙想、吴华瑞、郭旺等：《数字乡村大数据平台设计与应用》，《江苏农业科学》2021 年第 18 期。

邓建华：《构建自治法治德治"三治合一"的乡村治理体系》，《天津行政学院学报》2018 年第 6 期。

农业农村现代化

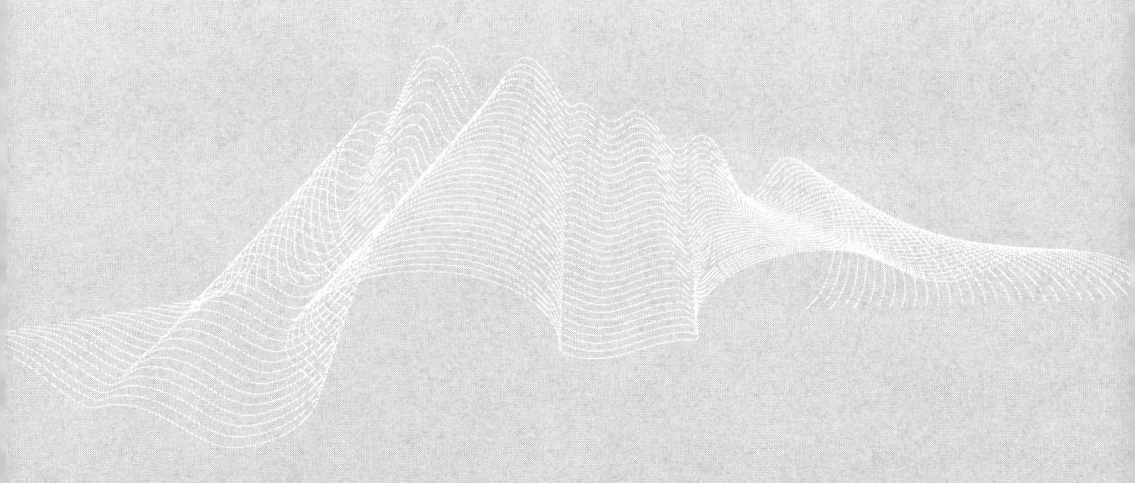

中国式现代化背景下农民现代化的特征变化及实现路径[*]

吴寅恺[**]

摘　要：新中国成立以来，我国农民现代化发展历程是从"生产合作社""包干到户""新农村建设"等以"物"为主带动人的发展的现代化，转向新时代"让农民平等参与现代化进程、共同分享现代化成果"的以人民为中心的现代化。在党的二十大报告提出"中国式现代化"的背景下，农民的现代化发展呈现出农民由身份向职业转变、由小农向大农转变、由普通农民向高素质复合人才转变、由个体者向参与者转变的时代特征。然而，农民职业吸引力不足、迭代更新缓慢、组织化程度不高、主体意识不强成为制约农民现代化发展的主要因素。为此，要通过保障农民合法利益让农民成为有吸引力的职业，通过城乡要素对流实现农民的迭代更新，通过农民组织化构建农民的主体地位，通过观念转变激发农民的内生动力从而实现以"人民为中心"的农民现

---

[*] 本文为安徽省社科规划重点项目"安徽县域经济高质量发展的路径与对策研究"（项目编号：AHSKZ2021D28）的阶段性成果之一。

[**] 吴寅恺，安徽省社会科学院城乡经济研究所副研究员，主要研究方向为区域经济学。

代化发展。

关键词： 中国式现代化　农民现代化　农民组织化

党的二十大报告全面阐释了"中国式现代化"的内涵及特征，其五大特征均与"人"的现代化发展息息相关。与此同时，报告指出"全面建设社会主义现代化国家，最艰巨最繁重的任务仍然在农村"。"三农"问题是全党工作的重中之重，也是中国式现代化的突出短板，其核心要解决的就是"人"的发展问题。如今，我国城镇化率已经超过60%，但仍有5亿多人生活在乡村，城乡发展不平衡、乡村发展不充分使得农民群体对现代化发展的需求更为迫切。可以说农民的现代化发展是落实"以人民为中心"的中国式现代化的基础。因此，有必要详细梳理新中国成立以来农民现代化发展历程及其在中国式现代化时代背景下的特征变化，分析当前制约农民现代化的关键因素，探讨农民现代化的实现路径。

一　农民现代化的演进历程

（一）以"社"为主的农民现代化道路初探时期

新中国成立初期，在我国实现现代化发展目标的最初构想中提出的是"四个现代化"的路径选择，以工业化为主、农业为辅，通过"以农补工"的方式为率先实现工业化发展积累资本。当时生产力较低、劳动力和生产资料短缺，农民只能通过生产互助的方式开展农业活动，互助合作改善了农民家庭"劳动力—土地"要素配置状况，但是难以形成规模效应，无法进一步扩大产出规模。1951年9月，中共中央召开了第一次全国农业互助合作会议，制定了《中共中央关于农业生产互助合作的决议（草案）》，引导、支持农民生产互助方式多样化。1953年底，全国43%的农户加入农业生产互助组，1954年该比例超过50%。① 然而在农业互助组发展过程中不可避免地出现了共同劳动和分散经营间的矛盾以及"等价互利"问题,为此,1954年1月中共中央发布了《关于发展农业生产合作社的决议》,进一步引导个体农民通过互助组发展为初级农业合作社再到高级农业合作社。② 通过这种方式,小农经济逐步向集体经济过渡。然而,随着农业合作社的发展,出现了初级社变高级社、小社并大社的热潮,1958年出现了人民公社,暴露出合作化过急过快过猛的问题。总的来说,这一时期农民的生产互助在短期内提高了农业产值,但随后生产合作社一味盲目求快、求大发展,打击了农民的生产积极性。同时,多数学者认为长期以来以工业为主导的国民经济发展路线间接导致了农民现代化进程被延缓。③

(二)以"户"为主的农民现代化改革转型时期

人民公社化运动之后,由于农村基本经营单位盲目地追求上规模但却无法组织起有效的生产安排,农业生产力持续下滑。1978年11月24日,小岗村的18户农民自发实行了"包干到户",开启了农村经营体制改革。1980年9月中央印发的《关于进一步加强和完善农业生产责任制的几个问题》正式肯定了"大包干"的做法。④ 1982~1986年连续5年的中央一号文件都聚焦"三农",其中1983年的中央一号文件肯定了"家庭联产承包制"的重大改革战略,并明确在全国范围内推广。家庭联产承包制不仅解放了农村生产力、解决了农民的温饱问题,更是农民现代化思想的一次解放。在此基础上,为了吸收农村剩余劳动力,农民开始创办乡镇企业,农业生产组织体系变革大幅提高了农民收入水平,同时解决了农民离土不离乡问题,加快了农民现代化转型。与

---

① 赵意焕:《中国农村集体经济70年的成就与经验》,《毛泽东邓小平理论研究》2019年第7期。
② 满永:《历史的内在动力——实践困境与农业合作化进程的再思考(1951—1956)》,《史林》2022年第6期。
③ 姜长云、李俊茹:《关于农业农村现代化内涵、外延的思考》,《学术界》2021年第5期;苑鹏:《中国式农业农村现代化之路的不懈探索》,《中国社会科学报》2022年9月28日。
④ 刘同山、崔红志、孔祥智:《从"大包干"到现代农业发展:安徽凤阳县的经验与启示》,《中州学刊》2019年第10期。

此同时，党的十一届三中全会后，邓小平同志在不同场合多次提到了"中国式的现代化"概念，并指出"中国式的现代化"不同于西方的现代化，而是"小康之家"，这一目标蕴含了全国人民对富裕和殷实生活的美好向往，也为农民现代化发展指明了方向。这一时期，农业生产经营单位由生产队变为农户，农民逐渐从集体生产的束缚中解脱出来，成为家庭生产经营的主人，乡镇企业的出现更是提高了农民的生产积极性。改革开放让农民的现代性得以重塑，且农民现代化的发展目标得到了确定，那就是"小康"。

（三）以"村"为主支持农民现代化发展时期

直到2004年，关于"三农"现代化的研究主要集中在农业领域，对农村和农民的相关研究仍然较少。[①]2005年"十一五"规划提出了建设社会主义新农村的重大决策部署，并将其作为"现代化进程中的重大历史任务"，同时提出了"城乡统筹发展""工业反哺农业，城市支持农村"等政策方针。党中央时刻关注着新农村建设以及农业现代化发展，提出现代化不可能建立在80%人口在农村依靠手工工具搞饭吃的基础上，推进我国的现代化进程，解决农村富余劳动力的出路和农民增收问题，必须走工业化、城镇化的路子，把农民从农业和农村尽可能多地转移出来。[②]党的十六届五中全会正式提出了"建设社会主义新农村"，要求"培养有文化、懂技术、会经营的新型农民"。2006年中央一号文件明确要求"加快发展农村社会事业，培养推进社会主义新农村建设的新型农民"。同年颁布的《中华人民共和国农民专业合作社法》规范了农民专业合作社的组织和行为，鼓励、支持和引导农民成立专业合作社，并且为专业合作社及其成员的合法权益提供保障。该法案的颁布为从事小农生产活动的职业农民转型为现代化农民提供了新路径。这一时期，"三农"的现代化发展从生产领域拓展到社会领域，农民的物质生活水平不断提高，新农村建设也极大地改善了农民的生活环境，农民合作社的成立让农民有

[①] 曹俊杰:《新中国成立70年农业现代化理论政策和实践的演变》,《中州学刊》2019年第7期。
[②] 曹应旺:《十六大以来我国建设社会主义新农村的三个视角》,《红旗文稿》2012年第13期。

机会参与市场，并逐渐适应市场经济运行规则，使得农民的现代化意识不断增强。

（四）以人民为中心的农民现代化提升时期

党的十八大后，习近平同志在不同场合强调"以人民为中心"的发展理念，并指出坚持把解决好"三农"问题作为全党工作的重中之重。为此，党的十八届三中全会正式提出了"让农民平等参与现代化进程、共同分享现代化成果"，首次明确了农民这一群体在现代化发展中的角色、定位和作用。同时，为了消除贫困、改善民生、逐步实现共同富裕，让农民能够不愁吃、不愁穿，保障其基础教育、基本医疗、个人住房安全和饮水安全，中共中央提出了打赢脱贫攻坚战的重大决定。2021年习近平总书记庄严宣告，经过全党全国各族人民共同努力，我国脱贫攻坚战取得了全面胜利，2020年底标准下9899万农村贫困人口全部脱贫。党的十九大正式提出了实施乡村振兴战略，加快实现农业农村现代化。2021年中央一号文件明确了"举全党全社会之力加快农业农村现代化，让广大农民过上更加美好的生活"这一目标。农业农村现代化不是农业现代化的简单延伸，更不是农业、农村两个现代化的简单叠加，而是农村产业、农村生态、农村文化、乡村治理和农民生活现代化有机统一。① 要加快实现农业农村现代化，不仅仅是要解决农业的问题，更重要的是要解决数量如此庞大的农民福祉问题。② 党的十八大以来，我国通过"三权分置"土地制度改革、加快培育新型农业经营主体的农业经营体系改革以及集体产权制度改革等农业农村改革唤醒了闲置低效的土地资源，实现了生产经营的规模化发展，帮助农民探索成为新型农业经营主体，提高了农民的收入，使其与现代农业有效衔接。通过打赢脱贫攻坚战让农民摆脱贫困奔向小康，通过实施乡村振兴战略推动农民与农业农村互融互动实现全面现代化，更突出了以人民为中心的发

---

① 魏后凯：《深刻把握农业农村现代化的科学内涵》，《农村工作通讯》2019年第2期。
② 陈锡文：《实施乡村振兴战略，推进农业农村现代化》，《中国农业大学学报》（社会科学版）2018年第1期。

展目标，强调了农民在现代化发展中的重要作用，农民的现代化发展进入了新阶段。

综上所述，随着对"三农"问题及现代化发展的认识不断深入，我国农民的现代化发展呈现出从"社""户""村"等以"物"为主带动人的现代化转变到"让农民平等参与现代化进程、共同分享现代化成果"以人民为中心的现代化。党的二十大报告明确了中国式现代化的内涵及特征，五大特征均与"人"的现代化息息相关、紧密相连，"三农"问题作为全党工作的重中之重、中国式现代化的突出短板，其核心问题之一就是"人"的发展问题，即广大农民如何实现现代化。当前，多数文献阐释了中国式现代化与农民现代化的内涵及逻辑关系，但缺少对中国式现代化时代背景下农民现代化特征变化及时代要求的探讨，对阻碍农民现代化发展的制约因素及农民现代化的实现路径也缺少相关研究，本文重点针对以上问题进行分析论述。

二 中国式现代化背景下农民现代化特征变化及时代要求

（一）农民现代化的特征变化

从农民的性质维度来说，在中国式现代化背景下，农民的身份特征正在向职业化特征转变。相较于传统的农民身份，新型职业农民是自主选择的、自由流动的，既可以是有乡土情怀的毕业的大学生、退伍的军人，也可以是退休的领导干部；同样，他们的活动空间也不局限在乡村，新时代的职业农民既可以是居住在城市的居民，也可以是土生土长的农村人。

从农民的状态维度来说，农民的现代化是从小农向大农的转变。第三次全国农业普查数据显示，我国2.07亿农业经营户中小农户仍然占据绝大多数，占比达到了98.1%。然而随着新型城镇化的不断推进以及农业现代化的不断发展，小农也将呈现持续分化态势。部分小农会离土离乡从事非农活动，而狭义上的从事农业活动的小农则需要通过组织化、专业化逐渐成为"大农"或依靠"大农"。一方面农业范畴从农业生产延伸到产前、产后等农业产业链、价值链各环节，需要农民在全产业链中细化分工，从而解决小农一家一户干不了、干不好的事情。小农户可以联合成立农民合作社，也可以依靠新型农业经营主体通过分工协作提升自身价值。另一方面部分小农户可以扩大自身规模，转型成为新型农业经营主体，实现小农生产与现代农业的有机衔接。需要注意的是，这种转变不能脱离我国小农占农业主体地位的实际情况，既不能急功近利采取激进转型战略，夸大小农户在现代化发展中的作用，同样也不能过于保守。

从农民在市场中的角色维度来说，农民的现代化是普通农民向高素质复合人才的转变。新技术、新业态、新模式的出现深刻改变了农业的生产经营方式，这对农民的发展也提出了更高的要求，需要农民了解互联网知识，能够驾驭现代农业技术，掌控农场管理技能。同时，农民成为农业市场主体，主动参与市场竞争的同时需要有效应对市场风险，这就要求他们能够掌握市场行情、产品营销等相关知识。因此，为了适应农业农村的现代化发展要求，新时代的农民需要懂技术、懂经营、懂政策，成为金融素养高的复合型高素质人才。

从农民在社会中的角色维度来说，农民的现代化是社会现代化向前推进的动力。从我国历次农业农村改革的成功经验可见，农业农村的现代化发展离不开农民的主动参与，需要发挥其主观功能性。中国式现代化背景下的农民现代化，是让几亿农民平等参与现代化进程、共同分享现代化成果，需要充分调动农民群众的积极性、主动性和创造性，让农民以主角身份、主体心态、主动作为参与社会主义现代化强国建设。

（二）农民现代化的时代要求

首先是"以人民为中心"的现代化的时代要求。《共产党宣言》提出，共产党领导的无产阶级运动"是绝大多数人的，为绝大多数人谋利益的独立的运动"。我国是人口大国，2021年的第七次全国人口普查数据显示我国常住居民14.12亿人，其中居住在农村的人口超过5亿人。按照这个口径计算，当我国城镇化率接近70%时，仍然有超过4亿的人口居住在农村，如果在现代化进程中把4亿多人落下，到头来"一边是繁荣的城市、一边是凋敝的农村"，这不符合我们党的执政宗旨，也不符合社会主义的本质要求，这样的现代化是不可能取得成功的。[1] 要想实现"以人民为中心"的现代化发展，就必须让农民参与现代化进程，共享现代化成果，促进农民生产方式的现代化、生活方式的现代化以及思想价值理念的现代化，最终实现共同富裕。

其次是"四化"串联到并联的时代要求。西方国家的现代化发展是在200多年的时间里经历了漫长的资源累积和多阶段的接续演进才完成的工业化、城市化、农业现代化和信息化。这种按部就班"串联式"发展过程依靠的是丰富的资源和生态空间以及资本的力量，可以在长时间内消化发展阶段转换期出现的各种矛盾。而一味寻求西方式的现代化发展道路则容易陷入收入差距过大、财富增长带来的精神空虚及环境恶化等"现代化陷阱"，我国要实现后发赶超，就需要"时空压缩"推动"四化同步"采取"并联式"的发展过程。[2] "四化同步"离不开农业的基础支撑，对农民而言，"四化同步"是农民现代化发展的历史机遇和时代要求。因此，在"四化""并联式"发展的要求下，一方面需要农民的城镇化、非农化，为工业化和信息化提供要素保障；另一方面需要农民的职业化、专业化，通过发展新型职业农民、提高素质农民，实现农民与现代农业有机衔接。

最后是建设农业强国的时代要求。党的二十大报告提出"加快建设农业强国"，农业强国成为全面建设中国特色社会主义现代化强国的重要组成部分和基础。从农业强国的建设目标看，主要分为四个方面：农业供给保障能力强、农业竞争力强、农业科技创新能力强和农业可持续发展能力强。[3] 为此，建设农业强国需要农民从传统农民转变为高素质的现代农民，提高农民的组织化程度，从而能在更高层次上保障国家粮食安全，提高农业全要素生产率，能够推动农业从传统要素驱动向注重科技创新、绿色可持续化转型。

---

[1] 2018年9月21日，习近平总书记在中共十九届中央政治局第八次集体学习时的讲话。
[2] 吕永刚：《"四化同步"赋能高质量发展：理论逻辑与实践路径》，《学海》2023年第2期。
[3] 魏后凯、崔凯：《农业强国的内涵特征、建设基础与推进策略》，《改革》2022年第12期。

三 农民现代化发展的阻碍因素

(一) 农业边际收益不高导致农民职业吸引力不足

我国农产品和工业产品价格长期存在"剪刀差"问题。近年来,随着农业综合成本不断上升,农业收益率走低,特别是种粮的收益率下降,影响了农民的生产积极性。以A省为例,作为粮食主产区之一,2020年A省每亩稻谷产量为473.5斤,生产总成本为1054.7元,净利润仅为153.5元,每50公斤稻谷的平均售价为126元,净利润仅为16元。同时,从粮食生产补贴的角度来看,我国对粮食生产的补贴较美国等发达国家还存在明显差距。国内农业支持总水平占农业生产总值的比重约为10%,而美国则长期保持在35%以上。[1]现有政策要求耕地防止"非粮化",但种粮的边际收益低,粮食主产区的农民收入与其他地区居民人均收入水平相比差距不断扩大。从"理性经纪人"的角度来看,农业生产的边际收益不高,必然影响农民生产的积极性,出现了耕地撂荒、"农民宁可不种粮"的情况,直接威胁到国家粮食安全。此外,农业的边际收益不高导致农民作为一种职业的吸引力不足。

(二) 城乡二元结构阻碍了农民的迭代更新

我国农民现代化发展缓慢最重要的因素是城乡二元结构体制制约。[2]改革开放以来我国为消除城乡二元结构带来的负面影响,先后提出了"城乡统筹""城乡一体化""城乡融合"等战略,出台了推动城乡关系改善的相关政策。但进城的农村居民在教育、医疗卫生等公共服务和社会保障方面尚未与城镇居民享受同样的待遇,阻碍了农民的迭代更新。此外,城乡二元结构导致城镇地区对农村地区要素产生虹吸效应,加剧了资源流向城镇地区,农村地区长

---

[1] 肖琼琪、王文涛:《粮食补贴政策的中美比较、效应评价及我国补贴建议》,《湖南科技大学学报》(社会科学版) 2019年第4期。
[2] 白描、苑鹏:《现代化进程中我国农民全面发展的制约因素与推进路径》,《改革》2021年第12期。

期以来要素投入不足,包括交通、水利、污水处理、垃圾处理等在内的农村基础设施和医疗、教育等民生领域历史欠账较多。

(三)价值共识未形成导致农民的组织化程度不高

当前农民群体的组织化主要分为经济组织化和政治文化组织化。对于经济组织,一般是通过利益联结机制将村民组织起来从而发挥集体经济的作用,促进农民增收。[①]然而利益联结只能是农民组织化的必要条件而非充分条件,如果集体价值的重要作用没有在农民和组织机构领导人之间达成共识,再加上组织机构的机制不健全、职责权限不明晰,反而容易使集体经济发挥不了应有的作用。对于政治文化组织,通常是农民以村民自治的形式组织起议事协商机构表达集体诉求,然而在农村"空心化"的背景下,大量村民在外务工,住在城镇的农民基本不会返乡参与政治活动,久而久之,农民的政治参与意识弱化。

(四)传统思想理念导致农民主体意识不强

我国农民的传统思想文化源自长期以来自给自足的自然经济和小农意识,其塑造了我国农民勤劳质朴的优秀品质,但缺少创新等现代性特质,主要表现为基层发展和治理的滞后性和路径依赖,农民群体主动作为意识不强,制约乡村经济发展、治理体系和治理能力现代化发展。此外,天价彩礼、盲目攀比、封建迷信等不良现象的存在凸显了乡风失范,新的道德规范和价值体系尚未建立健全,制约了农民思想道德的现代化发展。

四 农民现代化的实现路径

(一)通过保障农民利益让农民成为有吸引力的职业

让农民成为有吸引力的职业要处理好有为政府和有效市场的关系。提升

---

① 贺雪峰:《农民组织化与再造村社集体》,《开放时代》2019年第3期。

农民职业吸引力，要保障种粮农民的收益，守住粮食安全底线，从根本上要平衡好有为政府和有效市场之间的关系，一方面，政府需要制定长效的惠农政策，完善水稻、小麦等粮食生产补贴和粮食作物收购政策体系、法律体系，特别是要提升绿箱补贴、非特定农产品补贴的使用效率，让财政补贴真正转化成农民收入，从而保障农民的种粮收益。[①]同时，要保障"耕者有其田""耕者有良田"。另一方面，要处理好企业与农民之间的利益分配问题，在资本下乡的过程中保障农民的利益。通过"合同订单""保底+返利""股份合作"等形式将农民与企业的利益紧密联系起来，通过二次分配、三次分配把资本下乡、产业链增值的收益更多地留给农民。此外，要提升农民职业吸引力，就要努力改变农村的生产生活生态环境和法治环境，建设和美乡村。只有通过有为政府加强乡村的基础设施和公共服务建设，推动城乡公共服务均等化，完善相关政策制度和法律法规，引导构建现代乡村产业体系，创造更多创业就业机会，才能使得市场更有效，从而吸引社会资本投入乡村，吸引各类人才返乡留乡，让农民就地实现现代化。

（二）通过城乡要素对流实现农民的迭代更新

农民现代化发展中需要处理好农民与市民的关系。通过"让市民愿意成为农民"和"让农民顺利成为市民"两条路径实现农民群体的迭代更新。这就要求形成城乡要素对流的格局，特别是人口的对流。一方面，要让农民变为自由选择、受人尊重、令人向往的职业，"让市民愿意成为农民"。城镇居民可以将资金、技术带到农村，发挥技术特长、经营特长，成为"居住在城市的职业农民"，也可以拓宽乡村创业就业渠道，引导有文化、懂技术、会经营的高校毕业生成为高素质农民。而居住在农村的小农户则可以通过农民组织化，与公司、合作社开展合作，或者自身通过土地流转等实现农业规模化生产经营，成为新型农业经营主体。另一方面，要推动农业转移人口市民化，"让农民顺

[①] 肖琼琪、王文涛：《粮食补贴政策的中美比较、效应评价及我国补贴建议》，《湖南科技大学学报》（社会科学版）2019年第4期。

利成为市民",根据不同地区的地方财政承受能力,让农业转移人口在医疗、教育、养老、住房保障等方面与市民有同等待遇。同时,推进户籍制度改革,减少跨行政区域的农业转移人口在城市落户的前置条件,鼓励农业转移人口县域内就近城镇化,将县城和小城镇打造成农民现代化的重要载体区。

(三)通过农民组织化构建农民的主体地位

农民现代化发展要处理好农民与市场的关系和农民与社会的关系。通过农民的组织化有效提高农民在市场交易中的话语权和应对风险的能力,强化农民在市场和社会中的主体地位。一是要达成集体价值目标共识。[①]达成共识是农民组织化的基础,农民要从传统小农思想下的"家庭人"转变为现代化视角下的"集体人""社会人",形成集体价值共识,同时组织领导者要让全体农民相信组织化的目的是实现集体利益最大化。二是要努力发展新型农村集体经济。发展新型农村集体经济是农民组织化的一种特殊形式,是实现农民增收、共同富裕的有效路径。当前新型农村集体经济发展呈现多元化特征,有的成立公司经营集体资产,有的成立合作社带动农民生产经营,有的成立物业公司发展物业经济,但总体来讲,新型农村集体经济发展中还需要处理好市场和政府的关系。三是要加强乡贤在农民组织化中的作用。乡村社区中的"差序结构"使得由乡贤或者乡村精英牵头的农民合作社、村民议事厅等农民组织化机构具有更强的内生发展动力。要充分发挥乡贤在农民组织化中的作用,建立规范化制度,明确乡贤—村民—党委政府的权责范围,在激励乡贤参与农民组织化的同时也要构建约束机制,防止出现"精英俘获"现象,以利益联结机制强化三者间共生的信任关系。四是通过技术嵌入重构已"脱域"农民的社会关系。通过数字技术强化对农民组织化的支撑,让离土离乡在外打工的农民工能通过数字媒体等参与乡村公共事务治理,从而应对农民从"在场治理"到"缺场治理"的新现象。

---

① 张树旺、陈诗慧、杨秋婷:《论乡村振兴背景下农民组织化的机制——基于下围村五年的纵向调查》,《南京农业大学学报》(社会科学版) 2020 年第 5 期。

（四）通过观念转变激发农民的内生发展动力

农民的现代化要激发农民内生动力。一是要完善农村教育体系，为促进农民思想和价值观念现代化夯实基础。一方面要通过加强农村基础教育提高整体居民素质。改善农村基础教育的办学条件，确保适龄儿童和青少年能够按时入学，通过"智慧课堂"等方式解决偏远地区教师资源缺乏等问题。另一方面要加强农村职业教育，提升农民的技能。在管理培训上，要借鉴发达国家的经验，形成适度竞争的农村职业技术教育培训体系，增加培训时间、提高学习内容的深度以及毕业门槛，通过精准的职业技术教育培训促进农民间的分工协作。二是要营造乡风文明的氛围，加强乡村精神文明建设，以社会主义核心价值观为引领，在农民群体中积极倡导科学、文明、健康、绿色的生活方式，大力传承和弘扬优秀传统文化，坚决打击封建迷信、邪教、黄赌毒等违法活动，整治天价彩礼、凡事大操大办等盲目攀比的不良风气，营造健康向上的农村氛围。

河北省农业农村现代化总体评价与推进策略

张 波 张瑞涛 时方艳*

摘 要: 农业农村现代化与乡村全面振兴相辅相成、密不可分。指标体系量化评价和典型农户问卷调查,可以从宏观和微观两个层面考察农业农村现代化进展水平。宏观分析表明,我国31个省区市农业农村现代化水平呈现自东向西逐步降低的分布格局,且农村现代化总体水平高于农业现代化总体水平;研究进一步显示,推进乡村全面振兴和农业农村现代化,政策资源向农村倾斜的力度逐步加大,农村的基础设施、公共服务等方面的短板逐步补强。微观分析表明,当前农村现代化短板弱项和历史欠账加快补齐,但农业现代化、乡村产业发展需加快跟进,农民的收入增长预期、投资意愿不强,职业感明显偏低,最关心乡村产业发展和村庄环境改善问题,对生产性基础设施需求大于生活类设施。河北立足省情农情,科学把握农业农村现代化基本趋势和特征,紧紧扭住农村产业、乡村建设、乡村治理和要素保障机制四大着力点,推进农业农村高质量发展。

---

* 张波,河北省社会科学院农村经济研究所所长、研究员,主要研究方向为县域经济;张瑞涛,河北省社会科学院农村经济研究所助理研究员,主要研究方向为农村集体经济;时方艳,河北省社会科学院农村经济研究所助理研究员,主要研究方向为农业科技创新。

关键词： 农业农村现代化　河北省　乡村振兴

党的十九大报告明确提出，实施乡村振兴战略。要坚持农业农村优先发展，按照产业兴旺、生态宜居、乡风文明、治理有效、生活富裕的总要求，建立健全城乡融合发展体制机制和政策体系，加快推进农业农村现代化。民族要复兴，乡村必振兴，乡村全面振兴是一项重大国家战略，呼应中华民族伟大复兴。农业农村现代化是乡村振兴的总目标，是一项重要的战略成果，呼应社会主义现代化国家。乡村振兴是途径、战略支撑，强调发展的过程；农业农村现代化是目标、战略成效，强调发展的结果。农业农村现代化与乡村全面振兴是相辅相成、密不可分的。农业农村现代化进展水平直接反映了乡村全面振兴效果。指标体系量化评价和典型农户问卷调查从宏观和微观两个层面考察农业农村现代化进展情况。

一　河北省农业农村现代化进展情况

河北地处华北北部，属温带大陆性气候，地貌多样，以平原为主，发展农业的条件得天独厚，属于我国重要的产粮区和经济作物种植区。省内交通发达，已形成陆、海、空综合交通运输网。优越的自然地理环境、丰富的资源储备为河北省发展现代农业、实现农业产业化经营提供了必要的支撑条件。设定指标体系对河北省农业农村现代化水平开展横向和纵向分析，有利于准确把握进展情况和基本态势。

（一）评价指标选择

在查阅大量资料和统计数据的基础上，结合我国和河北省农业农村现代化实际进展，参考相关学者的研究成果，构建农业农村现代化评价指标体系，具体如表1所示。

表1 农业农村现代化评价指标体系

目标层	一级指标	二级指标	三级指标	三级指标定义	权重
农业农村现代化	农业现代化 A (0.463)	农业现代化数量指标 A1 (0.17874)	（A11）人均粮食产量（公斤）	区域粮食总产量/区域常住人口	0.04483
			（A12）人均肉类产量（公斤）	区域肉类总产量/区域常住人口	0.02152
			（A13）人均蔬菜产量（公斤）	区域蔬菜总产量/区域常住人口	0.02397
			（A14）农业劳动生产率（元/人）	第一产业增加值/第一产业从业人员	0.02953
			（A15）农业土地产出率（元/亩）	农业总产值/耕地面积	0.03528
			（A16）土地流转情况（%）	流转面积/家庭承包经营的耕地面积	0.02360
		农业现代化质量指标 A2 (0.28473)	（A21）农用化肥施用强度（公斤/万元）	每万元农业产值农用化肥施用量	0.01208
			（A22）农药施用强度（公斤/万元）	每万元农业产值农药使用量	0.02003
			（A23）农用薄膜使用强度（公斤/万元）	每万元农业产值农用塑料薄膜使用量	0.01525
			（A24）农业机械化水平（千瓦/亩）	农业机械总动力/耕地面积	0.03057
			（A25）农业耕地灌溉率（%）	耕地灌溉面积/耕地面积	0.03221
			（A26）农业电气化程度（千瓦时/万元）	每万元农林牧渔业总产值农村用电量	0.17414
	农村现代化 B (0.537)	农民收入消费现代化指标 B1 (0.12282)	（B11）农村居民收入水平（元）	农村居民人均可支配收入	0.03434
			（B12）农村居民支出水平（元）	农村居民人均消费支出	0.02943
			（B13）农村居民消费占收入比重（%）	农村居民人均消费支出/农村居民人均可支配收入	0.02353
			（B14）农村居民食品烟酒消费支出占比（%）	农村居民食品烟酒消费支出/农村居民总消费支出	0.01622
			（B15）农村居民教育文化娱乐消费支出占比（%）	农村居民教育文化娱乐消费支出/农村居民总消费支出	0.01929
		农村生活设施现代化指标 B2 (0.22528)	（B21）信息生活水平（台/每百户）	农村居民平均每百户年末计算机拥有量	0.02513
			（B22）有线广播电视普及情况（%）	农村居民有线广播电视实际用户数占家庭总户数的比重	0.03394
			（B23）移动电话普及情况（部/每百户）	农村居民平均每百户年末移动电话拥有量	0.02131
			（B24）生活电气化程度（千瓦时）	农村居民人均用电量	0.11966
			（B25）家用汽车拥有情况（辆/每百户）	农村居民平均每百户年末家用汽车拥有量	0.02524
		农村公共服务现代化指标 B3 (0.14136)	（B31）村卫生室和乡（镇）卫生院建设情况（个/万人）	每万人拥有的村卫生室和乡（镇）卫生院数量	0.02697
			（B32）医疗机构卫生床位情况（张/万人）	每万人拥有的农村医疗机构床位数	0.01805
			（B33）乡镇医生和卫生员数量（人/万人）	每万人拥有的乡镇卫生和卫生站人员数量	0.01429
			（B34）乡镇文化站覆盖率（个/万人）	每万人拥有的乡镇文化站数量	0.04635
			（B35）农村专任教师情况（人/万人）	每万人拥有的农村义务教育专任教师数量	0.01732
			（B36）养老机构建设情况（张/千人）	每千老年人口养老床位数	0.01838
		城乡融合发展指标 B4 (0.04754)	（B41）城乡居民收入对比情况（农村居民=1）	城镇居民人均可支配收入/农村居民人均可支配收入	0.01724
			（B42）城乡居民消费支出对比情况（农村居民=1）	城镇居民人均消费支出/农村居民人均消费支出	0.01293
			（B43）人口城镇化情况（%）	年末城镇人口比重	0.01737

农业农村现代化评价主要围绕农业现代化和农村现代化两个角度展开，农业现代化评价包括农业现代化数量和农业现代化质量指标两个方面，农村现代化评价包括农民收入消费现代化、农村生活设施现代化、农村公共服务现代化和城乡融合发展指标四个方面。

1. 农业现代化数量指标

农业现代化数量指标包括人均粮食产量、人均肉类产量、人均蔬菜产量、农业劳动生产率、农业土地产出率和土地流转情况6个方面。其中，人均粮食产量为区域粮食总产量与区域常住人口的比值，人均肉类产量为区域肉类总产量与区域常住人口的比值，人均蔬菜产量为区域蔬菜总产量与区域常住人口的比值，农业劳动生产率为第一产业增加值与第一产业从业人员的比值，农业土地产出率为农业总产值与耕地面积的比值，土地流转情况为流转面积占家庭承包经营的耕地面积的比重，6个指标均为正向指标。

2. 农业现代化质量指标

农业现代化质量指标包括农用化肥施用强度、农药施用强度、农用薄膜使用强度、农业机耕化水平、农业耕地灌溉率和农业电气化程度6个方面。其中，农用化肥施用强度为每万元农业产值农用化肥施用量，农药施用强度为每万元农业产值农药使用量，农用薄膜使用强度为每万元农业产值农用塑料薄膜使用量，3个指标均为负向指标；农业机耕化水平为农业机械总动力与耕地面积的比值，农业耕地灌溉率为耕地灌溉面积与耕地面积的比值，农业电气化程度为每万元农林牧渔业总产值农村用电量，3个指标均为正向指标。

3. 农民收入消费现代化指标

农民收入消费现代化指标包括农村居民收入水平、农村居民支出水平、农村居民消费占收入比重、农村居民食品烟酒消费支出占比和农村居民教育文化娱乐消费支出占比5个指标。其中，农村居民收入水平用农村居民人均可支配收入反映，农村居民支出水平用农村居民人均消费支出反映，农村居民消费占收入比重为农村居民人均消费支出与农村居民人均可支配收入的比值，农村居民食品烟酒消费支出占比为农村居民食品烟酒消费支出占农村居民总消费支出的比重，农村居民教育文化娱乐消费支出占比为农村居民教育文化娱乐消费支出占农村居民总消费支出的比重，除农村居民食品烟酒消费支出占比指标为负向指标外，其余4个指标均为正向指标。

4. 农村生活设施现代化指标

农村生活设施现代化指标包括信息生活水平、有线广播电视普及情况、移动电话普及情况、生活电气化程度和家用汽车拥有情况5个指标。其中，信息生活水平为农村居民平均每百户年末计算机拥有量，有线广播电视普及情况为农村有线广播电视实际用户数占家庭总户数的比重，移动电话普及情况为农村居民平均每百户年末移动电话拥有量，生活电气化程度为农村居民人均用电量，家用汽车拥有情况为农村居民平均每百户年末家用汽车拥有量，5个指标均为正向指标。

5. 农村公共服务现代化指标

农村公共服务包括教育、医疗、养老等方面，农村公共服务现代化指标包括村卫生室和乡（镇）卫生院建设情况、医疗机构卫生床位情况、乡村医生和卫生人员数量、乡镇文化站覆盖率、农村专任教师情况和养老机构建设情况6个指标。其中，村卫生室和乡（镇）卫生院建设情况为每万人拥有的村卫生室和乡（镇）卫生院数量，医疗机构卫生床位情况为每万人拥有的农村医疗机构床位数，乡村医生和卫生人员数量为每万人拥有的乡村医生和卫生人员数量，乡镇文化站覆盖率为每万人拥有的乡镇文化站数量，农村专任教师情况为每万人拥有的农村义务教育专任教师数量，养老机构建设情况为每千老年人口养老床位数，6个指标均为正向指标。

6. 城乡融合发展指标

实现城乡融合发展是农业农村现代化的重要内容，城乡融合发展指标包括城乡居民收入对比情况、城乡居民消费支出对比情况和人口城镇化情况3个方面。其中，城乡居民收入对比情况为城乡居民人均可支配收入比值，城乡居民消费支出对比情况为城乡居民人均消费支出比值，这2个指标为负向指标；人口城镇化情况用年末城镇人口比重表示，该指标为正向指标。

（二）河北省农业农村现代化水平评价结果分析

在评价方法选择上，选取 TOPSIS 模型进行测度。对河北省农业农村现代化定量评价主要从两个方面展开：一是选取 2020 年数据，对 31 个省、自治区、直辖市农业农村现代化水平进行评价，客观评价河北省农业农村现代化水平在全国所处的位置；二是选取 2016~2020 年数据，对河北省农业农村现代化水平进行评价，从时间轴角度分析河北省农业农村现代化演进情况。统计数据主要来自历年《中国农村统计年鉴》《中国统计年鉴》《中国农村政策与改革统计年报》《中国农业农村统计摘要》及各省份统计年鉴等资料，具体分析如下。

1. 全国农业农村现代化水平分析

根据变异系数法得到 2020 年我国 31 个省份农业农村现代化评价中各指标的权重（见表1），通过加总 6 个二级指标中每个三级指标的权重得到农业现代化数量指标（0.17874）、农业现代化质量指标（0.28473）、农民收入消费现代化指标（0.12282）、农村生活设施现代化指标（0.22528）、农村公共服务现代化指标（0.14136）和城乡融合发展指标（0.04754）的权重。其中，农业现代化质量指标的权重最大，其次是农村生活设施现代化指标，之后是农业现代化数量指标、农村公共服务现代化指标等，表明农业生产规模化、绿色化、品牌化水平及农村生活便利化程度等对农业农村现代化进程的影响远高于其他因素。通过加总 2 个一级指标中每个二级指标的权重得到农业现代化（0.463）和农村现代化（0.537）权重，农村现代化权重高于农业现代化权重。对全国农业农村现代化水平测度结果如表2、表3、表4所示。

农业现代化方面，对我国 31 个省区市农业现代化水平的评价显示，当前暂无农业现代化高水平地区；属于农业现代化良好水平的是上海；属于农业现代化中等水平的有福建、浙江、广东、江苏、黑龙江、湖南、山东、北京等 10 个省份；属于农业现代化较低水平的有河北、内蒙古、广西、天津、贵州、四川、湖北、安徽等 20 个省份，处于该水平的省份最多，占比 64.52%

（见表2）。河北省农业现代化 C_i 值为0.291，排第12名，总体低于全国平均水平。

表2 2020年我国各省份农业现代化水平评价结果

单位：个

农业现代化水平	与理想值的接近程度	包括的省份	合计
高水平	$C_i \geq 0.8$		0
良好水平	$0.55 \leq C_i < 0.8$	上海	1
中等水平	$0.35 \leq C_i < 0.55$	福建、浙江、广东、江苏、黑龙江、湖南、山东、北京、海南、河南	10
较低水平	$C_i < 0.35$	河北、内蒙古、广西、天津、贵州、四川、湖北、安徽、重庆、吉林、西藏、新疆、江西、陕西、宁夏、青海、云南、辽宁、甘肃、山西	20

农村现代化方面，对我国31个省区市农村现代化水平的评价显示（见表3），现阶段暂无农村现代化高水平地区；上海、浙江、北京和江苏4个省份属于农村现代化良好水平；福建、天津、广东、山东、河北、河南等20个省份属于农村现代化中等水平，处于该水平的省份最多，占比64.52%；山西、辽宁等7个省份属于农村现代化较低水平。河北省农村现代化 C_i 值为0.457，排第13名，高于全国平均水平。

表3 2020年我国各省份农村现代化水平评价结果

单位：个

农村现代化水平	与理想值的接近程度	包括的省份	合计
高水平	$C_i \geq 0.8$		0
良好水平	$0.55 \leq C_i < 0.8$	上海、浙江、北京、江苏	4
中等水平	$0.35 \leq C_i < 0.55$	福建、天津、广东、湖北、江西、湖南、贵州、山东、河北、河南、甘肃、四川、重庆、黑龙江、陕西、安徽、内蒙古、宁夏、广西、吉林	20
较低水平	$C_i < 0.35$	山西、辽宁、云南、新疆、海南、青海、西藏	7

农业农村现代化方面，综合测算2020年我国31个省区市农业农村现代化水平可得（见表4），目前暂无农业农村现代化高水平地区；属于农业农村现代化良好水平的有上海、浙江、北京和江苏共4个省份；属于农业农村现代化中等水平的有福建、广东、湖南、山东、河南、天津、黑龙江、河北等19个省份，处于该水平的省份最多，占比61.29%；属于农业农村现代化较低水平的有吉林、宁夏、新疆等8个省份。河北省农业农村现代化评价 C_i 值为0.452，排第12名，高于全国平均水平。

表4 2020年我国各省份农业农村现代化水平评价结果

单位：个

农业农村现代化水平	与理想值的接近程度	包括的省份	合计
高水平	$C_i \geq 0.8$		0
良好水平	$0.55 \leq C_i < 0.8$	上海、浙江、北京、江苏	4
中等水平	$0.35 \leq C_i < 0.55$	福建、广东、湖南、山东、河南、天津、黑龙江、河北、内蒙古、湖北、青海、贵州、江西、海南、四川、广西、安徽、重庆、陕西	19
较低水平	$C_i < 0.35$	吉林、宁夏、新疆、甘肃、云南、辽宁、山西、西藏	8

综上分析，我国31个省区市农业农村现代化水平呈现自东向西逐步降低的分布格局，农业农村现代化水平处于中等偏上的省份主要分布在经济发达的东部、中部地区，这些区域依靠相对完善的农业基础设施和地理区位优势在推动农业和农村现代化进程中取得了一定成果；广大中西部地区农村基础设施相对薄弱，公共服务、交通通信等关键领域起步较晚，且农业资源环境的复杂性和不稳定性造成农业现代化进程较为缓慢，因而农业农村现代化发展滞后。除此之外，通过对比农业现代化 C_i 值和农村现代化 C_i 值发现，农村现代化总体水平高于农业现代化总体水平，需在发挥传统农业生产优势的基础上，从农业机械化、品牌化、规模化等方面发力，打造现代农业发展新高地。

2. 河北省农业农村现代化水平演进分析

农业现代化方面，2016~2020年河北省农业现代化发展呈现先下降后缓慢上升的趋势，C_i值最低为2017年的0.106，最高为2016年的0.539，主要与选取的指标有关，如人均粮食、肉类和蔬菜产量的波动，以及土地流转率的波动等会引起C_i值的变动。根据指标体系测算河北省暂无农业现代化高水平和良好水平的年份；处于农业现代化中等水平的年份为2016年、2019年和2020年共3年；处于农业现代化较低水平的年份为2017年和2018年共2年。

农村现代化方面，2016~2020年河北省农村现代化水平在波动中呈现大幅上升态势，C_i值最低为2017年的0.201，最高为2020年的0.731。根据选取指标体系测算河北省暂无农村现代化高水平的年份；处于农村现代化良好水平的年份为2020年；处于农村现代化中等水平的年份为2020年；处于农村现代化较低水平的年份为2016年、2017年和2018年共3年。

表5　2016~2020年河北省农业农村现代化水平评价

年份	农业现代化C_i值			农村现代化C_i值					综合C_i值
	综合	数量	质量	综合	农民收入消费现代化	农村生活设施现代化	农村公共服务现代化	城乡融合发展	
2016	0.539	0.606	0.272	0.258	0.343	0.577	0.324	0.028	0.431
2017	0.106	0.298	0.069	0.201	0.443	0.419	0.290	0.118	0.303
2018	0.340	0.376	0.548	0.207	0.632	0.307	0.260	0.234	0.373
2019	0.385	0.283	0.797	0.464	0.835	0.515	0.321	0.498	0.465
2020	0.483	0.354	0.983	0.731	0.476	0.451	0.741	0.958	0.567

农业农村现代化方面，2016~2020年河北省农业农村现代化水平呈现波动上升趋势，C_i值最低为2017年的0.303，最高为2020年的0.567，2017年C_i值（0.303）比2016年（0.431）明显下降，可能与人均蔬菜产量下降、农业土地产出率和农业劳动生产率下降、农药和农用化肥施用强度增强等因

素有关。2016~2020年河北省暂无农业农村现代化高水平的年份；处于农业农村现代化良好水平的年份为2020年；处于农业农村现代化中等水平的年份为2016年、2018年和2019年共3年；处于农业农村现代化较低水平的年份为2017年。

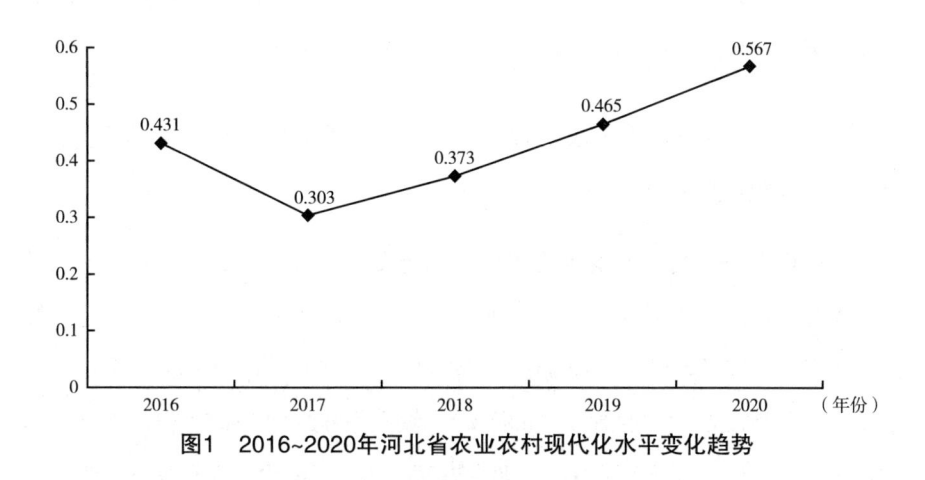

图1 2016~2020年河北省农业农村现代化水平变化趋势

综上分析，2016~2020年，河北省农业农村现代化水平呈现稳中向好趋势，农业农村现代化 C_i 值实现由0.303到0.465再到0.567的转变，农业农村现代化水平实现了由较低到中等再到良好水平的跨越。未来，要在农业现代化和农村现代化方面持续发力，坚决守住粮食安全、耕地保护和防止规模性返贫三条底线，着力深化农业供给侧结构性改革，有效激发农村资源要素活力，着力推动河北省农业农村现代化向高水平迈进。

二 河北省农业农村现代化农户调查分析

为深入了解全省农业农村现代化基本情况，采取问卷调查与实地访谈相结合的形式进行农户调查，采用分层随机抽样方法，充分考虑不同地域、村庄分布、经济状况差异等因素，选择全省11个市46个县（市、区）进行问卷配比，保证样本均匀分布、具有代表性。调查对象包括普通农户、种植大户、养殖大户、村干部和非种养产业类农户共五类，都是乡村振兴的参与者和受益者。采用调查员入户调查的方式，共收回有效调查问卷2087份。普通农户、种植大户、养殖大户、村干部和非种养产业类农户受教育程度在初中及以上的占比分别为83.58%、89.68%、86.54%、98.72%和91.63%，其中大专及以上占比分别为6.32%、6.88%、4.91%、20.94%和6.33%。

（一）乡村产业发展效果较好，但缺乏资金和项目仍是制约乡村产业发展的主要因素

乡村产业是乡村振兴的重要支撑。调研发现，河北省乡村产业整体发展较为理想，但仍存在制约因素。在调研的234名村干部中，制约乡村产业发展的主要因素分别是缺资金（32.05%）、缺项目（26.50%）、缺技术（11.11%）、缺龙头企业（7.26%）、耕地少（6.84%）、缺合作社或能人带动（5.98%）。其中资金、项目和技术缺乏是乡村产业发展面临的主要障碍。囿于乡村产业自身的弱质性、社会资金进入农业的限制性及农村内部资金不足等，乡村产业发展普遍面临资金缺乏问题。乡村产业相较于第二、第三产业更为单一且具有投资大、收益低的特点，农村一二三产业融合发展不足，加之农村基础设施建设相对滞后，导致投资农业的积极性不高。随着农业农村现代化进程的加快，农业技术创新及应用成为现代农业发展的重要标志。但受产业发展规模、资金支持以及农民自身素质的影响，缺技术仍是制约乡村产业发展的重要因素之一。

表6 制约乡村产业发展的主要因素

单位：%

项目	耕地少	缺资金	缺技术	缺项目	缺合作社或能人带动	缺龙头企业
比例	6.84	32.05	11.11	26.50	5.98	7.26

（二）乡村产业分化特征显著，乡村产业结构日趋合理

河北省乡村产业呈现明显的分化趋势，产业结构日趋合理。调研发现，在被调查的475户普通农户中，从事种植业的农户比例为97.89%，从事畜牧业的农户比例为98.53%，从事非种植业畜牧业的农户比例为93.05%。进一步分析农户具体种植作物、养殖类型和从事非农工作类型发现，第一，种植农户以种植小麦、玉米大田作物为主（76.56%），蔬菜（18.92%）、果树（9.89%）、中药材（4.95%）、苗木花卉（4.09%）和蘑菇（1.72%）经济作物为辅。第二，养殖农户主要养殖猪（37.82%）、羊（26.71%）、鸡（21.58%）和牛（18.16%）等常见畜禽。第三，参与非农生产的农户多从事个体经营、服务行业等。总之，乡村产业分化特征明显，产业结构日趋合理，由单一化向多元化转变，适应消费升级转型需求。

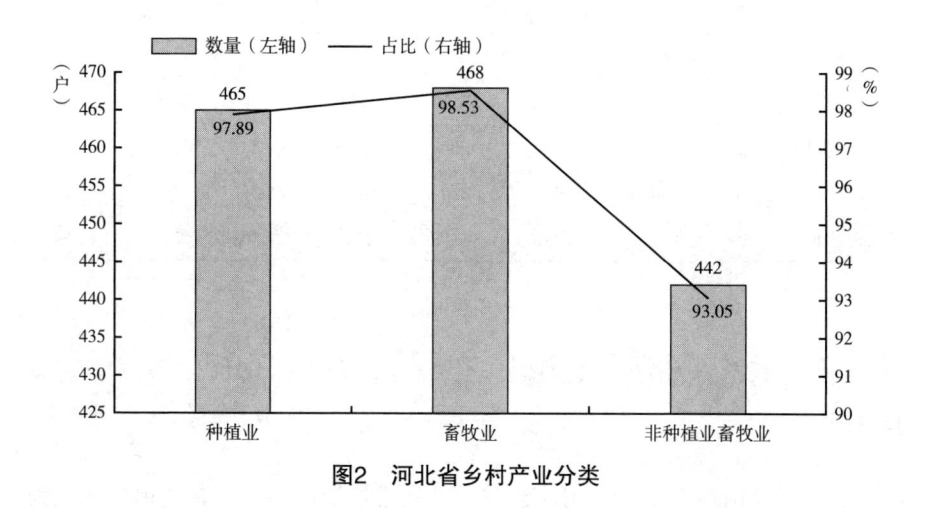

图2 河北省乡村产业分类

（三）不同类型农户农业资金需求存在差异，但普遍对未来扩大投资意愿不高

不同类型农户的农业资金需求存在差异，其中畜牧业（53.21%）需求最

强烈，其次是种植业（48.60%）和其他产业（42.08%），51.40%的种植业农户和46.79%的畜牧业农户认为不缺农业资金。从未来1~3年投资意愿来看，整体投资意愿不高，投资意愿最强的畜牧业仅为43.80%，未超过半数。综合分析农户农业资金需求情况和未来投资计划发现，种植业中不缺农业资金的农户有239户，没有投资意愿的农户有169户，占比70.71%；畜牧业中不缺农业资金的农户有219户，没有投资意愿的农户有142户，占比64.84%；其他产业中不缺农业资金的农户有256户，没有投资意愿的农户有187户，占比73.05%。风险大、回报率低和缺乏资金是影响所有农户扩大投资的主要因素。另外，缺少销售渠道也是影响其他产业中农户扩大投资的主要原因之一。

表7 河北省农业资金需求及投资意愿情况

单位：户，%

指标	资金情况				未来1~3年投资意愿			
	不缺乏		缺乏		有		没有	
	户数	比例	户数	比例	户数	比例	户数	比例
种植业	239	51.40	226	48.60	202	43.44	263	56.56
畜牧业	219	46.79	249	53.21	205	43.80	263	56.20
其他产业	256	57.92	186	42.08	151	34.16	291	65.84

（四）农畜产品销售渠道仍以传统方式为主，现代化销售渠道应用较少

农畜产品销售以商贩上门收购和自己到市场销售为主、其他销售方式为辅，但订单销售、电商销售等现代化销售方式利用程度不够。另外，农产品和畜产品的主要销售方式存在差异。农产品销售渠道中商贩上门收购占68.17%，自己到市场销售占21.29%，现代化销售渠道中电商销售仅占0.65%。与农产品不同，畜产品多数属于活物、自行销售难度较大，以商贩上门收购为主。

畜产品销售渠道中商贩上门收购占比高达83.97%，此外电商销售渠道仅占0.64%。

表8　河北省农畜产品主要销售渠道

单位：%

类别	商贩上门收购	订单销售	合作社销售	自己到市场销售	电商销售	其他
农产品	68.17	4.09	4.09	21.29	0.65	1.72
畜产品	83.97	6.2	2.35	5.98	0.64	0.85

（五）产业和人才是乡村振兴的重点和难点

人才振兴为产业发展提供人力、先进的技术和管理经验，而产业振兴是实现乡村全面振兴的重要内容。调研发现，普通农户（62.74%）和村干部（64.96%）均认为产业是乡村振兴的重要内容。24.42%的普通农户和23.93%的村干部认为人才是乡村振兴的重要内容。文化、生态和党建"软实力"对乡村振兴具有重大影响。12.84%的普通农户和11.11%的村干部认为文化、生态和党建是乡村振兴中不可忽视的内容。

表9　乡村振兴的重要内容

单位：户，%

项目		产业	人才	文化	生态	党建
普通农户	数量	298	116	21	31	9
	比例	62.74	24.42	4.42	6.53	1.89
村干部	数量	152	56	3	16	7
	比例	64.96	23.93	1.28	6.84	2.99

（六）农产品交易较为方便，但农产品储存和加工仍存在不足

农产品不易储存、易腐烂、高损耗率和高流通成本的特点，决定了农产

品对销售、储存和加工有更高的要求。集物流、商流、信息流和资金流于一体的农产品交易市场，是有利于解决农产品生产的区域性、集中性与农产品消费的广泛性、分散性矛盾的有效组织形式。调研样本中村或乡镇附近有农产品交易市场的比例为63.68%，一定程度上便于当地农产品的销售和降低农产品损耗。农产品交易市场便于鲜活农产品的交易，冷库储存和农产品加工更适宜于长途运输、错季销售的农产品，可延长农产品的销售周期。调研村或乡镇附近有冷库和农产品加工企业的比例均为35.47%。与农产品交易市场数量相比，冷库和农产品加工企业相对不足，导致农产品损耗增加，农民收入减少，也反映出农村一二三产业融合发展不足。

表10　农产品交易、冷库储存和加工情况

单位：%

项目	有	没有	不清楚
农产品交易市场	63.68	35.47	0.85
冷库	35.47	58.12	6.41
农产品加工企业	35.47	58.97	5.56

（七）乡村振兴取得成效，但村内街道和排水设施等基础设施建设及推动乡村产业振兴方面需进一步加强

普通农户和村干部对河北省乡村振兴取得的主要成效的认可度基本一致，主要表现为村庄基础设施（87.16%、90.17%）、村庄环境（74.11%、85.04%）和帮助农户脱贫（33.05%、52.56%）等方面。调研发现，在部分基础设施建设和推动产业兴旺方面仍需进一步加强。调研显示，475户普通农户和234名村干部认为村内街道、胡同（34.95%、35.04%），排水设施（16.21%、18.8%），田间道路（15.37%、18.8%），农田灌溉设施（23.79%、16.24%）等需要改善。增加农业农村基础设施建设投入，促进基础设施提档升级，为乡村振兴提供了必要条件。

产业兴旺是乡村振兴的基础，对于"您认为目前推动农村产业发展兴旺最应该做什么"问题，普通农户占比居前的是引进优秀人才（18.53%）、发展集体经济（18.32%）和提高农产品价格（12%），村干部占比居前的是发展集体经济（24.79%）、引进优秀人才（16.24%）、加大财政支持力度（14.53%）和引进项目（14.53%）。由此可以看出，普通村民和村干部都关心集体经济发展和人才引进情况，此两项不仅关系到整个村集体的发展，也关系到普通村民的生产和权益。普通村民更关注与自身利益密切相关的农产品价格，村干部则更关注整个村集体发展情况，通过加大财政支持力度和引进项目促进整个村经济发展。

表11 河北省农业资金及未来投资情况：基础设施建设和推动产业兴旺

单位：%

指标	基础设施建设				推动产业兴旺				
	村内街道、胡同	农田灌溉设施	田间道路	排水设施	引进优秀人才	发展集体经济	引进项目	加大财政支持力度	提高农产品价格
普通农户	34.95	23.79	15.37	16.21	18.53	18.32	11.37	11.58	12.00
村干部	35.04	16.24	18.80	18.80	16.24	24.79	14.53	14.53	5.56

（八）农民专业合作社带动效果不明显，且农民对下一代继续从事农业的意愿并不强烈

根据调研样本分析，农民参与农民专业合作社的积极性不高，导致农民专业合作社的带动效果不显著。另外，鉴于农业是收益相对较低、风险较大的行业，调研中农民对下一代继续从事农业生产的意愿并不强烈。种植业农户、畜牧业农户和其他产业农户参加农民专业合作社的比例分别为33.76%、19.23%和24.21%。理论上，农民专业合作社作为农村内生性互助经济组织，是带动农村产业发展，促进农民组织化的重要载体。实践中，农民专业合作社在种植业、畜牧业和其他产业中起到的带动作用为"大"的比例分别

为 20.00%、16.67% 和 13.57%,为"没有作用"的分别占 17.85%、16.67% 和 13.80%。由此可知,农民专业合作社的带动作用仍待加强。

另外,大多数被调查者表示不愿意下一代继续从事农业相关工作,其中畜牧业农户该比例为 81.20%,种植业农户为 80.00%,其他产业农户为 73.08%。随着经济社会发展和国家对农业重视程度的提高,人们对从事农业相关工作的认识有一定程度的改变。这也在一定程度上反映出乡村振兴不仅要振兴产业,更要从思想认识、公共服务、基础设施、生活保障等多个方面发力,助力实现共同富裕。

表12 农民专业合作社参加和带动情况及农民对下一代从事农业意愿

单位:%

类别	农民专业合作社					下一代从事农业意愿	
	参与率	带动作用				愿意	不愿意
		大	一般	小	没有作用		
种植业	33.76	20.00	52.9	9.25	17.85	20.00	80.00
畜牧业	19.23	16.67	60.9	5.77	16.67	18.80	81.20
其他产业	24.21	13.57	63.8	8.82	13.80	26.92	73.08

综上,河北省乡村产业整体呈现良好发展态势,为实现乡村振兴奠定了坚实的基础。乡村产业呈现产业结构优化、农产品交易便利等特征,河北省乡村产业进一步向优质、高效、绿色方向发展,但也存在缺乏资金、技术、人才等问题。如何突破农村产业发展瓶颈是河北省乡村产业当前亟待解决的问题,也是未来发展的着力点。

三 河北省加快推进农业农村现代化的重点举措

河北省实施乡村振兴战略取得了阶段性成效,但也存在一些短板弱项,农业结构有待进一步优化。河北立足省情农情,科学研判乡村振兴总体情况及农业农村现代化进展，开创新发展阶段全省乡村振兴新格局，紧紧扭住农村产业、乡村建设、乡村治理和要素保障机制四大着力点，实现农业农村高质量发展。

（一）深入推进农村供给侧结构性改革，提高农业综合生产能力

深入推进农村供给侧结构性改革，"不是简单地少种点什么、多种点什么，或寻求总量平衡、数量满足，而是涵盖范围广、触及层次深的一场全方位变革"。通过稳粮保供，调优结构、调好方式、调顺体系，提高农业综合生产能力。

一是稳定粮食生产能力。落实粮食安全党政同责，实施粮食稳产专项行动，将粮食生产任务分解到市县、落实到地块，压实粮食生产属地责任，稳定粮食播种面积，提高单产水平，确保完成国家下达的面积和产量任务。落实农业补贴、小麦最低收购价等惠农政策。在产粮大县全面推行小麦、玉米、稻谷三大粮食作物完全成本保险，开展粮食种植收入保险试点。加大政策支持力度，相关农业资金向粮食生产功能区倾斜，优先支持粮食生产功能区内目标作物种植。在粮食生产主产区整村整乡整县连片地区，开展集农资供应、技术指导、病虫害防治、农产品营销等于一体的全产业链托管服务，推进粮食生产经营规模化。

二是做大做强特色优势产业。优化农业产业布局，引导特色优势产业集聚发展。按照规模化、集约化、融合化的发展思路，集聚科技、绿色、品牌、质量发展要素，集中打造优质专用小麦、优质谷子、精品蔬菜、道地中药材、优势食用菌、沙地梨、优质专用葡萄、山地苹果、高端乳品、优质生猪、优质蛋鸡、特色水产等特色优势产业集群。从土壤环境、种质资源、标准规程、种养技术、现代装备、品牌包装等关键环节入手，全方位打造绿色优质农产品生产基地。完善国家、省、市、县级园区创建体系，依托特色优势产业规模化种养基地，聚焦现代生产要素，建设集"生产+加工+科技"于一体的现代农业园区和现代农业示范园区，发挥技术集成、产业融合、创业平台的作用，打

造特色优势产业发展高地。

三是促进农村一二三产业融合发展。积极创建农业发展融合示范园区，加强农业多功能开发，建成促进一二三产业融合发展的综合性园区。坚持粮头食尾、农头工尾，推进延链补链强链，构建完善的物流配送体系和骨干销售渠道，建设一批产加销贯通、贸工农一体的农产品加工园区。把握世界级城市群发展机遇，紧跟消费需求升级，瞄准"吃、住、行、游、购、娱、体、疗、学"，充分挖掘农业的生态涵养价值、休闲价值和文化传承价值，推动农业与农产品加工、观光休闲、旅游度假、研学教育、文化创意、健康养老等行业深度融合，积极发展景观农业、科普农业、定制农业等新业态，全力打造体现河北精神、彰显燕赵文化的休闲农业产业。

四是加快培育新型农业经营主体。积极发展家庭农场和农民专业合作社。引导高素质农民和各类人才创办家庭农场。完善家庭农场名录管理制度，实现随时填报、动态更新和精准服务。支持农民专业合作社依法自愿组建联合社，扩大合作规模，提升合作层次。发展壮大农业生产性服务人才队伍，鼓励家庭农场、合作社、农业企业、涉农科研院所领办创办各种形式的专业化服务组织，不断提高农业社会化服务标准化水平。支持龙头企业牵头组建农业产业化联合体，大力推广"龙头企业+合作社+基地+农户""四位一体"的经营模式。构建产业化联合体内部分工协作、优势互补、联系紧密的利益共同体，推动全产业链一体化经营。

（二）大力实施乡村建设行动，为乡村发展添"智"提"质"

实施乡村建设行动是推进农业农村现代化的重要抓手。实施乡村建设行动，以县域内统筹为重点，加强规划引导，促进城乡基础设施互通互联，提升城乡基本公共服务均等化水平，全面改善人居环境，注重加强普惠性、兜底性、基础性民生建设。

一是分类推进村庄规划建设。建设乡村，规划先行。根据乡村发展演变趋势，合理确定村庄分类，因村施策，精准编制。将村庄按特点分为城郊融合类、集聚提升类、特色保护类、保留改善类、搬迁撤并类。尊重各类村庄现状，不搞"千村一面"，注重保留"乡土"味道，让乡村"望得见山、看得见水、留得住乡愁"。乡村建设是为农民而建，一定要尊重农民意愿，因地制宜、稳扎稳打。各地各部门要严格规范村庄撤并，不得违背农民意愿、强迫农民"上楼"，把好事办好、把实事办实。

二是整治提升农村人居环境。坚持"数量服从质量，不求快"原则，充分考虑自然地理条件、风俗生活习惯和群众意愿，推进农村户用厕所改造。加快研发高寒缺水地区改厕模式和技术、产品。推进农村厕所革命与生活污水治理有机衔接，因地制宜推进厕所粪污分类处理。江河湖长制组织体系向农村河湖延伸。大力推行"村收集、乡镇转运、县集中处理"的城乡一体化农村生活垃圾治理模式。以"五清三建一改"为主要内容，深入开展村庄清洁和绿化行动。突出重点区域，抓点促面、成线连片，高标准高质量推进美丽乡村建设。

三是加强乡村公共基础设施建设。推动交通建设项目进村入户，进一步提高农村公路通达深度。科学制定养护方案，定期开展路况检测评定，落实管养主体责任。实施规模化供水工程和小型工程标准化改造，积极推进城乡一体化和区域规模化供水。继续推进全省农村生活水源江水置换行动，健全农村水价形成、水费收缴机制，完善工程长效管护机制，确保让农村群众用上安全水、放心水。加大农村电网建设力度，优化电网设施布局。加快推进燃气下乡，支持建设安全可靠的乡村储气罐站和微管网供气系统。加快农村数字基础设施建设，推进乡村管理服务数字化。发展线下线上相结合的乡村数字服务网点。

四是推进城乡基本公共服务均等化。通过改建、扩建和新建方式，分期分批次改善全省农村幼儿园办学条件。开展农村教育质量提升行动。加强村卫生室标准化建设，依托现有资源，选建一批中心卫生院，建设一批农村县域医疗卫生次中心。加快县域紧密型医共体建设，提高县级医院医疗服务水平。提高县（市、区）妇幼保健机构服务能力。提高农村社会保障水平。完善城乡居民基本医疗保险制度，合理提高政府补助标准和个人缴费标准，健全重大疾病医疗保险制度。推进县、乡、村三级养老服务网络建设,发展农村普惠性养老服务和互助性养老服务,加大居家养老支持力度。

(三)健全乡村治理体系,筑牢乡村振兴基石

乡村治,百姓安,国家稳。乡村治理是国家治理的基石,也是乡村振兴的基础。在乡村振兴战略背景下,从乡村社会所处发展阶段的实际出发,遵循乡村社会发展规律,着力构建以党的基层组织为核心、以村民自治组织为主体、以乡村法治为准绳、以德治为基础的乡村治理体系。

一是构建村民自治管理体系。加强农村基层组织建设。健全村党组织、村民委员会、村务监督委员会、合作社、服务站协调联动的村级治理体系,提高村级自我发展、自我服务能力。健全村级议事协商制度,全面推广"四议两公开"工作法,促进村务公开透明。健全监督监管制度。规范村级组织工作事务,切实减轻村级组织负担。构建完善的农村突发事件应急处置机制,健全应急预案,有效应对自然灾害、事故灾难和社会安全事件。加强道路交通管理、农村消防、农业安全生产工作,严防安全事故发生。强化安全宣传教育,提升农民群众的安全意识和能力。

二是全面提升乡村治理现代化水平。充实乡村人民调解组织队伍,构建一站式多元化矛盾纠纷化解机制。加强平安乡村建设,坚持和发展新时代"枫桥经验",健全农村矛盾纠纷排查调处机制,加强农村矛盾纠纷联合化解体系建设,常态化开展婚姻家庭、邻里关系、土地资源权属等矛盾纠纷的排查梳理,有效化解社会矛盾。深化农村网格化管理服务,推进农村基层管理服务全覆盖。防范黑恶势力、家族宗族势力等对农村基层政权的侵蚀和影响。依法严厉打击农村黄赌毒和侵害农村妇女儿童人身权利的违法犯罪行为。深入推进宗教领域专项整治和系统治理,依法制止利用宗教、邪教干预农村公共事务。

三是塑造乡村德治秩序。采取符合河北农村特点的方式,深入开展习近平新时代中国特色社会主义思想学习教育。依托新时代文明实践中心、县级融媒体中心等平台开展对象化分众化宣传教育,弘扬和践行社会主义核心价值观。

在乡村创新开展"听党话、感党恩、跟党走"宣传教育活动。深入实施农耕文化传承保护工程，加强农业文化遗产发掘认定和转化创新。引导农民依托特色历史文化资源，发展农村文化产业。推广积分制等治理方式，有效发挥村规民约、家庭家教家风的作用，推进农村婚俗改革试点和殡葬习俗改革，开展高价彩礼、大操大办等移风易俗领域突出问题的专项治理。

（四）健全乡村振兴要素投入保障机制，筑牢乡村振兴"三大保障"

实施乡村振兴战略的核心是要把发展要素从农村向城市单向流动转变为发展要素在城乡双向流动，激活市场，激活要素，激活主体，强化城乡要素平等交换、双向流动的体制机制创新。

一是强化乡村振兴人才保障。健全适合乡村特点的人才培养机制，强化人才服务乡村激励，实施高素质农民培育计划、乡村产业振兴带头人培育"头雁"项目、乡村振兴青春建功行动、乡村振兴巾帼行动等，推动乡村振兴各领域人才队伍不断壮大、整体素质稳步提升、人才结构持续优化。利用选调生招录、高校毕业生"三支一扶"等政策，引进专业人才进入"三农"工作队伍。落实县级以下事业单位管理岗位职员等级晋升制度。开展专家服务基层活动，举办乡村振兴高级研修班。建立科研人员入乡兼职兼薪和离岗创业制度。允许入乡就业创业人员在原籍地或创业就业地落户并享受相关权益。支持办好涉农高等学校和职业教育，培养乡村规划、设计、建设、管理等领域的专业人才和乡土人才。

二是强化乡村振兴用地保障。市、县安排不低于10%的新增建设用地指标，保障乡村重点产业和项目用地。县、乡级国土空间规划安排不低于10%的建设用地指标，重点保障乡村产业发展用地。各地可在乡镇国土空间规划和村庄规划中预留不超过5%的建设用地机动指标，重点保障村民居住、农村公共设施和零星分散的乡村文旅设施完善、农村新产业新业态发展等。市县新增建设用地计划指标，优先保障乡村振兴用地需求。在符合国土空间规划的前提下，鼓励对依法登记的宅基地、乡镇企业用地、乡村公共设施和公益事业用地等农村建设用地，采取多种方式进行复合利用。稳妥有序地开展第二轮土地承包到期后再延长30年整县试点。稳步推进宅基地制度改革。盘活用好农村集体建设用地。

  三是强化乡村振兴投入保障。继续把农业农村作为一般公共预算优先保障领域，完善涉农资金统筹整合长效机制。土地出让收益优先支持乡村振兴，逐步提高各级各地土地出让收益用于农业农村比例。对机构法人在县域、业务在县域、资金主要用于乡村振兴的地方法人金融机构，加大对其支农支小再贷款、再贴现支持力度，引导从农村吸储的资金主要用于支持乡村振兴。推广"政银担"金融支农模式，发挥"裕农通（河北）"平台作用。加强涉农信贷风险市场化分担和补偿，做大面向新型农业经营主体的担保业务。支持金融机构探索农业农村基础设施中长期信贷模式。发展农业保险和再保险，因地制宜开展地方特色优势农产品保险。推进农业保险与信贷、担保、期货（权）等金融工具联动，扩大"保险+期货"试点范围，探索"订单农业+保险+期货（权）"试点。

数字科技赋能江苏率先实现农业现代化的现状、挑战与对策*

赵锦春**

摘　要：数字化转型是现代农业发展的必然趋势，更是夯实农业强国科技创新基石的关键。本文采用实地调研与问卷调查方法研究江苏数字农业科技创新推进农业现代化发展的现状与挑战。江苏农机装备产业快速发展、农业数据综合服务体系日臻完善，各地积极探索"无人化农场"、智慧农机服务、农业数据应用等领域，数字科技赋能农业现代化能力不断提升。实践中，新型农业经营主体对可用性强、运维成本低、高质高效的数字农机软硬件装备需求迫切。但农业数据资源利用水平不高、全产业链条数据贯通能力不足、数字科技自主创新能力较弱仍是制约江苏数字科技赋能农业现代化发展的主要挑战。分析表明，应加快农村信息基础设施改造升级，加强数字农业共性关键核心技术研

---

* 2022年国家社科基金一般项目"农户分化视角下农村低收入人口迈向共同富裕的路径与政策研究"（项目批准号：22BGL026）、2022年江苏省社科基金重大项目"江苏率先全面实施乡村振兴战略研究"（项目批准号：22ZDA004）、2023年江苏省社会科学院书记省长圈定课题"加快数字农业科技创新推动我省率先实现农业现代化的对策"的阶段性研究成果。

** 赵锦春，江苏省社会科学院农村发展研究所副研究员，南京大学理论经济学博士后，主要研究方向为数字经济与城乡融合发展。

发，增补数字化智能农机补贴目录，构建农业全产业链协同创新机制，优化数字农业政策支撑体系，打造数字科技赋能率先实现农业现代化的江苏范例。

关键词： 数字科技赋能　数字农机装备　数字科技应用　农业现代化

一　问题提出

2023年7月，江苏出台《高水平建设农业强省行动方案》，提出要推进农业现代化走在前列，到2030年，在全国率先基本实现农业现代化，高水平建设农业强省。作为全国13个粮食主产区之一，江苏农业资源优势得天独厚，以占全国3.2%的耕地，生产了全国5.5%的粮食，实现了人口密度最大省份"口粮自给、略有盈余"，连续9年粮食总产量保持在700亿斤以上。近年来，数字科技赋能为江苏由农业大省向农业强省转型奠定了坚实的科创基础。[1]2010~2021年，江苏农业单位劳动生产率由2.34万元/人上升至7.50万元/人，增长约2.2倍，年均增幅14.2%[2]。截至"十三五"期末，规模设施农业物联网技术应用面积占比达22.7%，数字农业农村发展水平达65.4%，数字农业发展与技术应用水平位居全国前列。[3]2022年，江苏农业科技进步贡献率达71.8%。农作物耕种收综合机械化率达到85%，设施农业、林果业、畜牧业、渔业和农产品初加工总体机械化率达到62%，超过全国平均水平20个百分点。[4]随着工业智能化转型并向"三农"领域的持续延伸，数字科技赋能下的数字农业技术应用已成为汇聚信息化技术、运用新型工业化范式，助力农业

---

[1] 王惠清：《江苏省农机装备工业发展战略研究》，《安徽农业科学》2012年第6期。
[2] 使用农业增加值与农业从业人员比值表示农业单位劳动生产率，原始数据来自《江苏统计年鉴》，经笔者计算后所得。
[3] 北京大学新农村发展研究院数字乡村项目组：《县域数字乡村指数（2020）研究报告》，2020年5月。
[4] 《高水平建设农业强省！到2030年，江苏将在全国率先基本实现农业现代化》，《现代快报》2023年7月19日。

现代化的"智能高峰"。[①]大力发展智能农机装备,以数字科技赋能农业现代化是最具中国式"四化"同步特征的核心范畴。研究如何加快推进数字科技赋能江苏率先实现农业现代化,加快"农业强省"建设无疑具有重大理论与现实意义。

鉴于此,结合2023年5月江苏省社会科学院农村发展研究所针对数字农业科技创新推进江苏农业现代化发展所开展的实地调研,总结江苏数字科技赋能现代农业发展实践,基于问卷调查,剖析微观主体数字农机应用情况与政策诉求,揭示数字科技赋能江苏农业现代化面临的挑战,以此提出以数字科技赋能江苏农业现代化发展的建议。

二 江苏数字科技赋能现代农业发展现状

(一)数字农业发展水平与趋势

1. 数字农业装备产业快速发展

一是农业机械装备产业规模稳步增长。2021年,全省农机装备产业按大农机统计口径实现营业收入1144亿元,按中机联统计口径为630亿元,"十三五"期间年均增长分别为5%和5.2%。二是智能农机装备技术创新实现新突破。2021年以来,陆续设立8个省级农机装备与技术创新中心。农机工业系统30多项新成果获国家和省部级科技奖励,40多种新产品获行业组织颁发的科技奖励,累计获得国家和各级政府部门支持技术创新项目资金2亿多元,建成国家和省市级技术创新中心及工程技术中心30多家,10余项自主农机研发技术装备被推广运用。持续推进物联网、大数据、云计算、人工智能等与现代农业融合创新。

[①] 王永贵、汪淋淋:《"数字化赋能"助力解决发展不平衡不充分问题》,《光明日报》2021年8月17日;李三希、黄卓:《数字经济与高质量发展:机制与证据》,《经济学(季刊)》2022年第5期。

2.农业数据综合服务持续优化

一是发挥政府数字服务的中枢作用。围绕"六个1+N"建设"苏农云"平台，构建了覆盖全省的江苏农业农村"智慧大脑"、涉农数据"共享中枢"、行业管理决策"指挥中心"。二是生产经营主体数字化服务质量不断提升。通过建立信息化服务平台，发展规模化生产、标准化协作的"云服务"模式，提升生产性社会化服务能力，促进农业生产提质增效。三是推行电商新业态数字服务模式。陆续支持生产经营主体、电商企业发展农产品"生鲜电商＋冷链宅配""中央厨房＋食材冷链配送"等新业态，持续推广直播带货、社交营销等农产品营销新模式。[①]聚焦打造农业电商产业综合载体平台，支持一批配套完善、模式新颖、竞争力强的农业电商产业园、电商孵化园快速发展。

（二）数字科技助力农业现代化的江苏实践

1."无人化农场"赋能农业生产体系

目前，江苏10余种农业机器人入选农业机械化管理司农业机器人优秀应用场景名录。[②]2023年，在江苏公布的145家农业生产全程机械化智能化示范基地中，粮食生产"无人化农场"10家，占比6.9%。畜禽养殖46家、蔬菜生产20家、水产养殖26家、果茶桑生产35家、特粮特经8家，分别占比31.7%、13.8%、17.9%、24.1%和5.5%。[③]比如，南通通州粮食种植家庭农场广泛应用无人插秧机、无人植保机，通州建成粮食生产"无人化"农场6个，是江苏粮食生产全程机械化示范区。作为农作物生产全程机械化示范县，宿迁泗阳2023年夏播累计投入拖拉机、秸秆还田机、播

[①] 唐跃桓、杨其静、李秋芸等：《电子商务发展与农民增收——基于电子商务进农村综合示范政策的考察》，《中国农经经济》2020年第6期。
[②] 《关于农业领域机器人应用优秀场景名单的公示》，中华人民共和国农业农村部农业机械化管理司网站，2022年6月14日。
[③] 江苏省农业农村厅：《第二批省农业生产全程机械化智能化示范基地（园区）名单》，2023年4月11日。

种机、整地机、撒肥机、开沟机等 5200 台（套），智能农机使用占比超 85%。2023 年无锡太湖水稻示范园粮食生产"无人化"农场新增无人化装备 7 台，升级改造设备 15 台，利用 5G 低时延，已实现远距离实时集群化"大田作业"。

2. 智慧农机服务赋能农业经营体系

2023 年，江苏农业生产托管服务的土地面积已达 2900 余万亩，各类农业生产托管服务的主体超过 1 万个。目前，各地发挥服务主体自身优势，因地制宜发展形成了单环节、多环节、全程托管等成熟的服务模式，探索"科技＋服务""农资＋服务""农机＋服务""互联网＋服务"模式。比如，南京六合组织大数据企业为种粮农民提供"代清理、代干燥、代储存、代加工、代销售""五代"服务，形成"1+N+X"组织模式，即"1 个核心成员 +N 个经营主体 +X 项功能布局"，构建"全程覆盖、区域集成、配套完备、信息共享"的智慧农业社会化服务体系。连云港市供销合作总社依托农业信息化平台建立"智能田管家"云平台，为农户及新型农业经营主体提供个性化服务，统一规划，统一技术服务，推动生产流程标准化和农产品质量标准化。

3. 农业数据应用赋能农业科技创新

基于农业物联网硬件设备自动采集大田的气象数据、土壤墒情数据、病虫害数据、作物生长数据、影像数据等，基于农业生产数据信息，利用现代建模技术，搭建"本土化"生产模型，构建全流程农业数据处理系统。比如，2022 年常州国家级数字农业试点项目实现生猪养殖数字化平台软硬件整合，攻克生猪养殖中缺乏有效及时的猪舍环境监控手段等数字物联网技术难题。淮安金湖利用农业物联网技术打通水稻种植与种业研发渠道，建成"育种—种植—品牌"种业全链条信息反馈机制，锻造"淮麦""淮稻""淮油""淮豆"等"种业芯片"102 个，保存种质资源 1.3 万多份。2023 年初，种子种苗生产经营及以种业引领一二三产业融合发展而形成的延伸产业总产值达 92.45 亿元，种植业占比 31.24%。

三 数字化农机装备应用与政策诉求——基于新型经营主体的问卷调查

(一) 数字农业技术应用特点

1. 高附加值农业应用较多

课题组赴无锡开展苏南新型农业经营主体数字农机装备问卷调查发现,种植养殖业等多个农业生产领域均有应用。粮食业应用主体最多,占比50%。果蔬等经济作物应用主体占比33.3%。依托水稻、水蜜桃、枇杷等无锡当地特色农产品生产开展数字农机装备应用是苏南新型农业经营主体应用数字农业技术的主要模式。另外,在全省范围内的问卷调查发现,农业物联网技术装备应用主体,在种植业中,蔬菜种植最多,占比66.7%,其次为花卉苗木种植,占比36.7%,茶园、食用菌种植也有一定比例;在畜牧业中,养猪最多,占比52%,其次为养鸡,占比40%;水产业中,养鱼、养虾、养蟹的比例基本持平,均占比25%。数字农业技术在苏南单位面积产出较高的高效农业、设施农业中应用较广泛,在苏北大田种植领域的应用较为广泛。

2. 应用涉及产供销各环节

新型农业经营主体的数字农业技术与装备应用涉及农产品生产、加工与销售各个环节。农产品加工与销售是数字农业技术软件系统应用的主要场景。农业生产环节则主要依赖农业物联网等硬件装备进行科学监管。具体而言,第一,在农产品生产环节,土壤环境监测、气象数据监测、养殖水环境监测以及农药使用监测应用分别占比60%、40%、20%和20%。应用两项以上数字农业技术的新型经营主体占比在50%以上。第二,在农产品加工环节,原料投入监管、产品质量追溯、全程质量管理、产品品牌管理和新产品研发应用分别占比80%、60%、60%、40%和40%。应用两项以上数字农业技术的新型经营主体占比75%。第三,在农产品销售环节,市场供需信息采集、农产品价格监测预警、农产品资源信息平台共享、仓储运输配送节点管理、营销全程数据信息采集应用占比则分别为60%、40%、60%、40%、40%，被调查经营主体在销售环节均有数字农业技术应用。

（二）数字农业技术需求前景

1. 农业综合效益提升明显

对于"数字农业技术应用的综合效果"，被调查经营主体中选"简化农业生产过程管理，省时、省力"的占比100%，选"农产品质量显著提高"的占比80%，选"农业机械运行效率提高"的占比60%，选"作物施肥更加精准"的占比40%，选"化肥农药污染程度大大降低"的占比33.3%。可见，数字农业技术在"简化农业生产过程管理，省时、省力"和"农产品质量显著提高"上的优势获得经营主体的普遍认可。此外，智能化、绿色化装备技术应用成效受现有技术研发和推广水平的限制。实地考察和问卷调查都表明，数字农业技术示范应用具有明显的经济与社会效益，突出表现为：其一，经济效益，即提高农业产量、降低成本。通过农业物联网精细化的种植培育和科学的监控管理模式，可以提高农产品的产量，降低农业生产各个环节的成本。其二，社会效益，即整合农业生产信息资源，加强农业数字信息资源基础研究、数据开发和拓展利用。通过数字农业技术装备应用管理，大幅减少资源浪费，显著改善农业面源污染问题，产生良好的生态效益。

2. 自愿主动应用主体增多

关于"数字农业技术的应用意愿"，被调查新型农业经营主体均表示生产需要是自愿应用数字农业技术的主要动机，也有50%的新型农业经营主体表示有关部门的试点安排也促进了数字农业技术应用。从应用时限看，在自愿应用的新型农业经营主体中，使用数字农业技术的平均时间在10年以上；有关部门试点安排下的应用主体平均时间在7年以上。此外，按行业分，在自愿应用物联网的企业中，渔业养殖、名特优水果主体较多，均占比25%。进一步发现，上述自愿应用数字农业技术的主体属于精准农业和高附加值农业领域。其中，SW早在20世纪90年代末就开展优质枇杷种植，采用"订单专供"销售模式，种植面积100亩，智能大棚装备总投资10万元，积累了近20年在枇杷生长各阶段的农业数据。LS大力发展智慧渔业，拥有670亩水域养殖面积，智慧渔业设备总投资1500万元。其中投入3000万元自主研发的明轮式巡航船已获国家专利。部门试点企业中，水稻种植业和农机合作社则均占比50%。单户水稻种植面积在100亩左右，农机合作社会化服务面积也在1000亩以上。

（三）数字农业技术应用政策诉求

1. 补贴应聚焦装备购置与技术应用

关于"您认为政府应该采取何种投资形式"，应答率100%。其中，选择"全面覆盖并直接补贴农业物联网装备购买和技术购买"的占比100%。选择"重点补贴农业物联网示范工程（示范区或示范基地）建设"以及"重点补贴已经有较大规模、较高效益的农业物联网企业（单位）"的均占比75%。这说明改变数字农机装备补贴形式、增加数字农机装备购置与应用补贴是促进数字农业技术应用的可行途径。此外，大部分经营主体支持增加对资金实力雄厚和单产效益较高的农业企业的数字农机装备补贴。这可能与高附加值农业数字农机装备应用水平更高有关。事实上，数字农机装备是提升农业企业生产效率、推动数字化转型的必然路径，不应也不宜采用"撒胡椒面"式的普惠式补贴政策。令课题组较为意外的是，选择"重点支持高等院校、科研院所等农业物联网技术研发和推广单位"的较少。这一结果也说明，江苏数字农业产学研协同攻关能力亟待提升，或存在科研开发与实际需求相脱节的问题。

2. 降本增效仍是数字农机研发重点

被调查经营主体对于现阶段数字农业技术设备生产研发的关切度同样较高。"提高设备的耐久度和稳定性"以及"提高设备的可操作性"是数字农业技术应用主体关注的焦点，占比均为100%。同时，75%的用户选择"降低设备的运行维护成本"和"降低设备的生产成本和价格"。50%的被调查者选择"提高设备的精确度和准确性"以及"提高设备的先进性"。上述结果说明，相较于更为高精尖的数字农业技术，江苏农业经营主体更为关注的是已有数字农机装备的整体质量、设备耐久性以及可操作性的提升。此外，居高不下的数字农机装备价格也会造成单位面积设备投入过大，技术应用效益短期内较难弥补设备投入成本，降低了数字农业技术的应用积极性。

3. 装备调控技术培训服务需求较强烈

一方面，被调查经营主体普遍反映需要政府提供数字农业技术支持。选择"农业智能化设备的使用和调控技术支持"、"农业互联网感知技术支持"以及"信息资源共享、互通支持"的比重较高，均达到75%。此外，选择"智能化专家决策咨询系统支持"以及"海量数据信息管理、数据资源虚拟化和智能信息推送技术支持"的占比均达到50%。另一方面，应用主体更希望政府以定期培训、维护的服务形式开展技术支持。其中，选择"富有针对性的农业物联网技术人员定期服务和设备维护服务"的占比50%，选择"高校和科研院所农业物联网专家深入企业（单位）的直接服务"的占比33.3%。值得一提的是，选择"建立面向大众的农业物联网综合服务平台"以及"富有针对性的网上交互服务"的较少。这说明受农业生产环境与生产过程复杂性的影响，新型农业经营主体对于数字农机装备的一线实操技术需求更强烈。

四 数字科技赋能江苏农业现代化面临的挑战

（一）数据资源利用水平有待提升

1. 农业数据标准规范匮乏

数字农业生产涉及的品类和品种繁多、工艺需求不一。各硬件设备厂商结合某一区域实际需求进行开发，软件商家再根据不同场景进行二次开发，形成了多个独立的农业信息化应用平台。这些平台收集的数据接入技术标准不统一，不同数字化设备互不兼容，特别是智能控制软件甚至存在"一个企业一个系统、一个用户一个版本"的现象，造成整体上重复建设，数字农业数据资源整合利用困难，信息平台间数据无法共享。① 比如，农业物联网装有温度、湿度和光照度等各类传感器设备，每时每刻都会产生大量的数据，但基本没有挖掘其作为大数据的价值。

2. 农业数据利用效率较低

市、县、乡镇和经营主体各层面的农业信息系统对接和统筹管理有待加强。数字农业数据资源的收集、管理与应用同样也较为分散，各行业主管部门各自收集本领域数据资源并建立数据库仍是主流方式，各部门农业数据资源的储存模式、统计标准也不完全统一。② 不同层面与部门农业数据资源以及多媒体数据资源较难得到有效整合利用，许多数据资源没有成为"大数据"，而是孤立的冗余数据，数据集成度不高、互联互通性差，这严重阻碍了数据协同应用水平，农业大数据平台尚未充分发挥其作用与优势，推进各部门涉农数据资源有效整合与开放共享势在必行。

（二）全产业链数据贯通能力不足

1. 生产监测数据分析能力不足

受农业传感器研发应用技术限制，目前对动植物生长环境方面的简单监测较多，对突发环境下的动态数据监测较少，农业生产综合环境动态监测系统的稳定性与实用性还有较大的提升空间。加之，农业生产环境监测中采集的信息包括针对监测平台中各种传感器所采集的图像、文本和音频等多源异构数据，为了提高数据的准确性和精准度，需要对数据先进行归一化与标准化等处理，同时，还需要进一步对重复的数据进行筛查和误差修正等处理，为数据挖掘和决策支持等技术提供数据支撑。③ 然而，目前上述数据信息处理与应用非常有限。

---

① 李文睿、周书俊：《论新发展格局下我国农业数字化转型》，《改革与战略》2022年第6期。
② 魏祥帅：《江苏农业物联网应用实践及发展探讨》，《江苏农村经济》2018年第11期。
③ 徐元明、孟静、赵锦春：《农业物联网：实施"互联网＋现代农业"的技术支撑——基于江苏省农业物联网示范应用的调查》，《现代经济探讨》2016年第5期。

2. 全产业链数据贯通能力弱

数字化在农业全产业链培育中的应用效率较低。物联网、云计算、大数据和移动互联等现代信息技术在农产品生产、加工、运输和销售等诸多环节的应用不足。[①]目前仅限于获取零散实时数据和一些整合的涉农历史数据，可用的有效数据不足且精准度较低。数据要素价值挖掘利用不够，难以做到装备之间数据互联互通。比如，通过一些AI智能算法理论上可以实现利用传感器设备、农业物联网装备来自动驱动农机装备，但实践操作层面上还不能达到这种要求。亟待完善数据、算力和算法三大要素相互支撑的运行系统，构建农业大数据采集、分析和应用三个环节闭环迭代系统，实现数字化信息平台之间的有效衔接与整合，利用农业大数据进行整体性和趋势性决策分析。

（三）数字科技自主创新能力较弱

1. 自主创新研发能力较弱

从事数字农业信息服务及信息产品开发的企业较少，产学研模式落地难度较大。受制于"芯片""模型"等"卡脖子"问题，江苏拥有完全自主知识产权的农业专用传感器缺乏，农业机器人和智能农机装备等的适应性较差，动植物生长模型匮乏，部分设备稳定性、精准度和可靠性有待提升，比如传感器精准度不高导致其应用完全达不到农业生产现实需求的理想状态。[②]数字农业科技成果转化过程缓慢。不少农业数字化领域的企业适应市场变化的能力不足，产品研发、技术创新核心力量较弱，升级换代速度慢，主要精力集中在技术的模仿与复制上，忽视科技创新应用和服务的及时升级和完善。[③]

[①] 阮俊虎、刘天军、冯晓春等：《数字农业运营管理：关键问题、理论方法与示范工程》，《管理世界》2020年第8期。

[②] 徐元明、孟静、赵锦春：《农业物联网：实施"互联网+现代农业"的技术支撑——基于江苏省农业物联网示范应用的调查》，《现代经济探讨》2016年第5期。

[③] 冯朝睿、徐宏宇：《当前数字乡村建设的实践困境与突破路径》，《云南师范大学学报》（哲学社会科学版）2021年第5期。

2. 应用服务体系有待健全

一是农业生产领域缺乏面向全链条整体的数字化服务解决方案。各地在推动农业数字化时主要着力于一个或几个方面，未能涵盖从田间到餐桌的完整农业产业链，缺乏综合性数字农业集成技术开发与应用的典型示范场景。[①]二是科技服务体系不畅通。科技服务供需矛盾突出，技术供给结构性失衡，小农户对农业社会化服务的需求转向综合性农业服务。[②]三是技术与市场需求脱节问题比较严重。现有技术发展方向高度集中于种养基地、机械设备等种采收一条线的数字化改造，智慧选种育种、水资源利用与资源生态等绿色化数字应用场景较少。

五 推进数字科技赋能江苏农业现代化的对策建议

（一）加强共性关键核心技术研发

1. 建立健全农业大数据采集制度

大数据采集制度旨在通过智能化手段，探索平台大数据收集、汇总和分析信息系统，建设大数据库，解决常规统计难以全面覆盖统计对象、上报数据的真实性无法保证、获取相关交易数据困难等难题。要以改革传统数据采集方式为突破口，创新数据采集技术，尝试采用网络机器人数据抓取等信息化技术和手段，对原始信息进行动态采集，获取最原始的信息库。[③]一是采用分布式爬虫（Spider）等大数据收集技术，广泛收集数字农业前沿互联网数据。二是强化企业自身数据的积累。积极招引省内外乃至海外数字农业领域专业平台企业，开发适应本地资源禀赋、农业产业特征，符合本地现实需求的数字农业采

[①] 曾亿武、宋逸香、林夏珍等：《中国数字乡村建设若干问题刍议》，《中国农村经济》2021年第4期；曾亿武、郭红东、金松青：《电子商务有益于农民增收吗？——来自江苏沭阳的证据》，《中国农村经济》2018年第2期。

[②] 秦秋霞、郭红东、曾亿武：《乡村振兴中的数字赋能及实现途径》，《江苏大学学报》（社会科学版）2021年第5期。

[③] 阮俊虎、刘天军、冯晓春等：《数字农业运营管理：关键问题、理论方法与示范工程》，《管理世界》2020年第8期。

集系统。

2.提升智慧农机装备科技水准

第一，制定数字农业领域数据接入与设备技术标准，全面统筹数据采集、传输、加工、应用和共享，为数字农业技术以及项目推进提供标准支撑，同时提升数字农业数据和设备的通用性。第二，传感器数据精度是数字农业进行分析和决策的基础，目前国产传感器还存在体积大、功耗高、数据精度低、稳定性差、使用寿命短等问题，传感器在数据采集过程中还会出现明显的偏误。[1]从农业生产实际出发，对传感器的生产提出更高要求，提升传感器数据采集与存储能力，逐步提高传感器在应用场景中的分布密度，从各方面共同发力减少传感器的偏误现象，为数字农业积累尽可能准确的数据。

（二）增补数字智能农机补贴目录

1.制定智能改造升级补贴制度

智能农机是未来农机装备的发展趋势，为此，对于现存的具备智能化改造升级条件的传统农机，应鼓励经营主体加快推进这些农机的智能化改造升级。设立省级专项智能化改造奖补资金，以降低农业经营主体的智能化改造成本。

2.探索关键装备设施补贴制度

数字农业涉及的技术及设备较多，但是对于除农机之外的其他数字农业关键设备并无补贴，导致数字农业投入大，严重限制了数字农业的推广应用。在促进数字农业强省建设的过程中，需要探索针对数字农业关键设备如传感器、摄像头等的补贴，全面加大对数字农业的支持力度，有效激发广大农业经营主体对农业产业数字化改造的动力。

---

[1] 易加斌、李霄、杨小平等：《创新生态系统理论视角下的农业数字化转型：驱动因素、战略框架与实施路径》，《农业经济问题》2021年第7期。

（三）构建全产业链协同创新机制

1. 关键共性技术联合攻关

一是做好数据筛选，不能为了"数据"而"数据"，在数字农业实践过程中，加强农业数据甄别，挑出真正有用的数据。建立包括政府部门、涉农高校、科研院所、农业企业和农民在内的多元主体数据收集、利用与反馈机制，不断积累形成大数据，满足不同主体的数据使用需求。[①] 二是充分发挥涉农高校、科研院所、农业龙头企业等各自的优势，建立健全数字农业关键共性技术联合攻关机制，加强数字农业关键技术攻关，建立试验示范及推广应用基地，促进"创新链和产业链""信息技术与农机农艺"深度融合，打造一批先进成熟的"场景+链式"数字化整体解决方案。

2. 建设协同创新服务平台

一是构建数字农业科技创新联合体，强化多部门协同。探索创新联盟模式，开展跨学科、跨领域"基础研发＋技术转化＋政策扶持"数字农业科技创新联合体范式建设。优化数字农业装备"制造＋服务"协同创新的集成改革方案。二是坚持数字农业与技术推广服务"两业融合"发展导向，坚持"市—县—乡"多层级数字农业技术网络化服务集成创新导向。三是采取"揭榜挂帅""赛马制"等形式，遴选行业内领军科研团队或企业，联合相关科研机构、涉农高校、农业企业等成立"1+N"创新联合体，加快研发与创新一批关键核心技术产品和农业数字化全链条解决方案。

（四）优化数字农业政策支撑体系

1. 加大数字农业创新资金投入

强化数字农业软硬件设备相关政策支撑。积极制定数字农业发展规划。设立数字农业发展专项基金，用于大数据农业发展应用研究和标准制定、产业

[①] 沈毅、孙俊华、吕瀚:《完善创新体系加快农机装备产业发展》,《江苏农村经济》2021年第3期。

链构建、重大应用示范工程建设、创业孵化等；县级人民政府可相应地设立数字农业发展应用专项资金。依法设立数字农业发展应用基金，引导社会资本投向大数据发展应用。专项资金重点扶持农业大数据设备生产及相关服务业发展，包括数字农业互联网工具和应用程序编程接口、数字农业处理等高端软件研发，重点补贴数字农业示范工程与新型农业经营主体应用。

2.探索拓展传统农业链条模式

以江苏数字乡村专项行动为契机，在省内数字乡村建设试点和示范基地深入开展数字农业"拓链""补链"行动。加快建设技术同构、数据集中、业务协同、资源共享的农业全产业链数字化服务平台。[①] 同时，整合省内已有数字农业、农业大数据和农业物联网等各类农业信息化服务系统，使数字农业数据、技术、装备的功效最大化。积极拓展数字农业集成应用、农产品高标准生产、优质品牌开发和产品网上销售等新途径、新模式，提升数字农业发展绩效。

---

① 罗建强、王燊文:《农机装备制造业服务化与数字化协同路径研究——基于三产双向融合的视角》,《新疆农垦经济》2022年第12期。

电商参与对苹果种植绿色化转型的影响分析

王彦君　崔红志[*]

摘　要：高品质苹果最终能否在市场上实现高溢价是推动苹果种植绿色化转型成功与否的关键所在。而电商的出现通过缩短苹果供应链条，缓解信息不对称问题，打破了当下高品质苹果难以卖出高价的困境，对苹果种植绿色化转型具有重要作用。本文基于农业绿色发展相关理论提出了苹果种植绿色化转型的概念，并基于电商发展实际情况对电商参与类型进行了划分。尝试构建"电商参与促进苹果种植绿色化转型"的理论分析框架，进一步就不同的电商参与类型对苹果种植绿色化转型影响的差异性进行讨论。基于上述理论分析框架，结合山西省运城市临猗县两个行政村苹果种植绿色化转型案例，得出如下结论：其一，电商参与一方面通过降低交易成本、提高销售价格、拓宽交易渠道推动果农绿色生产，另一方面通过质量检测、平台监督、产品追溯和顾客反馈四条途径推动苹果种植绿色化转型。其二，小农户受限于资源禀赋及其差异性，仅小部分能够直接参与电商，大部分还是选择将苹果卖给电商公司从而间接参与电商。其中，与电商平台相比，微商进

---

[*] 王彦君，中国社会科学院大学应用经济学院博士研究生，主要研究方向为数字农业、电商发展；崔红志，中国社会科学院农村发展研究所研究员，主要研究方向为农村组织与制度。

入门槛低，更适合小农户直接参与，但是销售规模有限。其三，对于间接参与电商的农户而言，电商公司收购价高低是直接影响其绿色生产行为的重要因素。而直接参与电商的农户既是生产者又是销售者，相较于间接参与电商的农户而言有更强的苹果种植绿色化转型的内驱力。其四，微商的销售行为依附于熟人关系网，不受平台监督，但内在监督动力很强。相对于微商而言，平台网店受到更严的监督管理。其五，高端电商和普通电商在苹果品质把控和收购价格等方面有所不同，进而对苹果种植绿色化转型的影响也不同。而鉴于实施产品追溯机制的成本较高，除非溯源成本可以在产品价格中得到弥补，否则一般电商公司都不会愿意进行追溯。

关键词： 电商参与　苹果种植　绿色化转型

一　引言

2021年中国苹果总产量和总消费量分别为405万吨和3951.5万吨，是世界上苹果产量和销量最大的国家，同时，中国的农药和化肥施用量是发达国家的2~3倍。[1] 与其他农作物品类相比，苹果作为典型经济作物，其施用化肥的折纯量为粮食作物的2~6倍，约为蔬菜的1.5倍，远高于粮食作物和蔬菜。[2] 长期过度施用化肥和农药不仅会导致土壤板结、有机质含量降低，还会直接对苹果的品质产生影响，导致苹果品质长期处于低端线，难以实现高溢价。[3] 然而，事实上，农户往往难以突破常规农业发展的思维定式，采用绿色生产技

---

[1] 《2021年度中国苹果产业发展报告》，https://www.sohu.com/a/493244129_121106869。

[2] 高晶晶、彭超、史清华：《中国化肥高用量与小农户的施肥行为研究——基于1995~2016年全国农村固定观察点数据的发现》，《管理世界》2019年第10期。

[3] 赵佩佩：《社会嵌入对农户环境友好型农业技术采用的影响研究》，西北农林科技大学博士学位论文，2022。

术的积极性不高,①农户绿色生产情况并不乐观。②基于这一背景,2017年农业部发布到2020年化肥、农药使用量零增长行动方案,③2018年农业部提出了"减肥减药促农业品质提升"发展目标。2023年农业农村部等六部门发布了《"十四五"全国农业绿色发展规划》,建议减少化学农药用量,扩大病虫绿色防控覆盖面,促进农业绿色生产转型,以提升农产品品质,为苹果种植业发展指明了方向。与此同时,理论界也积极探索,很多学者尝试从农户个体特征④、家庭及种植特征⑤、经济激励⑥、政策效果评估⑦等多元视角出发探讨如何打破农业生产的思维定式,进而推动农业生产绿色化转型。这些研究虽然在一定程度上为促进农业生产绿色化转型提供了方向,但是实践效果仍然不佳,占用了大量政府管理和财政资源且难以形成长效机制。为此,需要从根本上扭转将绿色生产视为约束性要素的思维方式,应将其视为激励性要素,即以绿色生产为内生驱动力推动经济发展。那么如何推动绿色生产成为增加农业产值和提高农民收入的重要力量,便成为能否形成绿色生产长效机制的重要前提。事实上,在传统交易模式下,农业绿色发展市场体系还不够完善,表现为信息不对称和责任不可追踪等,导致市场优质优价机制难以发挥作用,消费者"不信任"绿色农产品市场,极大地挫伤了果农开展绿色生产的积极性。通过成熟的

---

① 褚彩虹、冯淑怡、张蔚文:《农户采用环境友好型农业技术行为的实证分析——以有机肥与测土配方施肥技术为例》,《中国农村经济》2012年第3期。

② 罗小娟、冯淑怡、石晓平:《太湖流域农户环境友好型技术采纳行为及其环境和经济效应评价——以测土配方施肥技术为例》,《自然资源学报》2013年第11期。

③ 《农业部关于印发〈到2020年化肥使用量零增长行动方案〉和〈到2020年农药使用量零增长行动方案〉的通知》,http://www.moa.gov.cn/nybgb/2015/san/201711/t20171129_5923401.htm。

④ 余威震、罗小锋、李容容:《绿色认知视角下农户绿色技术采纳意愿与行为悖离研究》,《资源科学》2017年第8期;张云华、马九杰、孔祥智:《农户采用无公害和绿色农药行为的影响因素分析——对山西、陕西和山东15县(市)的实证分析》,《中国农村经济》2004年第1期。

⑤ 陈江华、薛应如、贺亚琴:《家庭资源禀赋对农资包装物处理行为的影响——基于江西农户的抽样调查》,《农林经济管理学报》2022年第3期。

⑥ 杨玉苹、朱立志、孙炜琳:《农户参与农业生态转型:预期效益还是政策激励?》,《中国人口·资源与环境》2019年第8期;王建华、钭露露、王缘:《环境规制政策情境下农业市场化对畜禽养殖废弃物资源化处理行为的影响分析》,《中国农村经济》2022年第1期。

⑦ 邓远建、肖锐、严立冬:《绿色农业产地环境的生态补偿政策绩效评价》,《中国人口·资源与环境》2015年第1期;陈转青:《政策导向、市场导向对农户绿色生产的影响——基于河南865个农户的实证分析》,《管理学刊》2021年第5期。

产品和服务市场获得溢价，推动绿色产业发展，便成为苹果种植绿色化转型的关键所在。

近年来，在"互联网+"的推动下，农产品电商这一销售模式应运而生，并且在促进农产品流通方面发挥了关键作用。[①]《2021阿里农产品电商报告》显示，2020年中国农村网络零售额达到 1.79 万亿元，其中农产品网络零售额高达 3975 亿元，同比增长 27%。[②] 可见，农产品电商这一销售渠道在农产品销售中的作用愈发重要。[③] 具体而言，作为一种新型流通方式，与传统交易模式相比，电商缩短了交易链条，缓解了信息不对称现象，促进了市场和产品信息透明化，为产品的优质优价提供了可能。根据这一基本判断，本文进一步探讨了电商作用于苹果种植绿色化转型的具体路径，并以苹果种植面积和产量稳居全国地级市之首[④]的山西运城市临猗县这一苹果"黄金生产带"为调研对象。需要进一步思考的是，电商发展促进农业生产绿色化转型是有一定条件的，不同的电商参与形式对苹果种植绿色化转型有不同的作用路径和效果。鉴于此，本文基于推拉理论构建逻辑分析框架，结合山西省运城市临猗县两个行政村苹果种植绿色化转型案例，深入探究电商发展对农户苹果种植绿色化转型的作用机理，并就其电商参与形式的差异做进一步分析，以期为电商发展作用于农业生产绿色化转型提供新的理论解释，为进一步推动苹果种植绿色化转型提供经验支持。

二　文献综述

在农业生产绿色化转型过程中，农户的行为选择发挥着重要作用，与之相应的农户行为理论也引起广泛讨论。其中以舒尔茨为代表的理性小农学派认

[①] 张闯、郝凌云、单宇：《服务主导逻辑下B2B电商平台企业生态优势构建机制——基于华采找鱼的探索性案例研究》，《南开管理评论》2023年第3期。
[②] http://www.100ec.cn/detail--6597206.html。
[③] 王翠翠、夏春萍、童庆蒙：《电商参与促进农户绿色生产吗？——基于3省4县812户果农的实证研究》，《中国人口·资源与环境》2022年第5期。
[④] 孔德昇：《山西省农业会展发展研究》，山西农业大学硕士学位论文，2019。

为农民是理性经济人,[1]以追求经济利益最大化为行为标准。以恰亚诺夫为代表的生存小农学派则认为农户的行为受多重因素制约,[2]农户不仅仅只关注经济利益,家庭利益最大化也是其考量的重要内容。而以黄宗智为代表的社会小农学派认为中国小农既不是舒尔茨提出的利益最大化者,[3]也不是恰亚诺夫提出的生计生产者,而是追求利润者、维持生计的生产者的统一体。在三大主流学派的基础上,1961年,著名经济学家赫伯特·西蒙首次提出"有限理性"(bounded rationality)的概念,[4]认为个体理性是在一定约束条件下的理性最大化。基于"有限理性"视角,新制度经济学认为任何个体都不是完全理性的,会受到机会主义影响。[5]这些理论奠定了农户行为经济学的研究基础,以Griliches[6]和Schmookler[7]为代表的市场诱致性技术创新理论学派提出了产品市场的有效需求对技术创新具有重要影响的观点。

提到市场,不能绕开的便是市场理论的核心代表人物亚当·斯密,他所著的《国民财富的性质和原因的研究》(简称《国富论》)是古典经济学和市场价值理论的代表作。[8]他认为在市场机制作用下个体对自身利益的追求会自发地促成社会利益最大化。事实上,亚当·斯密的市场理论也对后来的农户行为理论产生了重要影响。例如,舒尔茨在纠正主流认识中对小农生产的偏见的基础上,提出依托市场机制向农民提供现代农业生产要素,而农民一旦认识现代生产要素的优越性,便会毫不犹豫的接受,从而推动农业的现代化转型。[9]舒尔茨在农业转型方向的判断上与斯密相反,但是他们对转型动力的认知却是一

---

[1]〔美〕西奥多·W. 舒尔茨:《改造传统农业》,梁小民译,商务印书馆,2010。
[2]〔俄〕A. 恰亚诺夫:《农民经济组织》,萧正洪译,中央编译出版社,1996。
[3] 黄宗智:《长江三角洲的小农家庭与乡村发展》,中华书局,2006。
[4]〔美〕赫伯特·西蒙:《现代决策理论的基石——有限理性说》,杨砾、徐立译,北京经济学院出版社,1989。
[5] 何一鸣、罗必良:《从经济人范式到制度人假说的演进:一个理论述评》,《当代财经》2011年第4期。
[6] Griliches Z., "Hybrid Corn: An Exploration in the Economics of Technological Change," *Econometrica*, 1957, 25.
[7] Schmookler J., *Invention and Economic Growth*, Cambridge, Havard University Press, 1966, 62-74.
[8]〔英〕亚当·斯密:《国民财富的性质和原因的研究》,郭大力、王亚南译,商务印书馆,2015。
[9]〔美〕西奥多·W. 舒尔茨:《改造传统农业》,梁小民译,商务印书馆,2010。

致的。黄宗智指出,"舒尔茨保留了亚当·斯密关于市场的质变推动力的最初设想的核心,同时又考虑到小农生产的持续",他们"同样把市场刺激当作乡村质变性发展的主要动力"。[①] 而恰亚诺夫认为,农业转型动力既有自发因素又有国家干预,即使在发展纵向一体化时需要国家干预,但基础力量仍然是自发因素。[②] 因此,黄宗智认为恰亚诺夫提出的发展纵向一体化是"一条通过市场化的农民合作组织来实现发展的道路"。[③]

综上而言,以舒尔茨和波普金为代表的理性小农学派和以恰亚诺夫、斯科特等为代表的生存小农、以黄宗智为代表的社会小农学派对农户行为有不同的认识,但是他们均将市场机制视为农业转型的主要推动力,为农业绿色化转型奠定了坚实的理论基础。基于此,以黄季焜等为代表的学者认为,市场需求是决定农户技术采纳的重要诱导因素。[④] 此外,市场作用下的农产品质量认证不仅是解决食品质量信息不对称问题的有效方式,还能通过市场溢价促进农户选择绿色生产技术。[⑤] 市场预期销售价格和市场预期收入对农户采用先进技术均有促进作用。[⑥] 然而,当下绿色农产品交换市场存在的"优质不优价""产销分离"等现象,扰乱了农产品交易秩序。

打破当下农产品市场失灵现状,给农户带来明显的经济收益,是决定农户生产绿色化转型的关键所在。而农户是否可以获得更高的经济收益的关键在于苹果能不能及时卖出去且能卖出"好价",这就在一定程度上对苹果的流通环节提出了更高的要求,互联网时代下,以信息通信技术为基础发展起来的电商平台,作为一种新型流通渠道,从根本上改变了农产品销售方式,并对生产

[①] 黄宗智:《长江三角洲的小农家庭与乡村发展》,中华书局,2006。
[②] 〔俄〕A.恰亚诺夫:《农民经济组织》,萧正洪译,中央编译出版社,1996。
[③] 黄宗智:《中国的隐性农业革命》,法律出版社,2010。
[④] 黄季焜:《技术进步和农业生产发展的原动力——水稻生产力增长的分析》,《农业技术经济》1993年第6期;林毅夫、沈明高:《我国农业科技投入选择的探析》,《农业经济问题》1991年第7期。
[⑤] 耿宇宁、郑少锋、陆迁:《经济激励、社会网络对农户绿色防控技术采纳行为的影响——来自陕西猕猴桃主产区的证据》,《华中农业大学学报》(社会科学版)2017年第6期。
[⑥] 贺梅英、庄丽娟:《市场需求对农户技术采用行为的诱导:来自荔枝主产区的证据》,《中国农村经济》2014年第2期。

端产生影响。①电商一方面通过直接匹配买卖双方，缩短农产品供应链，实现产销直连，缓解信息不对称，以增强消费者信心从而转化为实际购买行为，倒逼生产者；②另一方面通过质量认证、市场溢价增强农产品优质优价的内在激励。此外，电商通过平台信息披露，使得广大消费者可以对比、反馈产品质量，实现农产品质量安全可追溯，减少因信息不对称而造成的道德风险，让绿色农产品更具市场竞争力。

随着电商发展促进农业生产绿色化转型实践的不断深入，相关研究也日益增多。目前，已有文献分别从农业绿色生产技术采纳、农业绿色生产转型、农户绿色生产意识和绿色生产行为等不同的角度入手，就电商参与对农户绿色生产的影响进行了研究，③研究对象多是黄桃、设施蔬菜和猕猴桃三个品类。就研究区域而言，多集中于山东、陕西、四川等蔬菜和水果大省。就其作用路径而言，李晓静等认为电商通过经济激励、降低交易成本、提升产品标准化水平、增强消费者正向激励等传导机制促进猕猴桃种植户采纳绿色生产技术。④王翠翠等⑤和张晓慧等⑥在此基础上进一步提出了绿色生产认知和绿色技术认知在电商促进果农绿色生产的过程中发挥了重要作用。而李全海则以设施蔬菜

---

① 杨会全：《农村电子商务发展研究述评》，《安徽农业科学》2014年第5期。
② Horst M., Gwin L.," Land Access for Direct Market Food Farmers in Oregon, USA," *Land Use Policy*, 2018, 75.
③ 张晓慧、李天驹、陆爽：《电商参与、技术认知对农户绿色生产技术采纳程度的影响》，《西北农林科技大学学报》（社会科学版）2022年第6期；荆芳聪：《网上销售对家庭农场绿色生产技术采纳行为的影响研究》，山东农业大学硕士学位论文，2022；王翠翠、夏春萍、童庆蒙：《电商参与促进农户绿色生产吗？——基于3省4县812户果农的实证研究》，《中国人口·资源与环境》2022年第5期；李晓静、陈哲、夏显力：《参与电商对农户绿色生产意识的空间溢出效应——基于两区制空间杜宾模型分析》，《农业技术经济》2021年第7期；陈瑗：《电商参与、绿色认知与农户有机肥施用行为研究》，西北农林科技大学硕士学位论文，2020；李晓静、陈哲、刘斐：《参与电商会促进猕猴桃种植户绿色生产技术采纳吗？——基于倾向得分匹配的反事实估计》，《中国农村经济》2020年第3期。
④ 李晓静、陈哲、刘斐：《参与电商会促进猕猴桃种植户绿色生产技术采纳吗？——基于倾向得分匹配的反事实估计》，《中国农村经济》2020年第3期。
⑤ 王翠翠、夏春萍、童庆蒙：《电商参与促进农户绿色生产吗？——基于3省4县812户果农的实证研究》，《中国人口·资源与环境》2022年第5期。
⑥ 张晓慧、李天驹、陆爽：《电商参与、技术认知对农户绿色生产技术采纳程度的影响》，《西北农林科技大学学报》（社会科学版）2022年第6期。

种植为例，进一步提出信息获取便利也是促成设施蔬菜绿色生产行为的另一机制。此外，相较于社交电商模式，平台电商模式对农产品绿色生产的促进作用更大。①

总体而言，现有研究认为电商参与对农产品绿色生产转型发挥着重要作用。但是，尚有部分内容值得商榷。

其一，就电商参与的界定和量化而言，已有文献将生产者的电商参与形式分为入驻第三方电商平台、独立网站电商、微博微信微商和QQ空间四类。这种分类方式存在如下不妥之处。第一，受制于资源禀赋和交易成本的相对劣势，小农户往往难以通过电商创业方式直接将农产品销售给消费者，更多的是通过电商公司而间接参与电商，从长期来看，这应该是小农户参与电商的主要方式，但现有文献大多没有研究这种较为普遍的电商参与方式。第二，微商是一种基于人际关系销售产品的模式，从根本上不同于电商平台销售模式，需要在内在机理上将两者予以进一步区分。第三，电商平台本身有很大的异质性，即不同的平台有不同的定位，在定价和品质把关方面有很大区别，将所有电商平台笼统地归于一种电商参与形式，容易忽略其内在的深层次机理。

其二，在苹果种植绿色化转型方面，现有研究多侧重于农业绿色生产技术的采纳情况、绿色农资使用效率等方面。但是事实上绿色生产转型除了上述农资投入量和使用效率之外，最重要的是农业生产规范性问题，即准确把握农时，规范、合理地使用农药化肥，对于苹果种植而言尤为重要。因此，本文在对苹果种植绿色化转型的界定中加入农药化肥使用的方式、时间和次数等内容。

其三，在电商发展对农业绿色生产的影响机制方面，现有研究多集中于提升信息获取能力、农户绿色生产意识、产品价格预期、经济效益和追求正向社会评价等方面。事实上，不同的电商参与形式和参与程度对于农产品绿色生

---

① 李全海：《参与电商对设施蔬菜种植户绿色生产行为的影响研究》，山东农业大学博士学位论文，2023。

产有不同程度的影响。此外，电商公司的质量检测、产品追溯和电商平台的罚款监督等形式也会对农业绿色生产产生影响，应予以考虑。应该注意的是，微商相关的人情关系等在苹果销售过程中对苹果种植绿色化转型的作用机理应与普通的电商平台有所区别，在研究中也需予以体现。

已有文献为本研究奠定了扎实的理论基础，基于此，本文的进一步思考如下。其一，就研究品类而言，除了黄桃、猕猴桃和设施蔬菜之外，其他水果如在苹果种植绿色化转型过程中电商是否也同样能发挥作用？其二，就研究区域而言，电商参与对农业绿色生产的影响是否能在电商发展相对滞后的非农业大省如山西省有所体现？其三，电商发展作用于农业绿色生产的路径有哪些？其四，就电商分类和农业绿色生产的内涵而言，研究是否还有进一步拓展的空间？为了解答以上困惑，本文以山西省运城市临猗县的两个行政村为例，构建电商参与对苹果种植绿色化转型的分析框架，考察具体作用过程，进一步从电商发展所需条件出发，考虑不同形式的电商参与对苹果种植绿色化转型的作用路径，深化电商参与作用于苹果种植绿色化转型的机理研究，并为当下电商参与促进苹果种植绿色化转型指明发展方向。

相较于已有研究，本文可能的贡献体现在以下几个方面：一是在既有电商分类的基础上，进一步将电商参与类型分为直接参与和间接参与、高端电商和普通电商，并梳理电商参与作用于苹果种植绿色化转型的不同路径。二是初步构建起电商参与作用于苹果种植绿色化转型的机理框架，尝试从电商平台监管、产品追溯和农村人情关系等角度切入，以进一步深化既有研究。三是针对苹果这一品类，选择电商和经济作物发展都相对滞后的山西省作为研究对象，进一步检验电商发展对农业生产绿色化转型的适用范围。

三 内涵

近年来，随着农业绿色生产实践不断深入，农业生产绿色化转型的内涵经历了"去污—提质—增效"的三级跃升，绿色发展逐步成为驱动经济发展的内生动力。①而绿色发展的成果即绿色产品能否被市场识别、绿色产品是否具有明显的竞争优势并获得较高的溢价效应，是决定绿色发展能否成为经济高质量发展内驱力的关键所在。因而，通过成熟的产品和服务市场获得溢价，推动绿色发展，成为当下农业生产绿色化转型的重要方向。

（一）苹果种植绿色化转型

苹果种植绿色化转型指的是苹果种植从传统粗放式生产方式向科学、规范、高效化的生产方式转变。而果农作为苹果的生产者，其绿色生产行为会对苹果的品质直接产生影响。就苹果种植过程而言，绿色生产涉及农资的适量高效投入、农业生产垃圾的合理处理、农业生产过程的规范等方面。具体而言，苹果种植过程中的用肥、用药、用水、除草、套袋等环节事关苹果种植绿色化转型，如果处理不当，不仅会对苹果品质产生影响，而且会对苹果种植园区的生态环境造成破坏。但是需要注意的是，绿色生产不是不用农药化肥，而是要少量、规范、科学的施肥用药。避免使用高毒农药，控制好农药化肥使用的数量、方式、时间和次数，不断提高用肥、用药、用水效率。鼓励尽可能地以物理防治和生物防治措施替代部分农药投入。此外，应注意科学合理地处理残留农药、包装和果袋等生产废弃物。生产出果径指数合理、单果重达标、农药残留达标、可溶性固形物含量较高、"三无一净"（无软伤、无病疤、无污迹，果子干净）的苹果。

苹果种植绿色化转型不仅是满足消费者对绿色农产品的需求，更是果农改变苹果低价现状，走高端果品、优质增收路线的重要途径。需要注意的是，苹果的品质是对绿色生产过程最为直观地反映。一方面，可以从苹果的口感、酸甜度、颜色等方面判断种植过程中有机肥和化肥的配比是否得当，通常情况下有机质含量高的苹果会更甜、颜色会更红。另一方面，苹果的大小和表皮的光滑、厚薄程度与用肥、用药和套袋等合理程度密切相关。其中，有机肥施用

---

① 金书秦、牛坤玉、韩冬梅：《农业绿色发展路径及其"十四五"取向》，《改革》2020年第2期。

比例高对苹果的大小和表皮会产生正向影响,而苹果表皮的细腻、厚薄程度则与套袋的规范化程度有很大关系。此外,苹果表皮的干净程度则与苹果生产过程中对病虫害的及时防治以及对恶劣极端天气的及时应对有很大关系。因而苹果种植绿色化转型成效最终会直观地反映在果品上,决定着苹果的品质。

(二)电商参与

电商参与本身具有较强的异质性。从大类来看,电商参与包括直接参与和间接参与两种形式。间接参与指的是生产者和销售者是分离的,即农户只负责生产,不负责在市场上销售。农户是通过将农产品卖给电商公司而间接参与。直接参与则指的是生产者本身也是销售者,即农户不仅仅负责生产还得负责线上销售。但事实上,直接参与形式并不是单一的,按照参与平台的不同可以分为淘宝、拼多多、京东、微信等。大体来看,按照平台性质可以将直接参与电商分为微商和平台电商两种。但是即便是相同的平台,其内部也具有较大的异质性,因而需要进一步确定新的标准以划分平台电商。例如,淘宝、京东、拼多多等电商平台。京东的物流体系相当发达,为用户提供了快速、准时的物流服务。拼多多和淘宝则注重价格优势和社交体验。拼多多通过社交分享和拼团购物等方式,降低商品成本,提高用户黏性。但是,同样都是京东平台,京东自营的商品品质和物流服务相对于京东他营商品而言更为高端,因此,按照平台的不同对电商参与进行划分是不合理的,本文则尝试将平台电商分为高端电商和普通电商两种类型。综合而言,本文尝试将电商分为直接参与和间接参与两种类型,间接参与电商是将农产品销售给高端和普通的电商公司,直接参与电商则可以分为微商、高端电商和普通电商三种类型。

四 理论框架

苹果种植绿色化转型能否成功,涉及很多因素。果农面临的绿色生产转型困难主要是正向激励机制难以发挥作用,即缺乏有效的农产品质量评级和绿色认证机制，农产品难以获得市场竞争优势和较高的经济回报，农户绿色生产方式转型意愿弱。[①]换言之，影响苹果种植绿色化转型的关键在于农户种植的优质苹果能否被市场识别从而获得溢价。而电商恰好在其中可以发挥重要的作用，具体而言包括两个方面：一方面，电商能提供的稳定市场预期、高净收益和低交易成本是拉动苹果种植绿色化转型的重要力量；另一方面，要保证优质优价，就离不开强有力的监督，其中，顾客的正向反馈、电商平台的质检和监督、产品的可追溯机制是推动苹果种植绿色化转型的重要力量。

（一）电商拉动苹果种植绿色化转型

1. 拓展销售渠道，降低信息流通成本和交易成本，降低市场风险，拉动农户绿色生产

能不能种出优质苹果只是绿色生产转型的第一步，而优质苹果能否以优价卖出去，则是决定苹果种植绿色化转型是否可持续的关键。事实上，电商的发展，改变了传统的交易方式，原来单一的线下销售变为线上和线下相结合的销售。在传统销售渠道下，农户受教育水平较低，信息搜集能力较弱，在获取农产品价格及产量信息方面存在时滞问题，大多数农户根据过往经验以及他人的经验进行交易，在整个市场交易过程中往往处于被动地位。这就导致优质苹果很难以优价对接到消费群体，而超市为了避免不必要的监督成本一般较少与小农户直接对接，优质的苹果往往找不到相应的销售渠道。因而，在传统交易模式下农户面临的市场风险较大，收益往往也不高。但在电商发展驱动下，农户转向"线上+线下"相结合的多元销售模式，有效降低了市场交易不确定性，实现销售渠道多元化，一定程度上解决了苹果难卖的问题，提高了农户开展绿色种植的积极性。

交易成本指的是生产者因缺乏信息和资源而产生的成本，其受到资产专用性、交易特征和不确定性因素等的影响。在传统的交易方式下，由于信息不

---

① 薛宝飞、郑少锋：《农产品质量安全视阈下农户生产技术选择行为研究——以陕西省猕猴桃种植户为例》，《西北农林科技大学学报》（社会科学版）2019年第1期。

对称，中间商利用处于信息连接的中端等优势压低农产品收购价，使资金流和信息流在生产者和消费者之间低效转动，增加了产品流通次数。生产者和消费者必须通过中间商来对接，增加了交易次数，提高了产品流通成本。而电商交易模式下，电商通过搭建大数据平台将买卖双方的市场信息进行整合，实时对接市场供求，信息在各流通主体之间快速传递，省掉了中间商的信息传递环节，使得信息对接更直接、高效，降低了信息不对称性。电商销售改变了传统农产品交易环节冗余的现状，减少了流通成本和交易成本，让小农户有更多的钱投向苹果种植绿色化转型过程。

2. 缩短交易链条，提高销售价格，拉动果农绿色生产

农产品优质优价的重要前提是其能得到有效识别。在传统交易模式下，农产品产销之间的传输链条过长，导致绿色生产信息无法被有效传递，加上传统的收购方式对农产品的筛选过于宽松，消费者往往难以获取生产端信息，难以识别农产品是不是绿色产品，因而购买积极性不高。而在电商交易模式下，产销之间的传输链条变短，甚至可以实现生产者和消费者的直接对接，生产者可以通过平台电商的可视化方式将苹果的绿色认证、糖酸度和农药残留等指标的测量结果传递给消费者，甚至可以通过现场直播的方式，将苹果的生长过程直观地向消费者展示，进而使得"绿色"苹果更容易被辨识。而随着人们对绿色食品的需求不断增加，绿色苹果以独有的健康、绿色、口感等优势，脱颖而出，其销售价格也不断提升，增强了果农的绿色生产动力。

此外，根据信息不对称理论，掌握信息的一方，更容易获得更高的商品溢价。传统交易方式下，农产品从田间到餐桌会经过很多的环节，而农民多是价格被动接受者，农产品供应环节中有很多中间商，导致供应链过长，容易出现信息不对称问题，这为中间商利用信息差赚差价提供了可能。而电商出现之后，无论是农户直接参与，即开网店或者在微信朋友圈售卖苹果，还是间接参与，即将苹果卖给电商公司，与之前线下销售方式相比均大大缩短了交易链条，打破了中间商的市场垄断地位，提高了农户在销售环节中的议价能力，实现了苹果卖方之间的充分竞争，从而促使"绿色"苹果更易溢价，提高了农户

收入，增强了农户绿色生产的信心。

总而言之，通过电商渠道进行销售，不仅降低了信息流通成本和交易成本，缩短了交易链条，提高了绿色苹果的辨识度，提高了苹果销售价格，促使果农对种植绿色化转型能带来高收入有较高的预期，而且还拓展了苹果的销售渠道，解决了"苹果难卖"问题，激发了果农种植苹果的积极性，愿意投入更多的资本和劳动力进行绿色生产。

（二）电商推动苹果种植绿色化转型

电商除了通过低交易成本、高销售价格、宽交易渠道拉动果农绿色生产之外，还能通过质量检测、平台监督、产品追溯和顾客反馈四条途径推动苹果种植绿色化转型。

1. 质量检测

质量检测是区分"绿色苹果"和普通苹果的第一步，而严格的标准是关键。电商公司会按照酸甜度、果径指数、单果重量、农药残留达标、可溶性固形物含量、"三无一净"（无软伤、无病疤、无污迹，果子干净）等标准对苹果的质量进行检测，对达标的绿色苹果给予较高的收购价和销售价，从而激励农户苹果种植绿色化转型。相较于传统的流通渠道，电商公司的业务内容还涉及后续的监督和反馈，故对于同类产品的质量把控更为严格，其是影响电商公司发展的重要环节。事实上，不同的电商平台的定位不同，其品控标准也有所不同，但是相较于线下渠道而言，整体上电商公司的品控更为严格。这在一定程度上会对果农的绿色生产行为产生影响，为了卖出好价，不断优化生产环节。

2. 平台监督

首先，电商平台有一定的准入门槛，参与者必须遵守其更为严格的产品安全监管规定。加入电商平台必须交纳一定的押金作为网店诚信经营的担保款，如网店出现销售残次品等违规行为将视情况扣除部分押金，这种监管方式在一定程度上会督促网店加强产品质量把控，甚至会对生产端起到一定的监管作用。此外，平台会以匿名身份定期对网店销售的产品质量进行抽检，如有产品质量问题，将采取相应的处罚措施。为了减少损失，网店会对产品质量进行把关，这会进一步影响生产端，推动果农绿色生产。

3. 顾客反馈

顾客的评价和反馈是对苹果质量的直接反映，差评除了带来经济损失之外，也会对其他顾客的消费行为产生影响，甚至还会受到平台相应的处罚。具体而言，电商平台的顾客评价和反馈会成为网店的信用背书，从而对其后续的产品销售产生影响。在传统销售渠道下，产销链条长，销售端的信息很难直接传递到生产端，并对其产生影响。而相较于传统销售模式，电商平台则为消费者和生产者的沟通提供了更多的机会。正面的评价可以促使品牌忠诚度提升，带动消费者回购。若出现产品质量问题，消费者能够通过图片和文字等形式对产品进行评价，也可以直接要求商家退货，或者通过平台介入等方式进行处理。这不仅为消费者绿色消费提供了保障，也对商家的行为形成约束，为了避免差评和退货带来的声誉和经济利益两方面的损失，商家会对产品质量进行把控。这有利于推动农户积极采用绿色生产技术以提高产品质量，满足消费者对优质产品的需求。

4. 产品追溯

电商这种交易模式为农产品追溯提供了基础。在传统销售模式下，产销链条过长，即便农产品销售过程中出现了质量问题，也很难追溯到生产端。而电商平台会对农产品生产和流通过程中的信息进行记录，一旦产品质量出现问题，就能追溯到相应的农产品生产者，[1] 这有利于促进农产品生产者积极提高产品品质，开展绿色生产、诚信生产。因而电商平台的追溯功能一定程度上推动了农户的绿色生产。

---

[1] 刘辉、刘瑾：《标准化对浙江产业集群技术创新影响机理研究》，《科技进步与对策》2012 年第 19 期。

（三）电商参与形式对苹果种植绿色化转型的影响

农户受制于个体禀赋的异质性，电商参与形式也有一定的区别，从而对苹果种植绿色化转型产生不同的影响。

1. 直接参与和间接参与

随着互联网技术的普及和电商下乡相关政策的落地，农户有更多的渠道学习电商运营知识，部分农户会直接参与电商运营，成为生产者和销售者，带动自家苹果销售的同时，也拓宽了当地其他农户的苹果销售途径。但是大部分农户的资源禀赋不足以支撑线上运营。事实上，农户直接参与电商运营不仅仅需要投入大量的精力和资金，还需要具备一定的风险意识，承担相应的市场风险，这对其生产能力、运营能力和协调能力都提出了较高的要求，因此农户多是采取将苹果卖给电商公司的方式间接参与电商。相较于间接参与，直接参与电商运营的果农既是生产者又是销售者，更清楚优质苹果的市场竞争优势，也更清楚电商平台的监督和顾客的评价在一定程度上会影响网店的运营，从而会更积极地开展绿色生产，提高产品品质。此外，直接参与电商可避免中间商赚差价问题，从而获得更高的收益，并在一定程度上减少质检环节的监督成本，有利于直接驱动农户苹果种植绿色化转型。而农户在间接参与电商的情况下所获得的收益会相对较低。就普通电商而言，相较于线下销售的客商而言，每斤售价会整体高出 0.1~0.3 元，而高品质电商则会高出 1~2 元，售价悬殊会鼓励果农积极进行绿色生产，以产出高品质的苹果。此外，相较于直接参与电商而言，间接参与电商不直接受到平台和消费者的监督，仅受到电商公司的监督，即选品流程中质检环节的监督，而监督力度的大小完全取决于电商公司的质检标准。

2. 直接参与：微商和平台电商

直接参与电商模式分为微商和平台电商两种类型。微商类型又有两种，一种是基于微信朋友圈卖货的微商，即消费者对消费者（C2C）；另一种是基于微信公众号的微商，即企业对消费者（B2C）。比较常见的微商，指的是通过在微信朋友圈发布商品信息来吸引顾客的销售行为。而平台电商则指的是依附于包括拼多多、淘宝和京东等在内的电商平台，以开设网店的形式销售产品。鉴于所依附的平台不同，平台电商和微商对苹果种植绿色化转型的影响有以下不同。

一方面，平台电商以商品为中心，主营货物交易；而微商以人为中心，通过人际关系获取信任，再卖出商品。微商销售的内在逻辑是通过触达消费者并形成消费黏性来实现生产端和消费端的有效对接，其中小农户的社会网络、消费者情感逻辑与理性逻辑的互动起着主要作用。微商主要通过有限朋友圈的人情关系、信任和面子等内在机制维系着这种销售方式，为了提高复购率，他们往往会主动提高苹果品质，以维系在熟人圈子中的口碑。而平台电商面对的消费群体则更关注苹果的品质、平台的评价以及服务，相较于微商，其消费群体更为理性，为了满足消费群体的需求，减少差评率，平台电商会积极倡导绿色生产。另一方面，相对于平台电商而言，微商的顾客一般直接将钱款付给卖家，少了来自平台的监督，而且微商的销售对象大多为朋友圈的熟人，或者通过口口相传的营销方式吸引到的消费群体。在这样的"熟人经济"中，买家为了维护彼此之间的关系，即使其作为消费者的权益受到了侵害，往往也会选择放弃维权。这种一对一的模式缺乏评价机制监督，但会通过复购率等体现出来，因而微商相对于平台电商而言，外在的监督渠道较少且监督力度较弱，但为了维系与客户的关系，其内在的自我督促动力更强。

3. 间接参与：高端电商和普通电商

电商平台根据不同的定位，可分为高端电商和普通电商两种类型。其中，相较于普通电商，高端电商有健全的供应链管理体系、严格的品质控制标准、完善的冷链物流系统和有吸引力的品牌形象。高端电商不仅对产品品质的要求更高，而且产品的定价也更高。其对产品质量的把控体现在采摘、包装、运输等各个环节，以确保产品的一致性和高品质。在产品售后追溯等方面，普通电商对产品有更高的包容度，即便是次品果也可以在电商平台上找到适配的买家，其定价策略通常是通过低价来吸引更多的客户群体。而高端电商的品控标准很高，这是优质优价的重要前提。此外，考虑到产品追溯所需耗费的人力和物力等，普通电商不会建立产品追溯体系，这也导致其无法对产品进行溯源，而高端电商为了实现消费群体"买得放心、吃得安心"的目标，在生产、运输、销售等各个环节都建立了较为严格的品质把控和信息追溯机制，一旦出现产品质量问题，能快速追溯到问题环节并予以纠正。对产品的高要求和严追溯均对苹果种植绿色化转型提出了更高的要求。

五 研究设计

（一）方法和案例选择

本文采用多案例研究方法，选取山西省运城市临猗县两个行政村作为研究对象，对相关资料进行多维度、多阶段的采集与分析。半结构化的深度访谈是资料收集的主要方法，访谈内容涉及村庄基本情况、苹果种植绿色化转型历程、电商发展阶段等，其中果农家庭基本情况、种植规模、种植方式和组织化程度、参与电商的方式和程度、收益情况，以及电商平台对苹果的质检、溯源及溢价等是关注的重点内容。访谈对象涉及村干部、新型经营主体、果农（包括参与电商和不参与电商的果农）、电商公司、地方政府部门工作人员等。在收集相关资料的基础上，笔者运用归纳法分析获取的资料，通过被访者回答的互恰程度甄别访谈资料的可靠性，结合文献分析得出研究结论。

本文选取山西省运城市临猗县 A 和 B 村作为研究对象，主要基于以下考虑：一方面，临猗县是山西的果业大县，拥有耕地面积 150 万亩，苹果栽植面积保持在 70 万亩左右，年产量约 175 万吨，分别占山西省苹果栽植面积和产量的 31.05% 和 40.83%。临猗县是重要的苹果种植地理标志区，A、B 村又是苹果种植大村，家家户户都种植苹果，面积大的能达到 20~30 亩，有 20 户左右，其余大部分农户为 10 亩左右的散地，主要种植的品种是红富士。另一方面，A村和B村都是山西省电商百强镇，作为典型的以农产品为主的新业态，农产品电商发展经历了从狂热期到冷静期的过渡，从电商刚刚兴起时的一拥而上到一部分大型电商公司倒闭。目前，生存下来的电商公司发展较为稳健。此外，各个环节的资金和人才配比不合理，导致临猗县电商的整体定位仍偏向于中低端，高端电商相对较少。整体而言，临猗县电商的发展在一定程度上解决了苹果滞销和卖不出高价的问题，其经验对于具有类似资源禀赋条件的地区具有参照性。

（二）数据收集

本文使用的一手数据与资料均来源于实地调研。调研于2023年8月至10月分3次进行，后续又进行了多次线上访谈以补充有关资料。首先，根据研究思路和框架拟定访谈提纲。其次，通过判断抽样法筛选最了解A、B两村苹果种植发展情况的对象进行访谈。最后，还收集了部分二手资料，包括政府官方网站宣传材料、媒体报道等。通过多个渠道获取资料的研究方法契合案例研究资料收集的重要原则——"证据三角"，可以确保数据的可信度和有效性。通过多种形式的调查，获得较为丰富的访谈资料，为开展探索性案例研究奠定了坚实的基础。

（三）调研对象基本情况介绍

案例1：林某，女，运城市临猗县，A村人，59岁，种苹果有12年的时间，主要的品种是红富士，主要销售方式是线上的微商和线下的客商两种。

案例2：赵某，男，运城市临猗县，B村人，48岁，种苹果有20年的时间，主要的品种是红富士和大卫嘎拉，主要销售方式是线上销售和线下销售相结合，包括线上销售渠道盒马鲜生、本地电商或者客商。

案例3：王某，男，运城市临猗县，B村人，60岁，种苹果有13年的时间，主要的品种是红富士，主要销售方式是自己开淘宝店进行线上销售，除了销售自家苹果外还负责销售本村和邻村农户的苹果。

案例 4：赵某，男，运城市临猗县，B 村人，60 岁，经营着 20 亩苹果地，种苹果有 10 年的时间，主要的品种是红富士，主要销售方式是线下的客商。

六　电商促进苹果种植绿色化转型的作用机制

（一）电商参与对苹果种植绿色化转型的拉力作用

1. 增加农产品的销售渠道，降低市场风险，让农户愿意开展绿色生产

电商平台的出现使原来单一的线下销售变为线下销售和线上销售相结合，增加了农产品销售渠道，降低了市场风险，保障了苹果销量，增强了苹果种植户的绿色生产意愿。案例 1 的林某说："电商对于我们来说，应该是多了一个卖果子的渠道，自从我们村的网店开了之后，苹果销售途径变多了，最起码不愁卖了，像我们这种品质好的果子，之前都是卖给客商，有时候也卖给超市，但是超市的量有限，而且也爱收合作社和大规模农户的，我们这种小农户太散了，人家嫌不好弄，比较麻烦。所以大部分果子都是给了客商，导致好果子的价格也上不去，现在多了电商这种渠道，最起码好果子多了个卖的地方了，也能自己在微信上卖，或是把苹果卖给其他电商。我们这边有个账号名叫'农村一家人'的，只要果子好，钱不是问题，而以前好果子能卖的渠道其实没有现在多。"案例 2 的赵某说："自从有了电商，我们品质好的果子更是不愁卖，今年（2023 年）三新农场的果子，大小都差不多，颜色也好（颜色和甜度正相关），这里的电商公司都提前给人家说了，抢着要呢，最后是以 3.5 元每斤的价格卖给了盒马鲜生，盒马鲜生把果子全订走了。"可见，电商平台增加了苹果销售的渠道，尤其是可以帮助高品质苹果对接到更多愿意出高价的买家，有利于增强农户绿色生产的意愿。

2. 电商参与通过缩短产销流通链条，影响了中间商对质量溢价的分享

电商参与提高了农户的市场议价能力，促使绿色农产品溢价，拉动农户绿色生产。案例 1 的林某说："以前我们这里的苹果都是客商过来收，我们这

里也有代办，但是客商给出的价就不会很高，人家也要挣钱，我们都是两块左右（每斤）给了人家，去年（2022年）客商收我们的好果子价格是2.85元（每斤），然后人家再转卖给其他人，他们就靠这个挣钱。但是这几年我们村里有的年轻娃也在微信上发，联系客人，然后我们自己拿着品质好的苹果去快递点发，一斤能卖5~6块，除了包装（费）也挣不少钱。微信上大家都是要好果子哩。"案例3的王某说："我之前没开店的时候，苹果一斤两块钱左右，我们红富士套袋成本很高，要是低于两块钱我们压根就是个赔，卖两块多点，一斤苹果只挣几毛钱，还不算自己一年搭上的辛苦，挣不了钱。后来我就开了个网店，网店上好的苹果能卖六七块钱一斤差不多，也有卖五块多（一斤）的时候，这一年下来能赚20来万（元），辛苦点也值得。"可见，电商参与提高了果农的收入，尤其是高品质苹果的溢价效应更为明显，一定程度上也调动了果农进行绿色生产的积极性。

（二）电商参与对苹果种植绿色化转型的推力作用

1. 苹果品质检测推动农户绿色生产

电商发展过程中苹果的质量检测是推动农户绿色生产的关键。电商公司对质量检测的严格把关能倒逼生产端进行绿色生产，减少以次充优的可能性。影响苹果品质的可测量的关键指标有果径大小、成熟度、酸甜度、农药残留和果皮厚薄等。案例3的王某说："我们这边收富士果子（时）主要是看酸甜度、套袋不套袋、果子的大小，还有完整度、颜色这些。我们这边有的电商公司大部分不测酸甜度，因为就算是（同）一棵树的（果子）酸甜度都不一样，这和光照有关，所以测不测意义不大，而且通过（果子）颜色就能看出来，要是颜色上去了自然糖度就够了。但是人家盒马鲜生过来收的标准都是糖度16，他们就要测，（但）是抽查。"可见，对于苹果这种经济作物而言，标准化是很难的。很多电商公司尤其是本地的电商公司都不会对苹果的酸甜度进行测量。因为光照等原因，同一棵树上的苹果酸甜度可能都不一样，不可能对每颗苹果都进行检测，大多是凭借经验即苹果的红度占比，或者是通过抽查的方式进行检测,高端定位的电商相较于普通电商一般会进行苹果酸甜度测量,对苹果的质量把控更为严格。

2. *平台监督推动农户绿色生产*

各类电商平台的定位不同,对于入驻的网店也会有不同的标准和要求,一般会通过签订合约以及押金的形式对网店的诚信经营行为进行监督。案例3的王某说:"我们(销售)农副产品在淘宝的保证资金为1000元,天猫旗舰店为5万~10万元,拼多多最开始的时候也是好几万元,现在降了。如果差评和退货多、平台抽查质量不行都会扣除保证金,得重新交了才行,严重的,还会把你的店关了,所以一来二去就是一个很大的监督和约束。还有一个规则是,如果产品质量有问题,顾客可以(提出)申诉罚款500元,很多顾客不知道,这个也很危险。我们邻村最开始有很多店,但是就是因为品质把控不严,退货退款多,平台扣钱多,导致干不下去了。"可见,电商平台对果品质量的监督,对推动农户绿色生产具有重要作用。而微商不通过平台与客户建立联系,是通过微信渠道,因而不会受到平台的监督。

3. *顾客反馈推动农户绿色生产*

互联网平台的交易评价将"评价"与"信任"相连,创造了独有的网络信任机制。由于评价信息是影响消费者购买决策的重要依据,评价的"好"或"坏"对商家经营的影响重大。评价形式主要分为电商平台的评价和微商平台的评价两种。其中,电商平台的评价是公开的,会直接影响到其他消费者的购买决策。案例3的王某说:"现在人买东西都看评价好不好,买的人多不多,你看我们卖苹果的,如果苹果又大又红又甜,好评多不多不敢说,最起码差评肯定很少,这样就会有人来买,但是一旦差评和退货很多,那就是个麻烦,尤其是网上卖,你也没办法吃一口再买,只能是买回去了再吃,要是苹果不甜或者说有伤、苹果太小都会可能让人家给你差评,所以还是得要把控好苹果的品质。"可见,苹果的质量会直接通过电商平台的顾客评价反映出来,进而影响电商经营者的经济利益,因而顾客评价一定程度上对果农的绿色生产行为起到重要的监督作用。

相较于电商平台而言，微商采用一对一的交易模式，其评价不是公开的，甚至受到人情、面子等内在影响因素的制约，微商渠道的差评相对较少。案例1的林某说："我们在微信上卖苹果，倒是好不好的，关系比较近的人，我们认识的人吧，人家也就不会说啥，就是人家心里会有个评价，觉得你的好就再来买，所以（通过）人家来买的次数其实你就能知道人家的评价是啥。但是像不熟的或者是加微信就是来买苹果的，要是质量不好，人家肯定是（要在）微信上说你的，说你的（苹果）没有那么好，然后再也不买了，但是我们种苹果的也都希望人家说你的苹果好，我们也是尽力给人家发好的，人家觉得好了才能年年买，我们（微信上）也一般都是老顾客。"综合来看，无论是电商平台还是微商平台，无论是直观的评价和反馈还是间接的评价和反馈，都对农户的绿色生产提出了要求。虽然微商渠道的评价不会对其他消费者产生影响，也不受平台监督，但是会影响复购率，为了得到更多的好评，得到消费者认可，赢得良好的声誉，保持复购率不下降，果农会积极进行绿色生产。

4. 产品追溯机制推动农户绿色生产

苹果在销售过程中若出现品质问题，责任可追溯到生产者，是推动农户绿色生产的重要环节，但是由于农户过于分散，追溯成本较高且操作难度大，往往需要合作社等中间组织介入。案例3的王某说："我们合作社之前的果子是往北京这边的一个公司卖呢，然后我最开始不是仅仅卖自己的，还顺带着卖我们村里其他人的，我就要求他们把自己的名字编号都写好，这样到时候出现啥问题了就能知道这个苹果是谁的，因为我们都是好几卡车的（运）走，大家都是一车一车地拉着自己家的苹果来我这里，我也没有那么多人手一筐筐地检查，只能是看个大概，但是后来就发现了好多果农就把坏果给你放在下面，把好的大的放在上面，这样拉到北京的果子，好多都被人家退回来了，我的基本都留下来了，费力不讨好，幸好知道收到的是谁家的果子，要不这不就全赔了嘛。人家在芮城陌南的苹果都有二维码，更是知道你这个苹果都是干了啥。但是我们这边好多的电商公司都不能实现追溯，货太多了，你收的时候把好关就行了，追溯起来确实是很麻烦的，基本上都是付了钱这个苹果就和果农没关系了。"可见，追溯成本高且操作难度大，需要一定的中介组织和农户对接并在其中有利可图且能发挥作用，在实际的电商运营过程中仅有部分高端电商能实现产品追溯，大部分电商往往难以实现。

（三）不同的电商参与形式对苹果种植绿色化转型有不同的影响

近年来，电商发展迅速，不同类型的电商参与形式对苹果种植绿色化转型有不同程度的影响。

1. 直接参与和间接参与

农户不同的资源禀赋条件决定了其不同的电商参与方式，鉴于农业生产投入的资产专用性较强，并且苹果种植过程中需要投入大量的时间，电商经营同样需要投入很大的精力和财力，只有小部分农户能直接参与电商运营，大部分农户还是会选择将苹果卖给电商公司。案例4的赵某说："我们果子多，我种了20亩地，微商对我来说走的量太少了，还麻烦，还得自己去发货。网店吧，量就大，但需要你有那个时间，我们开网店就不敢开得太早了，得等到苹果都下来了再开，要不人家单子太多了，你发货跟不上，人家就投诉你，平台还扣你钱，严重的就让你关门了。我们这个都是有好评、差评的，也害怕人家差评，差评了人就都不（来）买了，也害怕退货，苹果本来就挺重的，退回来果子也烂了，我们还（得）赔上快递费。之前有几个大规模的网店就是因为发货不及时，光是给人家那些单子赔钱还有给平台赔钱就倒闭了，我没这个能力，也没这个本钱承担这么大的风险，更没这个工夫。我们卖给网店的，和客商也差不多，谁的价格高就给谁，电商一般（一斤）高1~3毛钱吧。"案例1的林某说："我这两亩地大部分都是通过微商卖，一斤五六块，都是自己挑的好果子，你果子好了人家才能多买你的。所以还是得好好提高品质，卖高价格，你像人家三新果园就是滴灌带，生产也讲究，果子卖得也好（好果子卖给电商一斤可以卖到3.5元，而普通果子只有2.5元）。"

可见，微商这种销售方式与电商平台相比，进入门槛低，更适合农户直接参与，但是销售规模有限。而电商平台对农户在人力资本、物质资本、风险意识等方面都提出了较高要求，大部分农户没有直接经营网店的能力，而是选择直接卖给网店，网店收购价格是影响农户绿色生产行为的重要因素。相较于间接参与电商，直接参与电商的果农既是生产者又是销售者，他们更清楚消费者的需求，而且必须由他们自己承担平台监督和消费者监督的结果。为了避免出现赔付的情况，他们会加强生产环节的质量把关，通过提升苹果品质来提高市场竞争力。而间接参与电商的果农中，如果参与的是普通电商公司，相较于高端电商公司较高的收购价格而言，其一斤高于线下客商0.1~0.3元的价格，较难促成果农绿色生产的内驱力。此外，间接参与电商的监督成本相对较高。农户间接参与电商不用直接对平台和消费者负责，只用对电商公司负责，因而相对于直接参与电商而言，农户绿色生产的内驱力稍弱。

2. 直接参与：微商和平台网店

微商依托熟人关系网销售，与农户的社会网络和消费者的情感逻辑有很强的关系，不受平台监督，也没有公开的评价机制，但是有很强的内在监督力。而平台网店作为依托平台的经营方式，受到平台的监督和约束，其客源多是陌生人。微商相对于平台网店而言，顾客一般直接将钱款付给卖家，少了来自平台的监督，且销售对象大多为朋友圈的熟人，或者通过口口相传的营销方式吸引来的消费群体。因而微商相对于平台网店而言，外在的监督渠道较少，且监督力度较弱，但为了维系客户关系，其内在自我监督动力更强。案例1的林某说："我也在微信上卖呢，我不多，就两亩地，有人要的话我就去发个快递，基本都是我朋友圈的一些人，每年（苹果）熟了我就发微信，然后人家就要，觉得好了年年都要，他们也会给我们介绍一些自己的朋友来买。觉得不好了可能也就这样了，下次不买就行了，也不用退货啥的，都是熟人也都抹不开面子，你问他好不好吃，都说好吃。"

可见平台网店相对于微商而言，有更严的监督管理。相对于微商一对一的销售而言，平台网店采取透明公开的评价方式，不好的评价会对其他消费者的购买决策产生影响。此外，苹果品质导致的好评、差评、退货及平台罚款等都会直接影响到果农的收益。因而对苹果品质把控提出了更高的要求。而微商这样的"熟人经济"中，买家为了维护彼此之间的朋友关系，即使其作为消费者的权益受到了损害，往往也会选择不追究。这样无形之中也弱化了微商对品质把控的需求。

此外，微商的进入门槛比较低，但受制于社会关系网的大小，销售规模有限。在品质把控上微商的内在激励作用更大，多是亲力亲为，而电商由于销售规模稍大，需要雇人来做，在选品、发货等环节得依靠监督。案例1的林某说："微商因为规模小，都是自己选品，自己发货，自己肯定不会砸自己的招牌，也是尽心做，但是你像电商就不好说了，他们规模大，雇的人做选品发货的事情，他们都是想着自己，才不管你是不是真的挑的是好品质的呢，所以把关上也是个问题。"可见，微商促成绿色生产的内驱力要强于电商公司，电商公司由于规模大，要保证品质就离不开强有力的监督。

3. 间接参与：高端电商和普通电商

高端电商平台是平台企业对其所销售产品的质量做出保证，所售苹果的品质和价格都要高于普通电商平台。而普通电商平台入驻的企业大多是通过价格取胜。二者定位不同导致其在产品的品质把控和收购价格等方面有所不同，相应的对于苹果种植绿色化转型的影响不同。案例1的林某说："我们这里也有好的（电商），你像人家'农村一家人'（抖音名），只要你的果子品质好，钱不是问题，但是你必须保证你的品质，人家只要好的，当然价格也高。"可见，高端电商对于产品品质的把控更严格，收购价格也更高，这在一定程度上对果农的绿色生产起到了激励作用。

此外，高端电商的追溯机制能够对果农的绿色生产形成监督。案例2的赵某说："盒马鲜生在我家收的苹果的糖度要比平均水平高，要达到16，如果达不到就不要，而且我们也对苹果进行追溯，这样才能知道坏果是来自哪个地方，确定是否要保持长期合作（关系）。但是（有的平台）也不测糖度，人家都有经验，凭借经验就能看出来大概的甜度，然后就是大小，但是我们对于苹果品质的包容性很高，比如之前的一些小果和次果，只能卖给果汁厂的，人家（有的平台）也收。他们的价钱和普通客商差不多。肯定和盒马（鲜生），还有其他的没法比，当然收到了坏的人家也不找我们，他们走的量太大了，收到坏果也就那样了，不可能对苹果进行追溯，这（样）工作量太大了，而且主要也是没必要。"但是，由于溯源相应的成本较高，大多数企业宁愿在生产端严加把控也不愿意投入更多的人力、物力对产品进行追溯，溯源成本除非可以在价格中得到弥补，否则一般电商都不会主动溯源。

七 结语与政策建议

本文基于农户行为理论初步构建电商参与对苹果种植绿色化转型的研究框架，借助山西省运城市临猗县两个行政村苹果种植绿色化转型的实践案例，解释电商参与是如何促进农户苹果种植绿色化转型的，并对不同的电商参与形式对苹果种植绿色化转型的异质性影响进行了分析，得出以下结论。

（一）结论

电商参与对苹果种植绿色化转型有以下作用。一方面通过降低交易成本、提高销售价格、拓宽交易渠道拉动果农绿色生产；另一方面电商通过质量检测、平台监督、产品追溯和顾客反馈四条途径推动苹果种植绿色化转型。

农户受限于资源禀赋条件，仅有部分选择直接参与电商运营，大部分还是选择将苹果卖给电商公司。其中，与电商平台相比，微商进入门槛低，更适合农户直接参与，但是销售规模有限。而对于间接参与电商的农户而言，电商公司收购价是直接影响农户绿色生产行为的重要因素。相较于间接参与电商，直接参与电商的农户既是生产者又是销售者，他们更清楚消费者的需求，而且必须由他们自己承担平台监督和消费者监督的结果。为了避免出现赔付情况，他们会加强生产环节的质量把关，坚持通过提升产品品质来提高市场竞争力，开展苹果绿色生产的内驱力更强。

微商依托熟人关系网销售，与农户的社会网络和消费者的情感逻辑有很强的关系，不受平台监督，也没有公开的评价机制，但是有很强的内在监督力。相对于微商而言，平台网店受到更强的外部监督管理，与苹果品质相关的好评、差评、退货及平台罚款等会直接影响到其收益，因而也对苹果品质把控提出了更高要求，但是电商公司由于规模大，要保证品质就离不开组织内部的监管。综合而言，微商促成绿色生产的内驱力要强于电商公司。

高端电商和普通电商在对苹果的品质把控和收购价格等方面有所不同，进而对于苹果种植绿色化转型的影响也不同。高端电商对品质的把控更严，收购价格也更高，一定程度上对果农的绿色生产行为起到了明显的激励作用。此外，高端电商的追溯机制能够对果农的绿色生产行为形成监督约束。但是，由于溯源相应的成本较高，除非可以在价格中得到弥补，否则一般电商都不愿意选择溯源。

（二）政策建议

1. 加强社交平台建设

政府应该重视微商在苹果销售过程中所发挥的重要作用，加强微商的规范化管理，确保电商发展的可持续性。微商在发展过程中，更应注重提高苹果种植户的生产经营水平、加强人力资本建设、搭建良好的社交网络、拓宽信息传播渠道，从而有效地提升苹果种植户的经营能力。

2. 加强绿色苹果市场认证标志监管，推动苹果全程追溯机制建设

一方面，推动建立第三方农产品质量安全检测平台，为绿色农产品生产者提供免费检测服务或奖励，对不规范生产的农户予以处罚，激发农户种植绿色化转型的热情；另一方面，建立健全苹果全程追溯制度（产地编码）和技术档案、管理档案、生产标准、产品标准、包装标准、市场准入制度，完善监管体系，严把质量关；实施苹果质量安全信息公示制度，对电商平台出售的苹果相关信息进行监管，要求标明品名、产地、质量检测信息等内容，完善市场准

入与退出机制。

3. 扶持推动高品质电商发展

一方面，加大对从事绿色生产的苹果种植户的金融支持力度，提高其抗风险能力。创新金融支持政策，发挥银行、风险投资平台、资本市场对高端电商的支持作用，扩大贷款范围，营造良好的融资环境，设立高端电商贷款担保基金，扩大贴息贷款规模，鼓励保险公司开展相关保险业务，减小高品质电商销售绿色农产品的市场风险，实行运销保险制度。另一方面，完善苹果种植户参与电商的相关法律法规，制定配套的检疫、检查制度；搭建电商服务平台，建设苹果电商产业园，并给予税收优惠及补贴政策支持，引导其高端化和品质化发展；保障苹果绿色生产和配送的用地需求，建设好苹果物流园区，打通苹果销售的"最初一公里"。

4. 加强参与电商的苹果绿色生产品牌建设

做好参与电商苹果品牌的申报、评选及认定工作，强化苹果绿色生产，突出特色，打造过硬苹果品牌；组织参与各类展销会、展览会、洽谈会及文化活动，进行苹果品牌推介，提升苹果品牌的市场知名度，辐射带动更多苹果种植户开展绿色生产。

宜居宜业和美乡村建设：
主要形势、现实困境与推进路径

张 瑶[*]

摘 要： 在实现第二个百年奋斗目标的新征程上，全面推进乡村振兴，建设宜居宜业和美乡村，具有深远的历史意义和重大的现实意义。在认清宜居宜业和美乡村建设面临的主要形势及现实困境的基础上，要从实施乡村建设行动、强化要素资源保障、优化乡村产业体系、提升乡村治理效能、突出数字全面赋能等五个方面系统发力，高质量、高效率、可持续地推进宜居宜业和美乡村建设，统筹实现乡村人与自然和谐共生、人业和合相宜、人人美美与共。

关键词： 宜居宜业和美乡村 农村现代化 乡村振兴

全面建设社会主义现代化国家，既要建设繁华的城市，也要建设繁荣的农村。[①] 建设宜居宜业和美乡村，是党的二十大报告对乡村建设提出的新任务

---

[*] 张瑶，河南省社会科学院农村发展研究所助理研究员，主要研究方向为农村经济。
[①] 杨春华：《扎实推进宜居宜业和美乡村建设》，《红旗文稿》2023年第3期。

和新要求,从"宜居宜业美丽乡村"到"宜居宜业和美乡村",虽一字之变,但内涵极丰极深,体现了乡村建设思想的变化和发展观的转变,展现了党在乡村现代化建设方面的理论创新和实践走向,彰显了对乡村建设认识的持续深化和全面化。在实现第二个百年奋斗目标的新征程上,建设宜居宜业和美乡村,是全面推进乡村振兴的一项重大任务,是农业强国的应有之义,更是实现中国式现代化的重要举措。

一 宜居宜业和美乡村建设的主要形势

建设宜居宜业和美乡村涵盖物质文明和精神文明各个领域,既包括"物"的现代化,也包括"人"的现代化,还包括乡村治理体系和治理能力的现代化。[1]当前,推动宜居宜业和美乡村建设面临前所未有的新情况,各种不确定、难预料因素明显增多,必须放在推进中国式现代化大背景下来审视,着眼新的目标要求,把握新的变化趋势,与建设农业强国、全面推进乡村振兴统筹起来,加强顶层设计、统筹谋划,努力满足亿万农民对建设美丽家园、过上美好生活的愿景和期盼。

(一)目标要求全面提升

农业农村现代化发展是中国共产党探索中国式现代化道路的重要内容,乡村建设始终贯穿其中。改革开放以来,党中央始终高度重视乡村建设工作,乡村发展战略思想与时俱进,也积累了丰富的实践经验。随着小康社会全面建成,中华民族站在新的历史起点上。全面建设社会主义现代化国家,实现中华民族伟大复兴,最艰巨最繁重的任务依然在农村,最广泛最深厚的基础依然在农村。党的二十大进一步提出"建设宜居宜业和美乡村",乡村建设开启新征程,基本内涵和目标要求进一步拓展升级。在以中国式现

---

[1] 胡春华:《建设宜居宜业和美乡村》,《人民日报》2022年11月15日。

代化推进农业农村优先发展的战略背景下，建设宜居宜业和美乡村成为加快实现农业农村现代化的重要抓手。①新征程上，以全面建成小康社会为新起点，做好全面推进乡村振兴这篇大文章，加快建设农业强国，建设宜居宜业和美乡村，这是农业农村发展新的历史方位，也是"三农"工作新的历史使命。②

（二）战略决策提供支撑

高质量发展是全面建设社会主义现代化国家的首要任务。加快构建以国内大循环为主体、国内国际双循环相互促进的新发展格局，是党中央明确的重大战略任务，是实现高质量发展的必然要求。③构建新发展格局，农业农村不仅是基础和支撑，肩负着保障粮食等重要农产品的安全、夯实发展根基的重要使命，也具有潜力和空间，承担着发掘乡村居住人口的消费市场、落实扩大内需这个战略基点的重要任务。目前，全国仍有4.9亿多农民居住在乡村，而广大乡村地区消费水平仍较低，基础设施和公共服务整体滞后，与乡村现代化的要求存在差距，与农民美好生活需求不匹配。乡村既是发展的短板，也是新的增长点。地域广阔的乡村、规模巨大的农村居民整体迈向现代化，必然会释放出巨量的消费和投资需求。大消费市场的优势与新发展格局的要求高度契合，构建新发展格局，扩大内需是战略基点，潜力后劲在"三农"。建设宜居宜业和美乡村正当其时，将人口规模优势、经济体量优势、区位交通优势转化为高质量发展的胜势，充分发挥乡村作为消费市场和要素市场的重要作用，稳增长、扩内需、畅通国内大循环，从而成为乡村融入"双循环"的重要支撑，塑造乡村发展新优势。

---

① 吕捷、赵丽茹：《中国式现代化语境下的"宜居宜业和美乡村"建设》，《学习与探索》2023年第8期。
② 胡春华：《建设宜居宜业和美乡村》，《人民日报》2022年11月15日。
③ 黄承伟：《中国式现代化视野下的乡村振兴：现实逻辑与高质量发展》，《新视野》2023年第3期。

（三）乡村社会结构加快演进

城市发展与乡村社会结构变迁是人类社会文明演进的必然进程，是生产方式变革的必然结果。改革开放40多年，城镇化的快速发展，为城市经济发展增添了动力，也让农村社会结构发生重大变革。农村人口在城乡之间快速流动，城乡人口结构发生变化，城镇人口越来越多，农村人口不断减少。伴随着低生育率的持续，农村人口老龄化程度高于城镇，乡村也在一定程度上存在"空心化"现象。大量青壮年劳动力外流，不仅造成乡村"空心"，也造成治理体系中主体结构的"失却"。在外出打工人员较多的村庄，五六十岁的人成了农业从业人员中的"中坚力量"，人口平均年龄在60岁以上的村庄不断增加。规模化的现代农业企业，在农忙季节面临"雇工荒"。建设宜居宜业和美乡村，需要适应农村人口结构和社会形态的变化。不同区域的乡村由于区位条件、资源禀赋、功能定位等的差异，人口老龄化程度、青壮年流失程度不同，这意味着宜居宜业和美乡村建设不可能整齐划一，不能搞"一刀切"，要把握乡村的多样性、差异性、区域性特征，顺应不同类型区域村庄演进趋势和发展要求，着眼规划引领、分类推进。

（四）数字化智能化深度嵌入

"十四五"时期是全面推进乡村振兴、建设数字中国的发力期。习近平总书记在中国共产党第二十次全国代表大会上提出，要加快建设数字中国，加快发展数字经济，促进数字经济和实体经济深度融合。数字经济将数据要素转化为数据产品并赋予使用价值，为乡村振兴提供了新动力和新支撑。2022年中国数字经济规模达50.2万亿元，占GDP的比重提升至41.5%，数字经济在农业领域的渗透率为10.5%，同比增长0.4%，逐渐成为推进农业升级、农民进步、农村发展的重要引擎。最近五年的中央一号文件始终关注数字技术对农业农村发展的赋能效应，数字化时代的到来为农业农村现代化建设注入了新活力，也为建设宜居宜业和美乡村提供了新契机。但是，数字化与宜居宜业和美乡村建设深度融合过程中还存在一些梗阻。在数字经济、中国式现代化、建设农业强国等多重背景交叠下，如何使数字化、智能化更好赋能宜居宜业和美乡村建设，真正提升农民在数字时代的获得感、幸福感和安全感，是新时代所面临的重要课题。

二　宜居宜业和美乡村建设的现实困境

建设宜居宜业和美乡村是国家在推进农业农村现代化进程中的重大实践，涉及农村生产、生活、生态等多个领域，是一项长期任务、系统工程。当前，在推进宜居宜业和美乡村建设进程中，乡村建设、要素保障、产业发展、农民参与、数字赋能等方面逐渐暴露出一些问题。把握好当前建设宜居宜业和美乡村面临的现实困境，为加快建设农业强国、全面推进乡村振兴找到根本着力点。

（一）乡村建设短板突出

党的十八大以来，乡村地区在村庄规划、基础设施建设、基本公共服务、人居环境整治等方面取得了较大进展，但是与和美乡村的目标要求相比，还存在很多薄弱领域和短板瓶颈。一是村庄规划的引领作用不强。从整体看，村庄规划没有实现行政村全覆盖，村庄规划严重滞后。同时，一些已有的村庄规划的科学性、前瞻性不强，比如，部分乡村盲目照搬城市规划的思路和理念编制村庄规划，导致规划的"城市味道"过重，也有部分乡村在规划时对乡村发展规律的认知不到位，导致土地资源粗放利用，一些项目重复建设，浪费资源。二是基础设施仍较薄弱。一方面，由于城乡二元结构的长期存在，基础设施以城市为"绝对中心"，在农村的延伸性和覆盖面明显不足，城乡公共资源配置不均衡；另一方面，乡村基础设施建设存在向重点村、示范村过度集中、重复建设的情形，导致普通乡村基础设施建设存在投入少、层次低、质量差、功能弱等问题，乡村内部发展不平衡。三是基本公共服务水平亟待提升。与农村居民美好生活需求相比，教育、医疗、养老等农村公共服务供给数量不足、质量不高、结构不优，乡村基本公共服务的均衡性和可及性亟待增强。四是人居环境整治水平亟待提升。不仅整体农村人居环境整治水平不高，乡村之间差距大，而且后续的设施管护、运营等投入机制不健全。

（二）要素投入保障不足

实现乡村由表及里、形神兼备的全面提升，一体化推进农业现代化和农村现代化，在做好一体化设计的同时，关键在于落实。在推进宜居宜业和美乡村建设过程中面临人、地、钱等要素投入保障不足的困境。一是人才匮乏。乡村青壮年劳动力外流、农村人口老龄化现象比较严重，加之人才培养机制建设滞后，乡村引才难、育才难、留才难，普遍存在人才总量不足、质量不高、结构不优的发展瓶颈，一些乡村规划的产业项目因缺乏人才和劳动力支撑而难以落地。二是土地资源稀缺。乡村空闲地和闲置宅基地大多零星分散，整治腾退难度较大、成本较高，一些乡村集体建设用地受到碎小地块、村民意愿、政策要求等制约，存在粗放利用、闲置浪费现象。另外，乡村新产业新业态对设施农用地和建设用地提出了新的要求，一些乡村第二、第三产业用地指标不足，难以满足乡村产业发展需求，即便一些地方在乡镇土地利用规划中为乡村产业发展预留了少量用地指标，但由于缺少细化的村级规划，难以发挥实效。三是资金短缺。全国乡村数量多、面积大、范围广，乡村地区的财力有限，并且长期以来乡村建设投入少、欠账多，基础设施建设、环境治理、农业发展等方面面临巨大的资金缺口。然而，在乡村建设的资金投入方面，主体力量不足，村集体财力有限，社会资本参与不足，单靠财政资金难以满足宜居宜业和美乡村建设需要，外加部分地方财政困难，一些乡村出现因财政资金不足而无法开展工作的情况。另外，也存在资金分配不均现象，资金大都投向有条件、有基础的村庄，一些基础设施比较薄弱、真正需要建设资金的村庄难以获得大量的资金支持。

（三）乡村产业发展动能不强

乡村产业是农业农村各项事业发展的物质基础，乡村产业发展的重点在于形成现代产业体系与合理的产业结构。目前，无论是产业体系构建还是产业结构调整，乡村都比较滞后。从乡村产业体系来看，不少地区仍以第一产业为主，农产品加工多停留在初级环节，精深加工程度不够，农产品加工转化率较低，产业链、要素链、创新链、供应链、政策链耦合不紧密，农村产业现代化服务仍然乏力，普遍存在产业链发展整体水平不高、链条较短、"补链""延链"步履缓慢等问题，导致绿色优质农产品和生态健康畜牧产品供给不足、产品附加值不高、产品品牌不优，产业融合层次不深、产业发展协同性不够，产业带动性不强。从乡村产业结构来看，乡村存在产业结构同质化现象，缺乏个性特色和核心竞争优势，产业结构调整难度比较大。部分乡村主导产业定位不清晰，特色资源挖掘不深入，休闲农业和乡村旅游大多停留在农家乐、采摘园等，没有形成农商旅、农文教、农文养、农餐游等多功能立体式农业休闲和乡村旅游良性融合发展模式，同质化现象严重，游客重游率比较低。

（四）农民主体缺位

农民既是宜居宜业和美乡村的建设主体，又是受益主体。[1] 乡村建设资本化、技术化与行政化导致农民主体缺位的结构困境，主要表现在：一方面，部分乡村在建设过程中农民被客体化，存在政府干农民看、农民不想参与、农民参与不了的情况。比如，一些基层政府以购买服务的市场外包方式替代了农民对村庄环境治理的参与，部分乡村直接将本应由村民主导的村庄规划变成由政府主导，一些乡村采用引进商业资本提供市场化服务的经营模式来发展乡村旅游，这些做法易导致对农民需求缺少关注。还有部分乡村则是乡村集体组织力量薄弱，基层党组织软弱涣散，没有能力把农民组织起来参与村庄治理，导

---

[1] 张永江、周鸿、刘韵秋等《宜居宜业和美乡村的科学内涵与建设策略》，《环境保护》2022年第24期。

致自治、德治建设主体空化问题。另一方面，从农民自身来看，大量中青年劳动力候鸟式的乡村生活冲淡了乡村情结，常年留守在农村的老人、妇女和儿童因自身能力不够而难以对乡村建设提供建议和想法，往往都是听从村干部的安排，参与的积极性降低。一些农民则是个人权利意识淡薄，公共精神缺失，参与意识不强、热情不高，总觉得会有其他村民参与和村委会兜底，自己只是宜居宜业和美乡村建设的观望者。

（五）数字赋能不足

数字赋能宜居宜业和美乡村建设离不开新技术、新场景的叠加作用，但是在数字经济与河南乡村建设不断互嵌和融合的过程中，普遍存在数字技术对农业农村发展的支撑力不足，数字应用尚停留在初级层次的现象，影响数字技术对宜居宜业和美乡村建设赋能效应的充分发挥。具体来看，一是数字农业等方面的关键核心技术创新不足，数字农业发展水平有待进一步提高、覆盖范围有待进一步扩大，数字防汛防灾能力需要进一步提升。二是数字技术融合应用场景有限，由于乡村数字基础设施比较薄弱，农业产业数字化、数字产业化发展和乡村数字软件服务相对滞后，极大地限制了数字技术在宜居宜业和美乡村建设各个领域的嵌入和渗透，致使乡村地区难以充分共享数字红利。三是缺乏数据要素整合平台，一些部门不愿、不敢、不会共享数据，"数字孤岛"现象突出，数据分析和应用方面也存在较大的技术挑战。四是农民数字素养不高，将"数"之力转化为生产力的能力不强，数字化应用场景较有限，甚至对部分农民群体而言数字技术会造成"排斥效应"和"挤出效应"，导致新的数字化贫困。

三 宜居宜业和美乡村建设的推进路径

在新的发展阶段，要深化推广浙江"千万工程"经验，立足全面推进乡村振兴、加快推进农业农村现代化的战略部署，从实施乡村建设行动、强化要素资源保障、优化乡村产业体系、提升乡村治理效能、突出数字全面赋能等五个方面系统发力，高质量、高效率、可持续地推进宜居宜业和美乡村建设，将现代版"富春山居图"在中华大地镌刻呈现。

（一）实施乡村建设行动，夯实乡村全面振兴根基

要以乡村振兴为农民而兴、乡村建设为农民而建为根本原则，科学编制村庄规划，统筹乡村基础设施和公共服务布局，扎实推进人居环境整治，不断缩小城乡发展差距，持续提升乡村宜居水平。一是科学规划乡村建设，彰显中原乡村特色。要秉持乡村建设为农民而建的原则，客观分析乡村建设的现实基础和推进步骤，综合研判乡村资源禀赋、产业发展、农民素养等现状，科学布局乡村生产、生活、生态空间，尤其要注重保护传统村落和乡村特色风貌，突出地域特色、乡土底色，制定各具特色的差异化乡村建设规划。二是推进农村基础设施建设，弥合城乡发展"硬鸿沟"。持续加快补齐农村基础设施建设短板，完善水利、电力、道路、网络、物流等生产生活配套设施，推进城乡基础设施互联互通，满足农民现代化生产生活需要。扎实推进农田水利和高标准农田建设，坚持建管并重，强化后续管护，进一步提升农业防灾减灾抗灾能力。三是推进农村人居环境整治，建设绿色低碳乡村。重点聚焦农村厕所革命、农村生活污水和生活垃圾处理等，开展农村人居环境集中整治行动；统筹县、乡、村三级生活垃圾收储体系，推进垃圾分类减量与利用；[①] 建设农村污水处理系统，建立健全促进水质改善的长效运行维护机制，全面提升农村人居环境整治水平，让农村尽快净起来、绿起来、亮起来、美起来。四是推进基本公共服务均等化，扩大农村公共服务供给。推动基本公共服务资源下沉乡村，积极探索构建城乡教育共同体、医疗卫生共同体、文化共同体，大力推进"互联网＋教育""互联网＋医疗"等项目，扩大农村公共服务供给，促进城乡基本公共服务均等化。

---

① 彭超、温啸宇：《扎实推进宜居宜业和美乡村建设》，《中国发展观察》2022年第12期。

（二）强化要素资源保障，提升乡村内生发展能力

当前，补上宜居宜业和美乡村建设领域短板的任务艰巨，需要着力破解要素制约，做好人、地、钱三篇大文章，激发农业农村发展内在活力。一是做好"人"文章。精细"育才"，依据乡村特色种养业和产业发展需要，健全人才开发制度，培育"地方专家"、"田秀才"、"乡创客"和新型农业经营主体，加大对基层农业行政管理人员、农村信息员及农业技术人员的培训力度，加强人才储备。精心"引才"，创新人才引进机制，健全人才服务保障体系，打好"乡情牌"，采取专兼结合的方式柔性引导各级科研机构、院校的专家队伍进入农业、入驻农村，畅通人才双向流动渠道，统筹推进城乡人才融合发展，形成多元化人才服务新格局。精准"用才"，优化人才资源配置，根据人才的专业、层次、岗位实现人岗相配，选好配强基层干部队伍，同时，分类推进人才评价机制改革，完善人才评价标准体系和考评机制，畅通基层农技人员晋升渠道，释放人才潜力。二是做活"地"文章。要加强耕地保护，落实做细"藏粮于地、藏粮于技"战略，守住耕地红线，加快高标准农田建设，打通复垦复耕"堵点"，解开粮食生产"难点"，实现耕地数量与质量双提升；要有序推进土地流转，创新连片流转、土地托管等经营模式，推动土地适度规模经营，有效破解"土地碎片化利用"难题，实现高效集约用地。要纵深推进土地利用综合整治，通过科学腾挪空间、优化土地布局，努力构建农田集中连片、建设用地集中集聚、空间形态高效集约的国土空间新格局。要创新土地开发利用方式，完善乡村发展用地政策，探索灵活多样的供地方式，打通宅基地制度改革和农村集体经营性建设用地制度改革之间的通道，通过入股、租用等方式将农村集体建设用地直接用于发展乡村产业，盘活土地资源，破解农村的地"自己用不上、用不好"的困局，提高土地利用效率。三是做足"钱"文章。加大财政支农力度，构建财政支持宜居宜业和美乡村建设保障机制，确保财政支出倾向农业农村发展领域，尤其是基础设施比较薄弱、真正需要建设资金的乡村。同时，通过财政资金撬动社会资本和金融资本，引导社会资本和金融资本下

乡，建设多元化的资金投入格局，让社会资本在农村"大显身手"，让金融资本"下得去"村庄、普惠到农户。

（三）优化乡村产业体系，促进农民农村共同富裕

优化乡村产业体系，进一步释放农村发展活力，满足农民就业创业需求，促进农民农村共同富裕是推动宜居宜业和美乡村建设的必答题。要坚持联农带农、富民增效，发展乡村富民产业，推动乡村全产业升级发展，做好"土特产"这篇大文章。一是发展乡村富民产业。立足区位特点、资源优势、政策优势，统筹产业基础、功能定位，优化乡村生产空间，合理设置乡村产业定位，实施"一县一业""一乡一特""一村一品"工程，形成同资源基础相适应、区位布局相协调的产业格局。积极探索发展壮大新型农村集体经济新模式、新路径，完善利益联结机制，着力构建"政府引导、企业主导、农民参与、利益联结"的产业发展模式，通过订单生产、入股分红等方式让农民合理分享产业增值收益，实现以产聚人、以人促产、产村人互利。二是推进乡村全产业链发展。培育壮大乡村产业体系，打造农业全产业链，纵向延伸产业链条，横向拓展农业产业功能，多向提升乡村价值。[①]支持龙头企业做大做强，充分发挥龙头企业在乡村产业转型升级中的引领示范作用和短板产业补链、优势产业延链、传统产业升链中的辐射带动作用，推动实现产业链、创新链、供应链、要素链、制度链深度耦合。推进产业集聚，加快建设现代农业产业园，打造产业强镇强村，以现代农业产业园、农业产业强镇等载体为抓手，引导农业生产要素向园区集中，加快促进产业融合发展、集聚发展、高效发展，形成一村带数村、多村连成片、镇村联动的发展格局。三是培育新产业、新业态。以"产村人"融合发展为路径，培育多元化乡村产业融合经营主体，因地制宜地创新乡村产业融合模式，加速催生"产业数字化＋数字产业化"的农村新业态和新模式，发挥一二三产业融合的乘数效应，开拓乡村宜

[①] 黄承伟：《中国式现代化的乡村振兴道路》，《行政管理改革》2022年第12期。

业、农民增收的新路径，打造高质量的乡村生产空间，有力带动当地农民就业、年轻人返乡创业。四是优化营商环境。全方位宣传返乡创业就业支持政策、优秀返乡创业人才典型事迹、家乡发展前景及优化营商环境的相关政策，及时公开优化营商环境工作进展，引导群众树立积极参与的意识，吸引人才返乡创业。优化政务服务，积极推进"放管服"改革。依法简化审批程序，优化办事流程，压缩审批时限，推动行政审批事项全部网上办理。进一步完善政企对接机制，认真倾听企业群众诉求，切实解决好优化营商环境"最后一公里"问题。

（四）提升乡村治理效能，实现乡村社会和谐有序

坚持农民主体地位，建强基层组织，健全治理主体参与机制，培育文明乡风，推动形成"人人关心、人人支持、人人参与宜居宜业和美乡村建设"的发展局面，让乡村既迸发出强大的内生活力又稳定有序。一是加强基层党组织建设，完善基层组织功能。紧紧抓住党建引领这个"牛鼻子"，将党支部和党员分别作为乡村治理的"主心骨"和"主力军"，发挥村级党组织的一线组织力和党员的先锋模范作用，打造新时代变革型组织。二是创新乡村治理模式，发挥农民主体作用。推广应用积分制、清单制、数字化等治理方式，搭建多元化议事协商平台，常态化开展村民说事、民情恳谈、百姓议事活动，通过"看得见"的物质激励和"能感知"的精神激励不断提高村民参与乡村治理的积极性、主动性，推动乡村治理由"村里事"变为"家家事"，让村民从乡村治理的"旁观者"变为"主人翁"。三是优化乡村治理体系，建设乡村治理共同体。要健全自治、法治、德治"三治"相结合的乡村治理体系，搭建县、乡、村三级党群服务平台，将内生型主体和外生型主体组织起来，建设人人有责、人人尽责、人人享有的基层治理共同体，形成多种资源和力量整合、多元主体共同参与相互促进的共治格局。四是推动乡风文明建设，弘扬文明新风尚。深化新时代文明实践中心建设，凝练农民参与宜居宜业和美乡村建设的时代精神，营造"乡村是我家，建设靠大家"的积极氛围。挖掘传承中华优秀传统文化，将

社会主义核心价值观融入乡规民约建设，推动传统乡规民约创造性转化和创新性发展，培育文明乡风、良好家风、淳朴民风。

（五）突出数字全面赋能，推动乡村发展提质增效

数字赋能的关键在于通过综合运用人工智能、大数据、物联网等技术来推进农村产业、农民生活和乡村治理的变革，将数字经济发展红利不断释放至"三农"领域，更好助力传统农业现代化、农村现代化、农民职业化。[①]一是坚持城乡融合发展，弥合城乡数字鸿沟。以硬件设施升级为重点弥合乡村地区的"接入鸿沟"，统筹推进乡村信息基础设施建设和传统基础设施数字化改造，健全运营管护长效机制，形成"覆盖率高、网速高、普及率高、智能化高"的乡村基础设施体系。搭建数字化公共服务平台，提质农村网络教育、远程医疗和便民服务，推动政务服务、公共服务网上办、即刻办，提高乡村基层治理的效率及便捷化程度，破解传统乡村基层治理的"最后一公里"难题。二是以"数实融合"优化资源要素配置，促进数字经济与产业深度融合。大力发展数字农业，加快推进高标准农田"5G+"智慧农业项目在全国复制推广，加大力度研发、推广、应用智能化农业装备、信息终端、手机 App 等，创新农技推广服务方式，创建农业数字化示范基地。因地制宜开发乡村文化资源，着力打造"一村一品"文化品牌，以图文、直播、短视频等为载体，繁荣发展乡村网络文化，健全现代文化产业体系，创新农文旅新业态。实施"数商兴农"工程，大力发展农村电子商务、零工经济等新业态。三是提高农民数字素养，拓展数字技术应用场景。搭建数字能力培训平台，加强数字技术应用场景的宣传和示范，培养农民成为掌握现代数字技术的生产者，同时加强对农村老年群体的数字技能培训，弥合代际数字鸿沟。鼓励农民利用抖音、快手等短视频平台记录生活，讲好乡村故事，积极挖掘乡村特色文化、优秀传统文化，厚植乡村文化自信。四是整合数据资源，破除"数字壁垒"。建立统一的数据采集管理

---

① 富新梅：《数字技术赋能农业农村高质量发展研究》，《西南金融》2023 年第 7 期。

系统，打通现有条块分割的涉农信息系统，强化农产品全产业链大数据、农业农村基础数据等资源共享，打破"信息孤岛"。规范乡村数据资源使用，加强管控、防止数据垄断，在充分确保乡村居民利益和个人隐私安全的情况下，促进各主体间协同提高数据分析和应用能力。

农村土地制度

产权认知、利用程度与宅基地退出意愿*
——基于 2021 年 CLES 的实证分析

阿英·叶尔里克　张清勇**

摘　要：本文从农户认知的角度出发，运用二元 Probit 模型与两阶段工具变量法，深入探讨了宅基地产权认知和利用程度对农户退出意愿的影响。研究发现，宅基地产权个人所有认知及利用程度均对退出意愿产生显著负向影响。进一步分析显示，所有权和抵押权个人所有认知对宅基地退出意愿的负向影响尤为显著，而继承权认知的影响则不显著。对于宅基地闲置农户和有其他房产的农户，产权认知对退出意愿的提升作用更大。因此，本文建议通过增强宅基地的资产功能、以易于理解的方式纠正农户对产权个人私有的认知，以及制定差异化的退出补偿方案，引导农户自愿有偿退出闲置宅基地，从而促进宅基地的有效利用和推动乡村振兴战略实施。

关键词：产权认知　宅基地退出意愿　CLES

---

*　基金项目：中国人民大学教育基金会林增杰土地科学发展基金优秀学术论文资助项目（2023）。
**　阿英·叶尔里克，新疆社会科学院农村发展研究所实习研究员，主要研究方向为土地经济；张清勇，中国人民大学农业与农村发展学院副教授，主要研究方向为土地经济。

一　问题的提出

城镇化在中国经济发展中发挥着重要作用。近几十年来经济高速发展，大量农村人口迁移到城市，这给中国社会经济发展带来红利的同时，也引致了农村宅基地闲置率急剧攀升的负效应，农民退出宅基地的意愿普遍较低，反而争相占用宅基地、不断扩大宅基地面积、旧房未拆又起新屋，有的农户即使常年在外务工，也没有放弃自己的宅基地的意愿。与此同时，农村宅基地和城市建设用地一同呈现出"双增"趋势，这实际是在消耗了部分农业用地基础上建立的，可见宅基地闲置、一户多宅等低效利用问题，不仅加深了城乡土地利用矛盾，还阻碍了耕地保护工作的开展。[1]

受城乡二元土地正式制度因素和传统观念、历史成因等非正式制度的影响，中国宅基地制度具有特殊性和复杂性，特殊性体现在农村宅基地的无偿取得方式、产权归属、行使范围及社会目的上，[2]复杂性体现在宅基地不仅与五亿多农民的切身利益密切相关，还与城市建设用地和城乡用地矛盾紧密联系，宅基地闲置不仅增加了维护成本，也增加了外迁农民的机会成本，从而牵扯到广大农民、地方政府和国家的利益，也正是这两种特征使得宅基地问题成为农村问题中比较敏感且滞后的领域，[3]因此找到推进宅基地制度改革以引导农民自愿有偿退出的方法迫在眉睫。

宅基地制度改革可以缓解城乡用地矛盾，增进农民的社会福利，[4]从而在宏观层面促进城乡融合发展、乡村振兴战略的实施，近几年政府也出台了有关促进宅基地制度改革的文件，通过"三权分置"改革来赋予农民更多的权能，以

---

[1] 龚宏龄：《农户宅基地退出意愿研究——基于宅基地不同持有情况的实证研究》，《农业经济问题》2017年第11期。

[2] 胡新艳、许金海、陈卓：《中国农村宅基地制度改革的演进逻辑与未来走向》，《华中农业大学学报》（社会科学版）2021年第1期。

[3] 魏后凯、刘同山：《农村宅基地退出的政策演变、模式比较及制度安排》，《东岳论丛》2016年第9期；刘守英：《农村宅基地制度的特殊性与出路》，《国家行政学院学报》2015年第3期。

[4] 贺雪峰：《宅基地、乡村振兴与城市化》，《南京农业大学学报》（社会科学版）2021年第4期。

望促进农民自愿有偿退出，如2018年中央一号文件就明确指出，要推动"三权分置"改革，以促进闲置宅基地的有效利用；2021年中央一号文件强调应制定自愿有偿退让的具体方法来进一步推进宅基地制度改革；2022年党的二十大报告指出应当进一步深化农村土地制度改革，赋予农民更充分的财产权益。可见，政府高度重视农村宅基地问题，[①]但宅基地制度改革还处于试点阶段，相关的制度尚待完善，加上当前宅基地资产功能日益显化，农民对宅基地产权归属认知和法律所规定的内容有较大偏差，认为宅基地产权归个人所有，更加重视其资产价值功能，对宅基地未来的收益有过高期望，从而在一定程度上降低了宅基地退出意愿。

因此探讨农户在宅基地退出中所关注的因素有哪些，对于深化宅基地"三权分置"改革制度和全面推进乡村振兴具有重要的理论和实践意义，但由于农民缺乏对农村土地治理的参与，农户的利益以及对土地使用的偏好在决策过程中容易被忽视，[②]易造成宅基地补偿不足、收益分配不公等农民财产权益得不到保障等问题，[③]由此可推测农户的主观认知和意愿得不到充分的关注是宅基地退出不畅的一个重要原因，本文尝试从农户这个关键行为主体出发，探讨农户对宅基地的产权认知和利用程度，对其宅基地退出意愿的影响。

二 文献综述与研究假说

（一）文献综述

宅基地最初是为农民提供安全的居住环境，但随着城市化和劳动力流动的加快，宅基地在社会经济发展中所扮演的角色，以及农户对宅基地不同功能的

[①] 孔祥智：《脱贫攻坚何以从决定性成就走向全面胜利》，《人民论坛》2020年第8期。
[②] World Bank, The People's Republic of China Development Research Center of the State Council, "China's Urbanization and Land: A Framework for Reform," 2014.
[③] 冯双生、张桂文：《宅基地置换中农民权益受损问题及对策研究》，《农业经济问题》2013年第12期。

重视程度都在变化，宅基地的资产性逐渐超越了保障性，资产增值功能越来越被重视，[1]政府也主动顺应这种变迁而进行一些制度改革，制度改革会对农村土地市场和利用方式产生影响，能够更有效地帮助无地农民重新获得土地，引导土地闲置的农户有序退出，[2]因此可以有效促进城乡融合发展，但当前农户宁愿让宅基地闲置，也不愿放弃宅基地，宅基地需求持续增长的同时资源闲置已成为一种常态，宅基地低效率使用、一户多宅和闲置现象普遍。[3]针对宅基地闲置问题，理论界就宅基地制度改革也做了大量研究。

从宅基地微观主体农户角度出发，关于农户宅基地退出意愿的影响因素研究，大致从个人特征、家庭特征及制度环境特征等维度展开讨论，个人特征方面，年龄、教育程度、收入水平、工作状况、户口类型[4]会对农户宅基地退出意愿产生显著影响；家庭特征方面，年度支出、家庭规模、是否有小孩、收入水平会对退出意愿产生影响[5]；制度环境特征方面，城乡二元土地制度、户籍制度、经济补偿标准和社会保障制度等制度因素会影响退出决策[6]。但总的来看，从农户认知视角出发去探讨宅基地退出决策的相关定量研究较少。行为

---

[1] 王钰：《农村宅基地使用权多元功能的冲突与协调——以社会保障功能与资产增值功能为视角》，《社科纵横》（新理论版）2009年第4期；彭长生：《农民宅基地产权认知状况对其宅基地退出意愿的影响——基于安徽省6个县1413户农户问卷调查的实证分析》，《中国农村观察》2013年第1期。

[2] Vikas R.,"Agrarian Reform and Land Markets: A Study of Land Transactions in Two Villages of West Bengal, 1977-1995," *Economic Development and Cultural Change*, 2001, 49（3）.

[3] 龚宏龄：《农户宅基地退出意愿研究——基于宅基地不同持有情况的实证研究》，《农业经济问题》2017年第11期。

[4] 许恒周：《基于农户受偿意愿的宅基地退出补偿及影响因素分析》，《中国土地科学》2012年第10期；黄忠华、杜雪君：《农户非农化、利益唤醒与宅基地流转：基于浙江农户问卷调查和有序Logit模型》，《中国土地科学》2011年第8期；宁涛、杨庆媛、苏康传等：《农村宅基地流转影响因素实证分析——基于重庆市300户农户调查》，《西南师范大学学报》（自然科学版）2012年第2期；陈霄：《农民宅基地退出意愿的影响因素——基于重庆市"两翼"地区1012户农户的实证分析》，《中国农村观察》2012年第3期。

[5] 彭长生、范子英：《农户宅基地退出意愿及其影响因素分析——基于安徽省6县1413个农户调查的实证研究》，《经济社会体制比较》2012年第2期。

[6] 王兆林、杨庆媛、张佰林等：《户籍制度改革中农户土地退出意愿及其影响因素分析》，《中国农村经济》2011年第11期；胡银根、张曼、魏西云、刘彦随、徐小峰、何安琪：《农村宅基地退出的补偿测算——以商丘市农村地区为例》，《中国土地科学》2013年第3期。

主体对权利的认知是衡量制度功能的重要标准。[①] 农户对产权的认知与法律赋予的权能可能不一致，因此，讨论农户的产权认知对退出意愿的影响具有重要意义，然而以往学界更多地将关注点放在引起农户产权认知偏差的原因上，[②] 鲜有研究定量分析产权认知对宅基地退出意愿的影响。

宅基地功能对农户宅基地退出意愿具有显著影响，[③] 基于农户对宅基地的客观利用行为，宅基地利用程度体现了农户对宅基地的资产功能感知。随着市场化的发展，农户所感知的宅基地资产功能不断显化，[④] 宅基地生活保障功能逐渐被弱化[⑤]。在作出宅基地退出决策时，农户由于宅基地生活保障和资产功能的效用损失，以及长期在其上居住和从事生产活动，产生了一定的依恋情感，再加上存在"禀赋效应"，必然会要求增加退出补偿。[⑥] 只有实际获得的补偿大于等于期望收益时，农户才会选择退出。[⑦] 而农民对宅基地利用程度的差异体现了对宅基地功能感知的差异，[⑧] 从而会影响退出意愿，关于这方面的讨论仅散布于相关问题研究中，缺乏将其作为核心变量，集中探讨其对农户宅基地退出意愿的影响，本文试图用农户对宅基地的利用程度来衡量农户宅基地资产感知，探讨农户宅基地利用程度对其宅基地退出意愿的

---

① Ho P., "The 'Credibility Thesis' and Its Application to Property Rights: (In) Secure Land Tenure, Conflict and Social Welfare in China," *Land Use Policy*, 2014, 40.

② 刘芳、陈猛、刘宗奎等:《农村宅基地制度改革背景下的农户政策认知与启示——以山东省鱼台县农户调查为例》,《国土资源情报》2017年第5期；吴郁玲、侯娇、冯忠垒等:《农户对宅基地使用权确权效应的认知研究——以武汉市为例》,《中国土地科学》2016年第4期；刘静、陈美球、徐星璐:《农户对宅基地基本政策的认知及其影响因素分析》,《中国国土资源经济》2016年第11期。

③ 龚宏龄:《农户宅基地退出意愿研究——基于宅基地不同持有情况的实证研究》,《农业经济问题》2017年第11期。

④ 张德元:《农村宅基地的功能变迁研究》,《调研世界》2011年第11期。

⑤ 瞿理铜、朱道林:《基于功能变迁视角的宅基地管理制度研究》,《国家行政学院学报》2015年第5期。

⑥ 刘丹、巩前文:《功能价值视角下农民宅基地自愿有偿退出补偿标准测算方法》,《中国农业大学学报》2020年第12期。

⑦ 马晓茗、张安录:《农户征地补偿满意度的区域差异性分析》,《华南农业大学学报》(社会科学版)2016年第6期。

⑧ 李春华、赵凯、张晓莉:《功能认知对农户宅基地退出补偿期望的影响——基于家庭生命周期视角》,《农业现代化研究》2021年第4期。

影响。

现有研究在以下两个方面有待强化。第一，以往研究多从农户家庭人口特征视角探讨影响宅基地退出意愿的因素，忽视了在作出宅基地退出决策时，农户的宅基地产权私有认知会使其倾向于锚定高补偿价格，外加禀赋效应，从而减弱农民宅基地退出意愿。第二，在推进宅基地"三权分置"改革的背景下，农民作为宅基地制度改革的微观主体，他们对宅基地产权的认知情况如何？产权认知是否确实对宅基地退出意愿产生了影响？宅基地利用程度作为体现宅基地功能感知的客观行为，是否会对宅基地退出意愿产生影响？但遗憾的是，从农户认知角度出发，探讨农户主观产权认知和客观利用行为对宅基地退出意愿影响的定量研究还十分少见。

（二）理论框架

传统经济学中，"经济人"是理性的工具主义者，会根据有序的偏好和自身禀赋进行精确的计算，从而作出使期望利益最大化的决策，但现实中由于信息不对称等因素，农户的期望利益和实际获得利益之间存在差异，由此引入了新制度经济学中有限理性的行为经济人假设，即农户的行为特征是关注行为本身以及过程，认知偏差会对农户选择行为产生重要影响，进而影响最终结果。本文的论述基于行为经济人假设，将农户视为有限理性的行为经济人。

鉴于传统期望效用理论不能很好地解释在风险环境和不确定条件下的决策行为，Kahneman 和 Tversky 提出了基于"有限理性"的前景理论，[①] 即认为当个体处于不确定性事件时，一般都会预设一个基准，作为决策和行为时可参考的基准点，以同一个基准为参考值通过权衡比较从而作出选择。决策者对变化因素作出反应时，他们的经验就会成为一个基准，据此，他们对特定价值

---

① Kahneman Daniel, Tversky A., "Prospect Theory: An Analysis of Decision under Risk," *Econometrica*, 1979, 47 (2).

的认知就可以得以确立。近年来，前景理论可以用来解释失地补偿[1]、宅基地退出及流转[2]等情境中农户作出决策的个体行为，具有很强的解释能力和实用性。农户作出宅基地退出决策时，由于认知偏离客观事实和判断标准，会出现认知偏差，从而影响他们的选择，在这个过程中，既存在不确定性事件带来的风险，也存在依赖参照点确定收益或损失的偏差认知对决策结果产生影响，这与前景理论描述的决策情境是相符的。

前景理论用价值函数$v(x)$和权重函数$\pi(p)$描述决策者通过认知和判断完成行为决策的过程。决策者在面对预期损失时表现出了风险偏好，在面对预期收益时会采取谨慎的态度，并且对损失的厌恶程度超过对收益的渴望，即损失所带来的痛苦比收益所带来的喜悦更多。[3]在权重函数曲线中[4]，$\pi(p)$是概率p的单调增函数，并且是单调递增的凹函数，那么对一个不确定性事件$(m,p;n,q)$，个人得到m的概率为p，得到n的概率为q，则该事件的前景值计算公式[5]为：

$$PS=\pi(p)v(m)+\pi(q)v(n) \tag{1}$$

基于前景理论，农户决策行为可以分解为编辑和评估两个步骤。在编辑阶段，主观认知可能会通过改变基准值或权重函数来对最终结果产生影响，其中第一种改变基准值路径，通过重新评估收益和损失比值来产生影响，第二种改变权重函数，通过影响概率p来对最终结果产生影响。[6]由于宅基地退出行

---

[1] 吴宗法、詹泽雄：《前景理论视角下失地补偿理论分析》，《农业技术经济》2014年第11期。
[2] 庄晋财、齐佈云：《前景理论视角下不同类型农户的宅基地退出行为决策研究》，《农林经济管理学报》2022年第1期。
[3] 吴淑萍、杨赞：《土地供应计划对地方政府土地供应决策的影响：基于前景理论的分析》，《清华大学学报》（自然科学版）2018年第9期。
[4] 薛求知、黄佩燕、鲁直等：《行为经济学——理论与应用》，复旦大学出版社，2003。
[5] 赵凛、张星臣：《基于"前景理论"的先验信息下出行者路径选择模型》，《交通运输系统工程与信息》2006年第2期。
[6] 袁乐平、王安琪：《认知偏差对知识型员工流动决策影响研究——基于前景理论参照点》，《中国劳动》2015年第8期。

为并没有实际发生,因此可以将此过程视为农户受认知偏差和利用方式影响,调整了预期补偿价格,设了一个基准值,从而将客观概率转化为主观概率。基于主客观之间的偏差值,产生不同程度的收益或损失形成价值感知,从而得出价值函数和权重函数的值。在评估阶段,农户对每个调整过的前景进行评估,根据式(1)计算出不同方案的可行性并选择最优,从而产生了不同的退出意愿。同时由于禀赋效应和锚定效应的存在,[①] 农户对宅基地产权的私有认知有"放大"宅基地价值的趋势,这使得他们评估的宅基地经济价值超出实际价值,增加了农户宅基地退出障碍。因此,农户对宅基地的个人所有认知越强烈,就越重视其资产功能,对宅基地的经济价值也会有偏高的评价,从而降低退出意愿,这为宅基地退出问题的研究提供了一种新的视角和可能的解决方案。

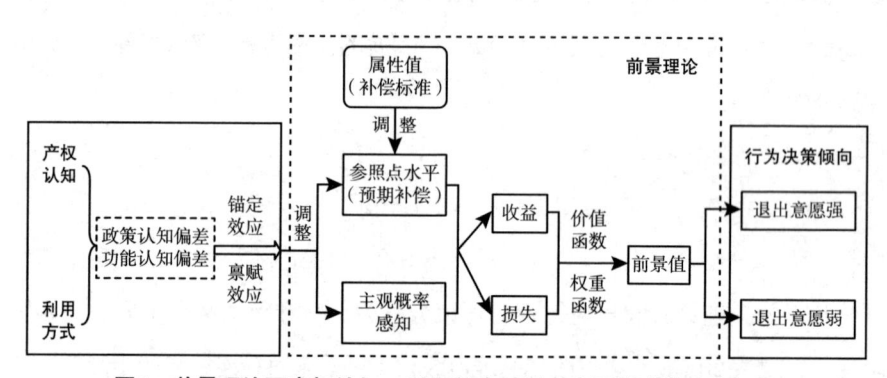

图1 前景理论下产权认知、利用程度对退出意愿影响的理论框架

(三)提出假说

本文探讨的产权认知指的是农户将宅基地产权归个人所有的认知。从农户视角出发,将宅基地产权认知定义为农户所普遍持有的产权属于个人所有认

---

① 禀赋效应指的是当一个人拥有某物品时,他的支付意愿会低于出让该物品时的受偿意愿,详见 Thaler R., "Toward a Positive Theory of Consumer Choice," *Journal of Economic Behavior and Organization*, 1980, 1(1). 而锚定效应指的是人们对拥有的物品有更高的价值评价,详见钟文晶《禀赋效应、认知幻觉与交易费用——来自广东省农地经营权流转的农户问卷》,《南方经济》2013年第3期。

知,并从宅基地所有权认知、抵押权认知、继承权认知三个层面进行探讨,后文的量化分析中会进行赋值研究。基于既有研究从农户认知角度出发,结合前景理论,探讨农民的宅基地产权认知和利用程度对其退出意愿的影响,考察农户参与宅基地改造利用的偏好,从而在尊重农民意愿的前提下为引导农民有序退出宅基地提出政策建议。

1. 宅基地产权认知对退出意愿的影响

对于农户宅基地产权认知,主要从宅基地所有权、抵押权、继承权等三个方面着手,通过三者得分求和的方式来衡量农户的产权个人所有认知情况。一般而言,当涉及宅基地退出问题时,农户会根据自身对宅基地产权归属的认知来做出决策。农民手中的宅基地产权在整个宅基地制度变迁中呈现出时而增强时而减弱的变化趋势,加上农户一直以来都是无偿使用宅基地,固化了产权个人所有的认知;同时,受媒体对宅基地未来价值的夸大宣传和传统习俗、邻里间知识互通等非正式制度的影响,农户对宅基地相关政策了解较少,所认知的权能与法律规定的权能相悖,所认知的权能大于现行法律规定的权能,对宅基地产权收益持有过高预期。另外,宅基地资产价值功能逐渐显现,农户也开始重视其财产价值,更多的农户持有宅基地个人所有认知,以生活保障为目的的退出补偿很难达到农户的心理预期,农户会选择即使闲置也不退出,期待未来能像城镇中的土地一样获得高额回报。

因此,农民宅基地产权个人所有认知水平与其退出意愿之间具有一定的负相关关系,如果农户能够正确理解宅基地的相关政策和产权归属问题,使产权认知的权能同法律赋予的权能保持一致,即知道宅基地不归自己所有,而是集体资产的一部分,即便现在不退出,以后也有可能因不再是这个集体组织的成员而宅基地被收回,就不会对其抱有偏高的收益预期,根据前景理论,当农户主观锚定价格偏低时,锚定效应就会减弱,他们会把退出视作一种收益,具有避免风险的行为决策倾向,从而增强退出意愿。

2.宅基地利用程度对宅基地退出意愿的影响

由于目前宅基地的使用权受到很多限制，资产功能无法得到充分发挥，而本文讨论的宅基地利用程度一定程度上反映了农户对宅基地资产功能的感知。如宅基地利用程度为"闲置"时，无任何价值体现，处于资源浪费状态，此时农户的资产功能感知最低；利用程度为"自住"时，宅基地具有使用价值，农户的资产功能感知也会相对较高一些；当利用程度为"转租"时，表现出宅基地的交换价值，它的财产价值得到了充分的体现，是三种方式中价值最高的，此时农户的资产功能感知也是最强烈的。农户的需求如果偏向于土地的资产属性和资产权利，就会更倾向于将宅基地出租以获取经济收入，[①]而且农户对宅基地资产功能感知，加上禀赋效应和锚定效应，他们就更不愿意退出宅基地。同时，宅基地的转租和退出本质上都是调整宅基地规模的两种方式，两者具有一定的替代性。结合上述原因，可推断对于那些已经进行过部分转租或全部宅基地转租的农户来说，他们就不太需要再减少宅基地，因此宅基地退出的需求和意愿都不太强烈。

相反，对于宅基地闲置农户来说，他们选择离开农村和宅基地，表明他们不再依赖宅基地提供的生活和居住保障，而是选择通过到城镇就业以获得更高收入，将宅基地闲置，也表明他们不在乎宅基地的资产功能，对宅基地的产权预期收益较低，更愿意退出宅基地，从而获得补偿资金来提高个人资源禀赋。基于以上分析，本文提出以下假说。

假说 H1：产权个人所有认知会显著降低农户宅基地退出意愿。

假说 H2：宅基地利用程度会负向影响农户宅基地退出意愿。

三 数据、变量与模型

（一）数据来源

本文实证分析时使用的数据来源于南京农业大学 2021 年在江苏省展开的

[①] 吴萌、甘臣林、任立等：《分布式认知理论框架下农户土地转出意愿影响因素研究——基于 SEM 模型的武汉城市圈典型地区实证分析》，《中国人口·资源与环境》2016 年第 9 期。

中国土地经济调查（CLES）。作为全国经济较为发达的地区，江苏省"一户多宅"、闲置浪费等问题突出，省政府一直以来高度重视宅基地制度改革，在全国范围内率先实施宅基地制度改革，沛县、溧阳市等六个县（市）作为新一轮改革试点前沿地，起到了带动和示范作用，因此样本区域具有一定的代表性。数据调研采用 PPS 抽样方式，从江苏省的 13 个地级市随机抽取了 52 个行政村 2600 户农户作为样本。从样本分布来看，各市样本量分布均匀，删除不完整或无效的观测值后，数据集中保留了 52 个行政村 2260 个样本，他们主要是家庭的决策者或共同决策者。从样本构成看，在宅基地退出意愿上，多数农户不愿意退出宅基地，可见即便在经济较发达的地区，农户的宅基地退出意愿也极低，宅基地制度改革任重道远。

（二）变量选择与描述

1. 被解释变量

在关于农户决策意愿的研究中，常使用是否愿意的二元变量来衡量农户被征地意愿、宅基地流转意愿等土地利用意愿问题，[1] 本文也采用二元变量作为农户宅基地退出意愿观测变量，CLES 2021 年问卷中有一个问题："若未退出，您是否有退出宅基地的意愿呢？"被访者在"愿意""不愿意"两个选项中选择，需要补充的是，江苏省作为最早实行宅基地制度改革的地区，在宅基地"三权分置"改革中一直坚持将有偿退出作为宅基地退出的条件，因此这道题的一个前提假设是，以当地宅基地补偿模式为标准，在宅基地退出有偿的情况下，农户对是否愿意退出宅基地作出选择。根据表 1 的结果，绝大多数农户（94.96%）表示不愿意退出宅基地，只有少数农户（5.04%）愿意把土地归还政府或村集体。

---

[1] 陈霄：《农民宅基地退出意愿的影响因素——基于重庆市"两翼"地区 1012 户农户的实证分析》，《中国农村观察》2012 年第 3 期；曾庆芬：《产权改革背景下农村居民产权融资意愿的实证研究——以成都"试验区"为个案》，《中央财经大学学报》2010 年第 11 期。

表1　宅基地退出意愿的基本情况

选项	宅基地退出意愿	
	频数	占比（%）
愿意	114	5.04
不愿意	2146	94.96

2. 核心解释变量

主观方面的产权个人所有认知和客观方面的宅基地利用程度均会对农户宅基地退出意愿产生负向影响，因此将"产权认知"和"利用程度"作为核心变量，探究它们对宅基地退出意愿的影响。

（1）宅基地产权认知

为了更加简明准确地反映农户宅基地产权个人所有认知及其对宅基地退出意愿的影响，本文借鉴已有研究[①]，通过农户对关于宅基地产权（包括宅基地的产权归属Q1、宅基地是否可以抵押贷款Q2、宅基地是否可以继承Q3）的个人所有认知来反映农户的宅基地产权认知情况，需要指出的是，当农户的回答是基于将宅基地视作个人所有认知作出的回答时，该变量赋值为1，若是回答村集体所有或者国家所有则赋值为0。如第一道产权归属问题，被访者在村集体所有、国家所有、个人所有三项中进行选择，若农户是从产权私有认知出发进行选择，那么该变量等于1，若选择村集体或国家所有，则赋值为0；对于宅基地是否可以抵押贷款的问题，农户如果将宅基地看作个人私有财产，会选择可以进行抵押贷款，对该变量赋值为1，否则为0；而关于继承权认知问题，如果农户选择可以继承，就是更多地将宅基地看作私有财产，该变量等于1，否则为0。而本文核心解释变量产权认知为一个累计变量，最小值为0，最大值为3，由上面三个权能认知结果加总而得。当该变量的值趋近于0时，农户的认知与宅基地权能的法律规定保持一致，不会把它视为自己的私有财产

[①] 姚洋：《土地、制度和农业发展》，北京大学出版社，2004；游和远：《地权激励对农户农地转出的影响及农地产权改革启示》，《中国土地科学》2014年第7期；邹秀清、李致远、谢美辉：《农民产权认知冲突对宅基地退出意愿的影响》，《江西社会科学》2021年第2期。

而作出决定；而当该变量增大时，则农户把宅基地当作自己的财产来拥有。农户认知的权能超过现行法律规定，则宅基地退出意愿减弱。[①] 在本文的样本范围内，农户产权认知平均得分为 2.152 分。

本文对农民的产权认知的基本情况进行了描述，如表 2 所示，CLES 2021 年问卷有三道关于宅基地产权的问题，为每道问题分配 1 分并予以加总，将受访者三道题的得分加总视为对产权认知的观测变量，样本中受访者的平均得分为 2.152 分。令人惊讶的是，很少有农户能正确回答有关宅基地的产权归属问题和宅基地是否可以继承的问题，多数农户将宅基地看作私人财产，认为可以在一定程度上进行自由处置。大多数农户对所有权归属的认识与法律规定存在差异，只有约 9% 的受访者正确回答了宅基地的产权归属问题，79.34% 的受访者认为宅基地为个人所有，将宅基地看作私有资产，可见农户对宅基地的资产功能更加重视，而 11.68% 的受访者认为宅基地产权归国家所有，大多数农户都对宅基地产权认知有偏差。这也反映出即使作为全国市场经济发展较成熟的江苏省，其农村宅基地改革仍处于起步阶段，远远落后于其他生产要素市场的活跃度。

关于宅基地继承权问题，只有 6.33% 的受访者回答与当前多数政策相符，93.67% 的受访者认为宅基地可以继承，他们的产权个人所有认知较强，将宅基地看作私有财产，从而认为可以继承。从三个问题的回答差异来看，农户对宅基地产权的认知与法律规定的内容存在一定偏差，他们更倾向于将宅基地视为个人财产，也反映了他们对宅基地资产功能的重视，对宅基地政策的理解不到位、对产权归属不清晰，从而影响了农户的宅基地退出意愿。正如伯尔曼提出，法律需要得到人们的认可，否则就会变得无效。[②] 尽管法律规定了宅基地归集体所有，但在实际操作中，宅基地的利益主体并没有普遍遵守这一规定，而是持个人所有认知来看待宅基地的所有权。

---

① 本文也尝试过将三个问题分别带入模型中进行估计。按这一标准进行回归后，将其放入二元 Probit 模型回归，发现估计结果与使用原变量的估计结果基本一致。
② 哈罗德·J. 伯尔曼：《法律与革命》，贺卫方等译，法律出版社，2018。

表2 有关宅基地"产权认知"变量的测量以及描述性统计

序号	问题	选项A	选项B	选项C	平均值	标准差
Q1	您认为宅基地的产权归属是？	个人所有*（79.34%）	国家所有（11.68%）	村集体所有（8.98%）	0.791	0.407
Q2	您认为宅基地是否可以抵押贷款？	是*（42.85%）	否（57.15%）		0.427	0.495
Q3	您认为宅基地是否可以继承？	是*（93.67%）	否（6.33%）		0.934	0.249
	总计				2.152	0.751

注："*"表示该问题的宅基地产权认知赋分1，否则为0；括号中的数字是选择该答案的受访者占比。

（2）宅基地利用程度

农户对宅基地资产功能的感知，可以通过他们对宅基地的利用程度体现出来。由于农户宅基地的出租、抵押、出售等权能受到严格的限制，农户对宅基地的资产功能感知，一方面来自宅基地已经实现的功能，由宅基地目前利用状态体现；另一方面来自农户对其未来产权价值的估计，由对宅基地未来的利用方式体现。因此本文将"利用程度"作为核心解释变量之一，采用农户对"当前宅基地处于何种状态？"这一问题的回答作为观测变量，农户被要求说明自己的宅基地在当前所扮演的角色，包括自住、闲置、出租三种选项，并可多选，本文依据宅基地利用程度，将其划分为"完全闲置""半闲置半自住""自住""半自住半出租""完全出租"五种方式，作为农户对宅基地利用程度的观测变量，如果被访者仅回答"完全闲置"，则该变量取值为1，若回答"半闲置半自住"则取值为2，若回答"自住"则取值为3，回答"半自住半出租"取值为4，回答"完全出租"取值为5。

本文对宅基地利用程度的基本情况进行了描述，如表3所示，其中0.86%的受访者回答宅基地处于完全闲置的状态，而2.81%的受访者宅基地处于"半闲置半自住"状态，96.13%的受访者宅基地处于"自住"状态，而仅有0.08%的受访者选择"半自住半出租"，以及有0.12%的受访者已全部将宅基地出租。测量农户现行宅基地使用状态，有助于了解农户参与退出宅基地的偏好。

表3 有关宅基地"利用程度"变量的测量以及描述性统计

变量	描述	平均值	标准差
当前宅基地处于何种状态？	完全闲置=1（0.86%） 半闲置半自住=2（2.81%） 自住=3（96.13%） 半自住半出租=4（0.08%） 完全出租=5（0.12%）	2.958	0.257

3. 控制变量

本文借鉴以往学者的经验，[①] 将性别、年龄、受教育程度等个人特征，家庭规模、家中是否有老人、家中是否有人在外求学、家庭收入水平、是否纯农户等家庭特征，以及宅基地面积、是否有除宅基地住房外的房产等宅基地特征作为控制变量。

表4显示了本文所有的变量定义及其描述性统计。在样本数据中，74%的受访者为男性，26%为女性；年龄为18~92岁，平均年龄为62.464岁；99.8%的家庭有老人；平均受教育程度为7年，而有12%的受访者没有教育背景，整体受教育水平较低；77.5%的家庭成员中有城镇务工人员；40%的家庭成员中有离家去寄宿学校或大学的学生。基本每个家庭都有人在外务工，77.5%的家庭成员中有从事非农业的。许多家庭拥有一套以上住房，尽管法律只允许每个农村家庭有一座宅基地上的房屋，但由于历史遗留问题，一些家庭在多个宅基地上拥有房屋，宅基地面积平均为285.73平方米（从15平方米到4667平方米不等）。

[①] 许恒周、殷红春、石淑芹：《代际差异视角下农民工乡城迁移与宅基地退出影响因素分析——基于推拉理论的实证研究》，《中国人口·资源与环境》2013年第8期；王兆林、杨庆媛、李斌：《农户农村土地退出风险认知及其影响因素分析：重庆的实证》，《中国土地科学》2015年第7期；朱新华：《户籍制度对农户宅基地退出意愿的影响》，《中国人口·资源与环境》2014年第10期。

表4 变量定义与描述性统计

变量	定义	平均值	标准差
宅基地退出意愿	是否有意愿退出宅基地（是=1，否=0）	0.057	0.231
产权认知	有关宅基地产权认知的三道题赋分并加总	2.152	0.751
利用程度	目前宅基地的使用情况（完全闲置=1，半闲置半自住=2，自住=3，半自住半出租=4，完全出租=5）	2.958	0.257
性别	被访者性别（男=1，女=0）	0.739	0.439
年龄	被访者年龄（岁）	62.464	10.791
受教育程度	被访者受教育（年）	7.008	3.893
家庭规模	被访者家庭成员数（人）	3.064	1.636
家中是否有老人	被访家家中是否有60岁以上老人（是=1，否=0）	0.998	0.048
家中是否有人在外求学	被访者家中是否有孩子在外地求学（是=1，否=0）	0.399	0.49
家庭收入水平	被访者家庭年收入（元）的自然对数	9.073	1.543
是否纯农户	家庭成员是否仅从事农业（是=1，否=0）	0.225	0.418
是否有除宅基地住房外的房产	除宅基地住房外，是否还有其他房产（是=1，否=0）	0.287	0.452
宅基地面积	宅基地面积（100平方米以下=1，100~200平方米=2，200~300平方米=3，300平方米以上=4）	2.782	5.938

（三）计量模型设定

1. 基准回归

基于以上分析，本研究以农户的产权认知和宅基地利用程度为核心解释变量，使用二元Probit模型进行回归分析，以探讨对二元变量宅基地退出意愿的影响。该模型的表达式为：

$$Withdraw_i^* = \alpha + \beta Cognition_i + \gamma Homestead_i + \delta X_i + \mu_i \qquad (2)$$

$$Withdraw_i = \begin{cases} 1, Withdraw^* > 0 \\ 0, 其他 \end{cases}$$

式中，$Withdraw_i^*$为宅基地退出意愿的潜变量，$Withdraw_i$为退出意愿。

$Cognition_i$ 表示农户宅基地产权认知，$Homestead_i$ 表示农户宅基地利用程度，X_i 表示模型中的控制变量，具体包括性别、年龄、受教育程度等个人特征控制变量，家中是否有老人、家庭规模、家中是否有人在外求学、家庭收入水平、是否纯农户等家庭特征控制变量，宅基地面积、是否有除宅基地住房外的房产等宅基地特征控制变量，而 α、β、γ、δ 为待估参数，μ_i 为随机扰动项。

2. 内生性问题讨论

直接使用 Probit 模型回归得到准确估计量的前提是产权认知和宅基地利用程度为外生变量，然而，农户的宅基地利用程度除取决于农户自身的实际需求外，还可能取决于农户观念方面的影响，而本文无法排除部分农户因有强烈的宅基地保留意愿而对宅基地进行闲置处理的情况，这样一来就出现了互为因果的问题。此外，在回归过程中，也有可能出现遗漏重要变量的情况，而遗漏变量会导致回归结果出现偏误。为此，本文尝试用以下两种方法解决内生性问题。

（1）利用工具变量

由于被解释变量为二元变量，使用传统的两阶段最小二乘估计结果可能会有偏差。为此，本文采用基于 Probit 模型的两阶段工具变量法进行检验。有效的工具变量不仅能应对遗漏变量问题，还能有效缓解由互为因果、测量误差造成的内生性问题。工具变量法需要进行两个阶段的回归，（2）式为第二阶段回归方程，在估计（2）式之前需要先进行第一阶段回归，Probit 模型的第一阶段回归方程如下：

$$Homestead_i^* = \kappa + \lambda IV_i + \eta Z_i + \mu_i \tag{3}$$

其中，$Homestead_i^*$ 为宅基地利用程度的潜变量，IV_i 为工具变量，Z_i 为控制变量，κ、λ、η 为待估参数，μ_i 为随机扰动项。

首先将核心解释变量视为内生变量，第一阶段回归需要加入工具变量。有效的工具变量需要符合相关性条件，即与核心自变量有相关性，还要满足外生性条件，即与因变量没有直接关联。本研究选择农户所在村是否拥有旅游相关产业（简称"旅游产业"）作为宅基地利用程度的工具变量。所在村是否拥有旅游产业，可以在一定程度上反映该地区旅游产业发展情况，这必然会影响农户对宅基地的利用程度。如果当地发展旅游产业，那么宅基地的财产功能就会更加突出，农户对其进行闲置的可能性相对减小。因此该工具变量与农户宅基地利用程度高度相关；旅游产业不会直接对农户退出宅基地意愿产生影响，但可能通过改变宅基地利用程度间接地影响其退出意愿。可见，从逻辑上讲，旅游产业满足相关性和外生性条件，是有效的工具变量。

$$Cognition_j^* = \xi + \alpha IV_j + \theta Z_j + \mu_j \tag{4}$$

同理，对于核心解释变量产权认知，其中 $Cognition_j^*$ 为宅基地产权认知的潜变量，IV_j 为工具变量，Z_j 为控制变量，ξ、α、θ 为待估参数，μ_j 为随机扰动项。

对于核心解释变量"产权认知"，本文采用所在村政务公开情况（简称"村务公开"）作为工具变量。一般认为，村务公务越全面，农户对相关政策的了解程度会深入一些，从而影响其宅基地产权认知。本研究采用问卷中"本村治理效果（村领导能力、村内治安管理、村政务公开情况等）的满意度"来进行测量。农户对相关政策的了解、有关产权归属方面的认知很多来自村务公开信息，因此农户所在村治理效果包括村务公开程度（会很大程度上影响当地农户对政策的了解程度及其相关的产权认知）与农户的宅基地产权认知高度相关；同时，农户所在村的村务公开并不会直接影响农户宅基地退出意愿，多是通过农户对宅基地的产权认知产生间接影响。从逻辑上讲，村务公开是一种有效的变量，能够满足相关性和外生性的要求。

通过 Probit 模型的第一阶段分析，可以发现工具变量与核心解释变量之间具有显著的相关性，这意味着工具变量满足相关性条件，工具变量选取合理，进一步地，将通过第一阶段回归得出的核心解释变量产权认知和利用程度的拟合值代入第二阶段，与宅基地退出意愿进行回归，第二阶段的回归结果符号和显著性与前文基本一致，由此可见，本文的工具变量满足外生性条件。

(2) 转换分析思维方式

即使存在缺失，在分析中添加尽可能多且合理的控制变量后，核心解释变量的系数仍然稳定，说明本文的主要结论成立。[①]

本文根据奥斯特提出的方法进行了遗漏变量稳健性检验。[②]当遗漏变量不可观测时，可通过 $\beta^* = \beta^*(R_{max}, \delta)$ 来获得产权认知和利用程度真实系数的一致估计。当遗漏变量均能够被观测时，R_{max} 可以作为回归方程的拟合优度的上限，通常为回归方程拟合优度的1.3倍。δ 可以解释为观测变量和不可观测变量之间的选择平衡度，可以看作可观测变量和不可观测变量对被解释变量的解释能力的比例。[③]

本文将采用以下两种方法检验，以确定本研究的回归结果是否会因遗漏变量而发生显著变化。第一种方法是计算 β^*。如果 β^* 位于估计参数的95%置信区间内，则表明 X 对 Y 的影响参数估计值相对稳定，受到遗漏变量的影响较小。第二种方法是计算使 β^* 等于零的 δ 取值。若 δ 取值大于1，则说明不可观测变量对农民宅基地退出意愿的解释力必须大于本文现有控制变量对宅基地退出意愿的解释力，从而使产权认知和利用程度对农户宅基地退出意愿影响的参数估计值发生显著变化，本文试图探究影响农户宅基地退出意愿的各类因素，但这种情况发生的可能性微乎其微。

四 实证结果与分析

（一）基准回归结果

表5报告了基准回归结果，发现产权认知和利用程度会显著影响宅基地退

[①] Lacetera N., Pope D. G., Sydnor J. R., "Heuristic Thinking and Limited Attention in the Car Market," *The American Economic Review*, 2012, 102（5）.

[②] Oster E., "Unobservable Selection and Coefficient Stability: Theory and Evidence," *Journal of Business & Economic Statistics*, 2019, 37（2）.

[③] 马双、赵文博:《方言多样性与流动人口收入——基于CHFS的实证研究》，《经济学（季刊）》2019年第1期。

出意愿，这一结论基于二元 Probit 模型估计得出。列（1）中仅包含了核心解释变量；列（2）在列（1）的基础上增加了个人特征控制变量；列（3）在列（2）的基础上增加了家庭特征控制变量；列（4）在列（3）的基础上增加了宅基地特征相关的控制变量。从表 5 结果可见，无论是仅控制核心解释变量还是依次加入控制变量，都可以初步论证假说，宅基地产权认知和利用程度对农户宅基地退出意愿负向影响的边际效应都在 1%~10% 的水平上显著，表明估计结果稳健。

因此可以推断，农户对宅基地产权私有认知越强烈，其退出宅基地意愿越弱。农户关于宅基地的资产功能感知越强，其退出宅基地意愿越弱。农户如果对宅基地产权等政策有清晰的认知，知道宅基地产权归属村集体，会根据当前政策做出利益最大化的选择，此时农户的退出意愿会较为强烈；相反，将宅基地看作私有财产的农户，会锚定过高的预期收益，退出意愿较弱。本文也尝试将宅基地产权认知的各分项带入模型中进行估计，并将其放入二元 Probit 模型中进行回归，发现估计结果基本一致。对于宅基地利用程度而言，那些将宅基地进行出租利用的农户，将其视为长期资本积累的重要财产。他们可以通过出租的方式实现宅基地的资产价值，以及将其视为可以继承和抵押的财产，抱有未来价值偏高的收益预期，正如前景理论所指出的，锚定值会对决策产生重要影响，在宅基地退出决策中，农户倾向于锚定高补偿价格，导致损失感增强，从而退出意愿减弱。上述结果表明，产权个人所有认知和利用程度会影响农户的退出决策，初步认定假说 H1 和假说 H2 成立。

本文聚焦宅基地产权认知和利用程度，但性别、受教育程度等因素也会对退出意愿产生重要影响。[①] 例如，农户受教育程度越高，退出意愿就越强烈。

---

① 许恒周：《基于农户受偿意愿的宅基地退出补偿及影响因素分析》，《中国土地科学》2012 年第 10 期；黄忠华、杜雪君：《农户非农化、利益唤醒与宅基地流转：基于浙江农户问卷调查和有序 Logit 模型》，《中国土地科学》2011 年第 8 期；宁涛、杨庆媛、苏康传等：《农村宅基地流转影响因素实证分析——基于重庆市 300 户农户调查》，《西南师范大学学报》（自然科学版）2012 年第 2 期。

受教育程度越高的农户，更倾向于遵守土地相关政策制度，[①]对法律规定的权能内容更了解，也更有能力识别宅基地退出的收益。可见教育是人力资本的决定性因素，而人力资本则体现出农户在宅基地退出方面的产权认知程度；性别对宅基地退出意愿有显著正向影响，相比于女性受访者，男性更愿意通过宅基地退出获得收入。在推动农户退出闲置宅基地的过程中，虽然宅基地住房与城市的距离、宅基地上房屋等因素可能比农户的产权认知以及利用程度更加重要，但由于这些控制变量已得到较多关注，本文尚未对其潜在的内生性问题进行规范处理，在此不做过多说明。

表5 基准回归结果

变量	被解释变量：宅基地退出意愿			
	（1）	（2）	（3）	（4）
产权认知	−0.099*	−0.107**	−0.119**	−0.120**
	(−1.89)	(−2.03)	(−2.23)	(−2.24)
利用程度	−0.473***	−0.449***	−0.468***	−0.459***
	(−3.98)	(−3.72)	(−3.83)	(−3.74)
性别		0.326***	0.309***	0.310***
		(2.92)	(2.73)	(2.73)
年龄		−0.004	−0.004	−0.004
		(−0.87)	(−0.99)	(−0.92)
受教育程度		0.024**	0.024*	0.023*
		(1.99)	(1.86)	(1.79)
家庭人口数			0.013	0.013
			(0.47)	(0.47)
家中是否有老人			−0.557	−0.562
			(−0.82)	(−0.83)
家中是否有人在外求学			0.071	0.066
			(0.76)	(0.71)
家庭收入水平			0.025	0.021
			(0.87)	(0.72)
是否纯农户			0.158	0.171
			(1.53)	(1.64)
是否有除宅基地住房外的房产				0.081
				(0.87)
宅基地面积				0.002
				(0.30)

---

① 林超、张林艳：《农户分化、功能认知与农村宅基地退出意愿影响因素研究》，《内蒙古农业大学学报》（社会科学版）2020年第3期。

续表

变量	被解释变量：宅基地退出意愿			
	（1）	（2）	（3）	（4）
常数项	0.012 （0.030）	−0.253 （−0.520）	0.124 （0.140）	0.093 （0.100）
观测值	2260	2260	2260	2260
PseudoR^2	0.016	0.033	0.037	0.038

注：①括号内为稳健标准误；②***、**和*分别表示在1%、5%和10%的水平上显著，下同。

（二）内生性讨论

1. 工具变量法

工具变量法是一种用来解决变量间因果关系的统计分析方法。本文采用两阶段工具变量法，以避免因核心解释变量与被解释变量之间的反向因果关系而引发内生性问题。对于核心自变量"产权认知"，使用"所在村政务公开情况"作为工具变量。一般认为，村务公务越全面，农户对相关政策的了解程度会深入一些，从而影响其宅基地产权认知。对此，问卷中用"本村治理效果（村领导能力、村内治安管理、村政务公开情况等）的满意度"来进行测量。表6中列（1）村务公开与产权认知的回归分析结果显示，工具变量与核心解释变量之间的关系存在负相关，并且在5%的统计学水平上显著，满足了有效工具变量的相关性条件，可认为工具变量的选取合理。对于自变量"利用程度"，使用"当地是否有旅游产业"作为工具变量。一般认为，当地是否有旅游产业会影响宅基地利用程度。列（2）为"当地是否有旅游产业"作为工具变量与宅基地利用程度的回归结果，核心回归系数值为0.314，工具变量旅游产业在10%显著性水平上正向影响核心解释变量利用程度，也满足了有效工具变量应具备的相关性条件。将第一阶段回归中得出的两个核心解释变量的拟合值（宅基地产权认知拟合值与利用程度拟合值）代入第二阶段，与被解释变量退出意愿进行回归，结果如列（3）和列（4）所示。

列（3）的回归结果包括个人特征、家庭特征控制变量以及核心解释变量，结果与前文估计结果基本一致，列（4）则在列（3）的基础上加入了宅基地特征控制变量，最终的回归结果也与前列基本保持一致。这说明，依次加入控制变量，宅基地产权认知和利用程度均会显著影响宅基地退出意愿，这一结果与前文估计结果一致，进一步说明了本文基本结论，即产权认知和利用程度对农户宅基地退出意愿的负向影响是稳健的，假说H1和假说H2得到进一步证实。

表6 内生性讨论：基于两阶段工具变量法的估计结果

变量	第一阶段		第二阶段	
	（1）	（2）	（3）	（4）
村务公开	−0.063** (−2.088)			
旅游产业		0.314* (1.836)		
宅基地产权认知拟合值			−1.482* (−1.822)	−1.687* (−1.796)
宅基地利用程度拟合值			−1.477*** (−3.256)	−1.364*** (−2.630)
性别	−0.022 (−0.404)	−0.100 (−0.943)	0.146 (1.221)	0.155 (1.280)
年龄	−0.008*** (−3.248)	0.003 (0.368)	−0.013* (−1.658)	−0.015* (−1.691)
受教育程度	0.010 (1.475)	−0.003 (−0.252)	0.036*** (2.630)	0.038*** (2.599)
家庭规模	0.013 (0.875)	−0.009 (−0.314)	0.020 (0.693)	0.023 (0.789)
家中是否有老人	0.069 (1.506)	−0.468*** (−2.594)	−0.486 (−0.667)	−0.319 (−0.388)
家中是否有人在外求学	−0.022 (−0.452)	0.152 (1.474)	0.247** (2.229)	0.223* (1.851)
家庭收入水平（取对数）	0.037** (2.437)	−0.055** (−2.137)	−0.007 (−0.157)	0.005 (0.084)
是否纯农户	0.033 (0.580)	0.060 (0.562)	0.310*** (2.934)	0.318*** (2.93)
是否有除宅基地住房外的房产	0.050 (0.986)	−0.099 (0.924)		0.051 (0.429)
宅基地面积	0.002 (0.693)	−0.002 (−0.969)		0.002 (0.714)
常数项			−1.394* (−1.925)	−1.466* (−1.942)
Pseudo R^2	0.007	0.012	0.031	0.031

注：①括号内为稳健标准误；②***、**和*分别表示在1%、5%和10%的水平上显著。

2.进行遗漏变量检验

采用奥斯特方法进行遗漏变量检验,结果表明,产权认知变量的实际计算结果处于95%置信区间内,且值大于1,说明产权认知变量对农户宅基地退出意愿的影响系数相对稳定,且遗漏变量难以对其产生干扰。结果表明,宅基地利用程度变量的实际计算值也处于95%的置信区间内,且值大于1,因此可以说明宅基地利用程度变量对农户宅基地退出意愿的影响是相对稳定的。综上可知,考虑到遗漏变量问题,结论仍是:农户的产权认知和利用程度会对宅基地退出意愿产生显著负向影响。

表7 遗漏变量检验结果

变量	方法	通过标准	实际结果	是否通过检验
产权认知	(1)	$\beta^*=\beta^*(R_{max}, \delta) \in (-0.0272,-0.0028)$	−0.0142	是
	(2)	$\delta>1$	14.4063	是
利用程度	(1)	$\beta^*=\beta^*(R_{max}, \delta) \in (-0.1196,-0.0490)$	−0.0847	是
	(2)	$\delta>1$	54.3021	是

(三)稳健性检验

纠正选择性偏误。被解释变量受到多种因素影响,不仅仅局限于核心自变量,还受到宏观微观现实环境的多方面影响。由此,可能在分析过程中因未考虑到潜在的遗漏变量,导致模型有内生性偏差问题。鉴于此,本文利用倾向值匹配得分法(PSM)来校正可能存在的选择性偏误,以检验回归结果的可靠性。

第一步,构建模型(1),采用Clogit回归计算出偏好分数,然后使用近似匹配算法将控制组与处理组1∶1匹配。构造宅基地利用程度变量的虚拟变量U_dum,如果宅基地得到合理使用即宅基地用来自住和出租,则赋值为1,否则为0。在Clogit模型中使用和基准回归模型相同的控制变量。

第二步,将在匹配过程中权重较大的样本数据,再次利用模型进行回归,结果如表9所示。

$$U\_dum_{i,t} = d_0 + d_1 Controls + \varepsilon_{i,t} \tag{5}$$

表8报告了PSM倾向得分匹配的ATT值,在其他匹配变量保持不变的情况下,自变量为1时,因变量会相比自变量为0时减少0.08个单位。匹配程度较高的样本数量为2197个,将这部分样本带入基本模型中重新进行回归,结果如表9所示。与基本回归一致,列(1)和列(3)分别为仅有核心解释变量的Logit和Probit模型,而列(2)和列(4)则在列(1)和列(3)模型基础上加入了控制变量。结果表明,经过倾向得分匹配后的回归结果与基准回归结果基本保持相同,产权认知会显著负向影响退出意愿;利用程度在1%的显著性水平上负向影响退出意愿。本文的基本结论得到了上述结果的进一步证实,表明研究结果不太可能受到遗漏变量的影响。

表8 纠正选择性偏误:ATT估计结果

样本	实验组	控制组	Difference	S.E	T-stat
Unmatched	0.05	0.13	−0.08	0.02	−3.35
ATT	0.05	0.13	−0.08	0.05	−1.64
ATU	0.13	0.07	−0.06		
ATE			−0.08		

表9 PSM倾向得分匹配后的回归结果

变量	被解释变量:宅基地退出意愿			
	(1)	(2)	(3)	(4)
产权认知	−0.100*	−0.119**	−0.226**	−0.262**
	(−1.849)	(−2.177)	(−1.969)	(−2.299)
利用程度	−0.440***	−0.434***	−0.874***	−0.850***
	(−3.395)	(−3.241)	(−3.772)	(−3.581)

续表

变量	被解释变量：宅基地退出意愿			
	（1）	（2）	（3）	（4）
性别		0.282**		0.630**
		(2.454)		(2.454)
年龄		-0.005		-0.009
		(-1.095)		(-0.957)
受教育程度		0.024*		0.053*
		(1.852)		(1.897)
家庭规模		0.011		0.024
		(0.363)		(0.393)
家中是否有老人		-0.582		-1.239
		(-0.863)		(-1.042)
家中是否有人在外求学		0.049		0.104
		(0.514)		(0.513)
家庭收入水平（对数）		0.014		0.019
		(0.481)		(0.313)
是否纯农户		0.175*		0.365
		(1.651)		(1.644)
是否有除宅基地住房外的房产		0.054		0.132
		(0.562)		(0.647)
宅基地面积		0.004		0.008
		(0.520)		(0.543)
常数项	-0.089	0.180	0.203	0.689
	(-0.222)	(0.198)	(0.278)	(0.405)
观测值	2197	2197	2197	2197
Pseudo R^2	0.013	0.034	0.014	0.035

注：①括号内为稳健标准误；②***、**和*分别表示在1%、5%和10%的水平上显著，下同。

五 进一步讨论

（一）宅基地产权认知各分项回归分析

由基准回归分析结果得出，产权认知和利用程度对宅基地退出意愿有显著负向影响，接下来将对农户宅基地产权认知各分项进行回归，结果如表10所示，列（1）和列（2）为加入了产权认知各分项、利用程度以及控制变量的Probit和Logit回归模型，可见农户对宅基地不同产权的个人所有认知所产生的影响。

1. 宅基地的所有权认知会显著地降低农户宅基地退出意愿

在基准模型中，个人对宅基地所有权认知会在10%的显著性水平上负向影响退出意愿。这表明，在其他条件保持不变的前提下，宅基地所有权归个人所有的认知会对农户宅基地退出意愿产生显著的负向影响。样本中有79.34%的受访者认为宅基地所有权归个人所有，多数农户将宅基地看作私有资产，与法律赋予的权利有所偏差，对宅基地的资产功能更加重视。他们对宅基地所有权的私有认知必然会影响其退出意愿，如果将宅基地看作私有资产，加上禀赋效应和锚定效应的存在，会"放大"其价值，锚定过高的预期收益，从而会减弱退出宅基地的意愿，因此宅基地所有权个人所有认知会负向影响宅基地退出意愿。

2. 宅基地的继承权认知会显著降低农户宅基地退出意愿

产权认知各分项回归的结果显示，在模型（1）和（2）中，其他因素不变的情况下，宅基地继承权认知会在10%显著性水平上负向影响退出意愿。调查显示，93.67%的受访者认为宅基地可以继承，表明大多数农户对宅基地继承权的认知与法律赋予的权能内容有较大偏差。他们更倾向于将宅基地看作私有资产，通常误认为宅基地是自动继承的。另外，由于家宅、祖产的观念深入人心，农户不愿意与乡土社会的紧密联系和情感关系断开，不愿承受人地分离的痛苦，[①]农户对宅基地的高估值与低客观价值之间的差值产生功能认知偏差，从而影响宅基地退出意愿。

3. 宅基地抵押权认知对农户宅基地退出意愿的影响不显著

由于宅基地"三权分置"改革尚未在大多数地区推行，宅基地入市还处于初探期，且相关法律明确规定宅基地不能抵押，实际中很少有农户用宅基地抵押的行为，因此他们对宅基地是否可以抵押没有实感。在可能的宅基地退出

[①] 刘守英、熊雪锋：《经济结构变革、村庄转型与宅基地制度变迁——四川省泸县宅基地制度改革案例研究》，《中国农村经济》2018年第6期。

行动中,他们希望能够直接通过宅基地升值获得收益,收益预期较高。因此对于他们而言,重要的不是宅基地是否可以抵押,而是宅基地是否归自己所有、是否可以继承,即宅基地的本身能否带来直接的收益。影响农户宅基地退出意愿的关键因素是农户认为的通过拥有宅基地所有权和继承权等能够直接获得利益,而不是通过抵押获得间接收益。

基于以上讨论,将宅基地产权认知变量的各分项变量进行回归,会发现所有权和继承权认知会显著负向影响宅基地退出意愿,而关于抵押权的个人所有认知对宅基地退出意愿的负向影响不显著,进一步细化核心解释变量宅基地产权认知的各分项影响,可以更好地理解产权认知的具体影响。另外,回归结果还显示,加入宅基地产权认知各分项后,无论是Probit模型还是Logit模型利用程度都会在1%的显著性水平上负向影响宅基地退出意愿,进一步论证了本文的结论。

表10 宅基地产权认知各分项回归分析结果

变量	被解释变量:宅基地退出意愿	
	(1)	(2)
所有权认知	−0.162*	−0.345*
	(−1.65)	(−1.71)
抵押权认知	−0.032	−0.077
	(−0.37)	(−0.43)
继承权认知	−0.267*	−0.561*
	(−1.79)	(−1.91)
利用程度	−0.444***	−0.865***
	(−3.51)	(−3.85)
年龄	−0.006	−0.012
	(−1.31)	(−1.32)
受教育程度	−0.394	−0.898
	(−1.44)	(−1.43)
家庭规模	0.027	0.051
	(0.95)	(0.86)

续表

变量	被解释变量：宅基地退出意愿	
	（1）	（2）
家中是否有人在外求学	0.022	0.047
	（0.22）	（0.22）
家庭收入水平（取对数）	0.034	0.068
	（1.22）	（1.18）
是否纯农户	0.173*	0.360*
	（1.68）	（1.67）
是否有除宅基地住房外的房产	0.107	0.237
	（1.16）	（1.22）
宅基地面积	0.001	0.002
	（0.15）	（0.15）
宅基地数量	0.035	0.070
	（0.37）	（0.36）
常数项	−0.056	0.244
	（−0.10）	（0.23）
观测值	2260	2260

（二）异质性分析

根据前文的结论，农户对宅基地产权的私有认知会减弱其退出意愿，而利用程度也会对退出意愿产生负面影响。值得注意的是，这只是概括了全部样本的平均影响，而未考虑不同类型的农户宅基地退出意愿影响的差异性。为了精准探究宅基地是否闲置和是否有除宅基地住房外的房产对农户的影响，本文将按照宅基地是否闲置和是否有除宅基地住房外的房产进行分组，开展异质性分析，估计结果将在下文中展开讨论。

1. 根据宅基地是否闲置来分组

影响宅基地退出意愿的两个重要因素（产权认知和利用程度）可能会相互影响，而且宅基地是否闲置对农户宅基地退出意愿的影响可能存在差别。为了控制二者的相互作用，本文将根据农户宅基地是否处于闲置状态进行分组：

将宅基地利用状态处于完全闲置的农户分为一组,将宅基地处于其他利用状态的农户分为一组,即将农户划分为宅基地未闲置和闲置两类,结果如表11所示,宅基地未闲置的农户与宅基地闲置的农户存在明显差异。研究结果表明,与利用宅基地的农户相比,宅基地产权认知对宅基地闲置农户的退出意愿影响更为显著,其可能的解释是,宅基地闲置的农户对宅基地改革有关政策的了解甚少,不太了解"三权分置"改革等政策,对宅基地的产权归属不清晰,对宅基地的资产功能感知较弱,而宅基地未闲置的农户,对宅基地资产功能较为重视。换言之,宅基地是否进行闲置在一定程度上体现了对宅基地资产功能感知差异,产权认知的纠正更符合宅基地闲置农户的需求。宅基地闲置农户一旦对产权归属有了更清晰的认识,知道了宅基地不归属个人所有,那么就更愿意将闲置的宅基地有偿归还于村集体,退出意愿也因此得到大幅提高,即产权认知对宅基地闲置农户退出意愿的影响更为显著。

表11 异质性分析:按宅基地是否闲置分组

变量	宅基地未闲置 (1)	宅基地闲置 (2)
产权认知	−0.100* (−1.76)	−0.693*** (−2.58)
性别	0.294** (2.57)	1.092* (1.89)
年龄	−0.004 (−0.86)	−0.009 (−0.53)
受教育程度	0.020 (1.62)	0.121* (1.78)
家庭规模	0.023 (0.81)	−0.142 (−1.10)
家中是否有人在外求学	0.060 (0.63)	0.035 (0.10)

续表

变量	宅基地未闲置 （1）	宅基地闲置 （2）
家庭收入水平（取对数）	0.018 （0.68）	0.135 （0.94）
是否纯农户	0.209* （1.95）	−1.000 （−1.85）
是否有除宅基地住房外的房产	0.066 （0.67）	0.365 （0.94）
宅基地面积	0.002 （0.86）	−0.040 （−0.24）
常数项	−1.360* （−1.89）	−1.682 （−1.08）
观测值	2168	92

注：①括号内为稳健标准误；②***、**和*分别表示在1%、5%和10%的水平上显著。

2. 根据是否有除宅基地住房外的房产来分组

将农户划分为拥有除宅基地住房外的房产和无其他房产两类，表12展示了回归结果，相比于无其他房产的农户，宅基地利用程度和产权认知对拥有除宅基地住房外的房产农户影响更为显著。对于无其他房产的农户来说，宅基地是他们基本的生活场所，可以满足他们的耕作和辅助生产需求，减少了生产成本。由于此类农户主要依靠宅基地生活保障功能，其预期收益也较低，加上他们可能不容易在城市找到保障生活的工作，宅基地产权认知和利用程度对退出意愿影响相对较小。对于拥有除宅基地住房外的房产农户而言，对宅基地进行充分利用体现了其重视宅基地资产功能。他们宅基地退出意愿较弱，但他们对宅基地的私有认知降低，也会促使其更加愿意选择退出宅基地。因此，在鼓励农户自愿有偿退出宅基地的过程中，尤其是对于有其他房产的农户来说，有效宣传相关政策有助于其了解宅基地产权归属，从而有序推进宅基地自愿有偿退出。

表12 异质性分析：按是否有其他房产分组

变量	有其他房产 （1）	无其他房产 （2）
利用程度	−1.044*** （−3.93）	−0.555 （−1.46）
产权认知	−0.344* （−1.77）	−0.229 （−1.55）
性别	0.748 （1.60）	0.658** （2.17）
年龄	0.012 （0.82）	−0.016 （−1.36）
受教育程度	0.106** （2.53）	0.032 （0.96）
家庭规模	0.088 （0.96）	−0.009 （−0.11）
家中是否有人在外求学	0.104 （0.32）	0.168 （0.66）
家庭收入水平（取对数）	−0.010 （−0.10）	0.066 （1.03）
是否纯农户	0.923** （2.07）	0.198 （0.80）
宅基地面积	0.004 （0.69）	0.006 （0.90）
常数项	−1.492 （−0.92）	0.609 （0.30）
观测值	713	1547

注：①括号内为稳健标准误；②***、**和*分别表示在1%、5%和10%的水平上显著。

六 结论与启示

快速的城市化和大量农村人口向城市迁移导致农村闲置宅基地迅速增加。如何有效利用宅基地，处理好土地与农民的关系，对政府以及广大农民都具有重要的经济意义。各城市均有一些宅基地制度改革试点项目，但有利于宅基地所有相关利益方尤其是宅基地制度改革的参与主体农民的最佳政策策略尚缺。宅基地相关政策的制定必须充分考虑农民参与不同宅基地退出机制的意愿以及影响其意愿的因素。

本研究基于南京农业大学2021年CLES数据，衡量了农民宅基地退出意愿及其影响因素，基于二元 Probit 模型系统考察了产权认知和利用程度对农户宅基地退出意愿的影响，研究结果表明：第一，农户宅基地退出意愿受到产权认知和利用程度的负向影响，在采用两阶段工具变量法解决潜在的内生性问题，并运用奥斯特的两种方法进行遗漏变量检验后，结论依然成立。第二，进一步将宅基地产权认知变量的各分项分别带入基准模型中进行回归，发现所有权和继承权认知会显著负向影响退出意愿，而抵押权认知的影响不显著。第三，农户宅基地产权认知和利用程度对退出意愿的影响存在异质性，相比之下，产权认知对宅基地闲置农户退出意愿的影响更显著，以及利用程度和产权认知对有其他房产农户退出意愿的影响更为显著。

本文的研究结论具有重要的政策启示。在推进宅基地改革中，可以考虑将农户对宅基地的产权认知、利用程度等作为抓手，引导农户自愿有偿退出，进一步推动宅基地制度改革，充分尊重农民的权益和需求。具体来讲，第一，完善相关政策，提升宅基地的资产功能，通过提高补偿标准、增加农户退出收益分成、规定退出一定面积可获得奖励基金作为城镇购房低息贷款的重要凭证等措施，减弱资产功能感知对农户宅基地退出意愿的负面影响。第二，制定多样性的宅基地退出补偿标准体系，避免"一刀切"，充分考虑农户宅基地产权认知及利用程度的差异，制定有针对性的引导政策，有效推动宅基地退出工作。第三，加强宅基地政策的宣传，采取通俗易懂的方式清楚地向农民解释宅基地产权归属问题，建立有效的沟通机制，保障农民退出宅基地后的各项权益。

利益非一致性下农地流转"内卷化"成因及优化探索

刘依杭*

摘　要： 推进农村土地流转是促进农业结构调整，实现农业规模化、集约化和专业化发展的重要途径。当前，我国农地流转存在"内卷化"现象，表现为农地流转增速放缓、小规模转入与部分转出对应的"小农复制"现象以及农业生产效率递减等。在推进农地流转过程中，国家层面面临社会利益与政策惯性的"内卷"，地方层面面临政绩利益与科层体系的"内卷"，农户层面面临生计利益与经济理性的"内卷"，各主体利益非一致性导致农地流转"内卷化"。因此，推进农地有效流转要在协调各主体利益基础上，构建以制度创新为引领、以财政激励为保障、以价值自律为核心、以多元协同为根本的体制机制，共同实现农地流转去"内卷化"。

关键词： 农地流转　农业规模化　小农户

---

　　* 刘依杭，河南省社会科学院农村发展研究所助理研究员，主要研究方向为土地经济、农村发展。

一 引言

推进农村土地流转是促进农业结构调整,实现农业规模化、集约化和专业化发展的重要途径。历年中央一号文件均强调要规范农村土地承包经营权有序流转,充分开展多种形式适度规模经营,促进小农户与现代农业发展有机衔接。在当前新型农业现代化发展过程中,小农户面临的生产要素投入约束逐渐显现,包括非农就业和人口老龄化趋势带来的农业劳动力短缺与体力下降[1]、农地小规模与细碎化对农业技术应用的限制[2]、投资和生产成本上升带来的资本约束[3]等,部分小农户因难以维持现有经营规模而逐渐转出土地,小农户相较于新型农业经营主体在整个市场竞争中处于劣势地位。[4]

然而,截至2020年底,在全国农地流转占比超过1/3的情况下,我国仍有2.3亿小规模经营农户,其中经营耕地在10亩以下的农户占比高达85.1%,[5] 说明农地流转并没有改变我国农业的"小农"面貌,并出现农地流转增速放缓、小规模转入与部分转出对应的"小农复制"现象,以及对农业生产效率的提升作用递减等特征。这种没有推动农业适度规模经营的土地流转属于"没有发展的增长",被称为农地流转"内卷化",[6] 对此,已有研究分析了农地不可移动的客观属性,[7] 小农户对土地的禀赋效应和锚定

---

[1] 谢花林、黄莹乾:《非农就业与土地流转对农户耕地撂荒行为的影响——以闽赣湘山区为例》,《自然资源学报》2022年第2期。
[2] 刘艳、马贤磊、石晓平:《农机服务对小农户土地流转"内卷化"的影响》,《华中农业大学学报》(社会科学版)2022年第2期。
[3] 杨芳、张应良、刘魏:《社会网络、土地规模与农户生产性投资》,《改革》2019年第1期。
[4] 李尚蒲、张路瑶:《转出抑或撂荒:外包服务对小农户的挤出效应——来自河南省麦农的证据》,《南京农业大学学报》(社会科学版)2022年第5期。
[5] 余淼杰、王廷惠、任保平、蒋永穆:《深入学习贯彻党的二十大精神笔谈》,《经济学动态》2022年第12期。
[6] 匡远配、陆钰凤:《我国农地流转"内卷化"陷阱及其出路》,《农业经济问题》2018年第9期。
[7] 刘同山、陈晓萱、周静:《中国的农地流转:政策目标、面临挑战与改革思考》,《南京农业大学学报》(社会科学版)2022年第4期。

效应,[①] 以及农地流转市场欠完善等诸多重要原因。[②] 但上述研究主要侧重于从农户的角度出发,关于各主体利益的协调性研究较少,且定量研究较多、定性研究较少。基于此,本文在已有研究的基础上,从"国家层面—地方层面—农户层面"多元主体角度出发,分析农地流转"内卷化"形成原因,并以提高各主体利益的协调性为出发点,为优化农地流转机制提出合理的对策建议。

二 农地流转"内卷化"的特征分析

(一)农地流转进入"增速下降"通道

自1984年中央一号文件首次提出鼓励农地流转以来,一系列支持农地流转的政策文件相继出台,但进展相对缓慢。1990年,全国只有0.9%的农户转包和转让土地,占耕地面积的比重仅为0.44%。2008年,党的十七届三中全会专题研究了新形势下推进农村改革发展问题,并通过了新时期推进农村改革发展的指导性文件《中共中央关于推进农村改革发展若干重大问题的决定》,土地流转政策的落地落实进入新阶段。2008年全国农地流转面积1.09亿亩、农地流转率为8.85%,2020年分别提高到5.32亿亩和34.06%。我国农地流转的规模不断扩大、流转形式逐渐丰富,但从2015年起农地流转的增速逐渐下降,从2014年的4.62%下降到2.99%,2020年下降到-1.84%(见表1)。从时间维度看,2008~2020年我国农地流转增速可分为三个阶段,即加速期、缓慢期和减速期。当前,随着农地"非粮化""非农化"等问题显现,农地流转不畅、增速放缓趋势较为明显。[③]

[①] 马贤磊、沈怡、仇童伟、刘洪彬:《自我剥削、禀赋效应与农地流转潜在市场发育——兼论经济欠发达地区小农户生产方式转型》,《中国人口·资源与环境》2017年第1期。
[②] 栾健、韩一军、金书秦:《村集体中介服务能否促进农地高效流转与农民增收的双赢?》,《华中农业大学学报》(社会科学版)2022年第5期。
[③] 邓汉超、苏昕:《农地制度约束与我国家庭农场的长期经营路径》,《农村经济》2022年第7期。

表1　2008~2020年全国农地流转情况

单位：亿亩，%

年份	农地流转面积	农地流转率	增长率
2008	1.09	8.85	—
2009	1.52	12.03	3.18
2010	1.87	14.68	2.65
2011	2.28	17.85	3.17
2012	2.78	21.22	3.37
2013	3.41	25.70	4.48
2014	4.03	30.32	4.62
2015	4.47	33.31	2.99
2016	4.79	35.12	1.81
2017	5.12	36.97	1.85
2018	5.39	37.61	0.64
2019	5.55	35.90	−1.71
2020	5.32	34.06	−1.84

数据来源：根据历年《中国农村统计年鉴》《中国农村经营管理统计年报》《中国农村政策与改革统计年报》整理而得。

（二）农地流转"小农复制"：农业分散经营模式固化

从农地经营规模分布来看，小规模经营仍为多数。根据第三次全国国土调查数据，全国各类土地面积为120.20亿亩，其中耕地面积为19.18亿亩，占总土地面积的15.96%，人均耕地面积仅为1.36亩，大部分农户经营耕地规模偏小，且耕地细碎化问题十分突出。目前，我国农户的户均土地经营规模约为0.6公顷，农业劳动力平均耕地面积仅相当于日本和韩国的1/3~1/2，不到美国的1/100。[1] 按照绝大部分农户家庭有两个劳动力计算，户均耕地面积只有1公顷，并极可能分布在远近不同、肥瘦各异的地区。根据林万龙的研究，基于我国基本国情和农情，户均耕地几十亩的小农户将是未来我国农地经营规模的常态。[2] 目前全国农户经营耕地规模普遍较小，经营30亩以

---

[1] 周天勇：《从城市化和农业就业比例看中国依然是一个落后的农业农村国家》，https://weibo.com/ttarticle/p/show?id=2309404327848256124869&comment=1，2019。
[2] 林万龙：《农地经营规模：国际经验与中国的现实选择》，《农业经济问题》2017年第7期。

上的中大规模农户数占全国农户总数的比重不足5%。①从现阶段来看，以小农户为主的家庭经营是我国农业的基本面，并在相当长一段时期内不会发生根本性改变。因此，小农户能否与现代农业有机衔接，直接决定了我国农业现代化发展水平。虽然自2008年以来我国土地流转速度不断加快，流转规模呈扩大之势，但农地的流转大多停留在耕种权力的转移上，并非真正有效地提高劳动生产率、实现连片耕作，农业生产经营规模偏小且经营模式分散，导致农地流转呈现短期化特征，缺乏稳定性，出现农地流转"小农复制"现象。②

（三）农地流转对农业生产效率的影响逐渐减弱

国内外学者关于土地流转对农业生产效率影响的研究，尚存在一定争议和分歧。部分学者认为农地流转是有效率的，即农地规模与农业生产效率呈正相关，可以有效解决农地规模小、细碎化等问题。③但从当前我国农业生产条件和农村发展实际情况来看，一味地扩大农业规模虽然可以提高人均产出率，但并不能有效提高农地单产水平。从目前研究来看，农地生产率与播种面积存在显著的反向关系，即农户亩均产出随着农地面积的增加而下降。④规模农户农地单产较低的原因在于，在农业机械化程度还不高的情况下，农业生产效率会随着经营单位面积的扩大而下降，使规模单位面积投入的劳动力明显少于小农户。从种植结构来看，以粮食生产为主的规模农户更倾向于使用机械替代劳动力；而小农户会根据市场需求理性选择，种植适宜的经济作物，从而实现农

---

① 黄祖辉、李懿芸、毛晓红：《我国耕地"非农化""非粮化"的现状与对策》，《江淮论坛》2022年第4期。
② 郑阳阳、王丽明：《土地流转中为什么会形成大量小农复制》，《西北农林科技大学学报》（社会科学版）2020年第4期。
③ 尚雨：《农地规模与农业生产效率的关系分析——基于湖南省400农户的调查》，《湖南农业大学学报》（社会科学版）2011年第6期；张丽媛、万江红：《农地连片的地块规模门槛分析——基于传统农区农户数据的考察》，《农村经济》2021年第10期。
④ 李宁、何文剑、仇童伟、陈利根：《农地产权结构、生产要素效率与农业绩效》，《管理世界》2017年第3期；程申：《农户土地经营规模与粮食生产率的关系——来自全国农户的证据》，中国农业大学博士学位论文，2019。

业经营收益最大化。①因此,农地经营规模与土地生产率之间存在倒"U"形关系和阶段性表现。

虽然农地流转能有效解决耕地细碎化问题,促进农业结构调整和规模化经营,但从流转规模和流转机制市场化程度上看,我国总体水平较低,一家一户小规模经营现状并没有从根本上改变。②在这种情况下,劳动力资源的合理流动和优化配置受阻,农业生产效率长期处于较低水平。而现阶段乃至今后较长时期,小农户仍是我国农业生产经营的基本面和重要主体,小规模农业生产经营方式仍将持续。③因此,当前农地流转只是让部分具有经营能力的农户实现了土地规模扩张,多数农户仍是小规模经营。且整体偏向于土地密集型的粮食作物,需要充沛的耕地资源保障粮食稳定增产,而土地细碎化对粮食生产具有显著的负面影响,农地流转市场发展不充分也改变了土地流动方向,导致农业生产效率和农作物产量下降。

三 利益非一致性下农地流转"内卷化"的成因分析

(一)国家层面:社会利益与政策惯性的"内卷"

国家通常以统筹全局和谋划长远的战略决策为核心,实现社会生活有序进行、经济文化事业良好发展,最大限度地满足广大人民的利益诉求。因此,在农地流转中,国家在制定相关行政法规时不仅要考虑到农民的经济利益,还要全方位考虑到粮食安全的战略性,以及农业农村发展的多样性,从而促进社会利益格局的均衡和协调有序发展。但从历史制度主义视角出发,政策的演进既受制于不同时期政策环境的影响,又具有明显的路径依赖特征;并在发展中不断自我强化,趋于沿着既定方向一直演化下去,从而形成制度变迁的锁定现

---

① 阮海波:《"趋粮化"抑或"非粮化":粮食安全的张力及调适》,《华南农业大学学报》(社会科学版)2022年第4期。
② 印子:《"三权分置"下农业经营的实践形态与农地制度创新》,《农业经济问题》2021年第2期。
③ 靳雯、吴春梅:《小农户与现代农业有机衔接背景下的农民经济互助研究》,《农村经济》2022年第7期。

象,[①] 即对于制定出台的政策措施,经过一段时间后,组织内部与外部之间会形成一定程度的认同,政策执行者和政策接受者在相互调适过程中产生心理习惯与行为习惯,将政策内在理念与外在表征予以扩大化到各项措施的执行事务中,由此政策溢出效应愈加凸显,政策惯性也随之出现。[②]

在农地流转过程中,国家为保障各主体利益,在土地整治与基本制度改革方面出台了"三权分置"、土地流转、自愿有偿退出、经营性建设用地入市等一系列政策措施,但总体实效仍有待提升,究其原因在于,一些政策是基于存量政策演变而成的新增量政策,是对以往政策的保留,不利于摆脱传统的路径依赖和具有战略性的农地流转政策探索。国家深刻认识到农地流转对推进农业强国建设、保障粮食安全、促进农业适度规模化经营的重要性,在政策制定时会从政策主体、政策客体及外部环境的宏观层面不断进行调节和完善,但又需考虑到从以往政策中脱离出来所产生的成本。因此,往往会在现有制度框架下进行设计,这种因新旧政策交替而产生的矛盾,在一定程度上阻碍了农地有效流转和农村产业结构的调整,从而致使农地流转"内卷化"。

(二)地方层面:政绩利益与科层体系的"内卷"

地方政府会结合自身的利益考量与所面临的特定情境,选择有利于实现效用最大化的偏好、策略和手段。因此,地方政府的目标导向会与其他主体产生差异。[③] 随着我国经济体制改革的深化与行政管理体制改革的推进,各层级事权大量下放,地方政府无论是在经济上还是管理上都有了很大的自主治理空间。地方政府除了治理地方事务外,还会追求自身的发展。因此,地区的经济发展和社会稳定成为地方政府政绩的衡量标准。但地方政府为实现自身效用最

[①] 罗必良:《制度变迁:路径依赖抑或情境依赖?——兼论中国农业经营制度变革及未来趋势》,《社会科学战线》2020年第1期。

[②] 唐钧:《公共政策:哲学解读与制度分析——论公共政策的自负、惯性、私利及其改进》,《理论与改革》2001年第5期。

[③] 贺东航、孔繁斌:《中国公共政策执行中的政治势能——基于近20年农村林改政策的分析》,《中国社会科学》2019年第4期。

大化的目标，往往会与不同的政府之间存在利益差异而导致公共效用的偏离。

在农地流转过程中，地方政府既是政策的执行者，也是管理者和利益关联者，担任着重要角色。农地流转的应然之意是开展适度规模化经营、优化农地资源配置、提高劳动生产率、保障粮食安全，实现新型城镇化与农业农村现代化的顺利推进。随着分税制改革的深入，"财权层层上收、事权层层下压"的局面为地方经济发展带来了一定的压力，通过利用土地发展工商业，最大限度地促进经济增长，会导致农地流转不畅和效益不高。因此，利益目标的不一致性导致选择性差异，地方政府往往会凭借信息优势，选择性或附加式地执行农地流转政策。此外，在"政绩—晋升"的激励机制作用下，经济增长成为地方官员晋升的主要影响因素，成为激励其发展经济的内在动力。为促进经济增长、增加财政收入，地方政府更倾向于加快新型城镇化以推动经济发展，这可能会形成"锁定效应"，导致城镇建设无序扩张，影响农地流转政策的有效实施。

（三）农户层面：生计利益与经济理性的"内卷"

行为动机是驱使个人从事某种活动并朝某方向前进的内部动力，是为达到某种预定目标所展现出有意识、有选择的内在过程。[①] 在外部条件相同的情况下，个人的利益导向直接决定了其行为动机和决策差异。随着农业农村现代化发展，与传统意义上具有分散性、封闭性、自足性特点的小农经济相比，现代小农户已不是传统自给自足的兼业小农，而是越来越多地参与开放的、流动的、分工的社会化体系，社会化促使小农户与现代农业发展有机结合，成为农业生产经营体系中的重要角色。社会化促使传统小农向现代小农转变，为农户生产生活注入了新活力，但也给农户带来了新的压力和挑战，面临多重市场风险和不确定性。因此，农户基于生存和发展需要，往往以追求利益最大化为主要动机，以缓解社会化带来的压力。

---

① 李姝、柴明洋、狄亮良：《社会责任偏重度、产权性质与盈余管理——道德行为还是机会主义？》，《预测》2019年第6期。

在农地流转过程中，土地作为农民最重要的生产资料，也是农民最基本的生活保障，在发挥乡村生产功能、生活功能、生态功能中具有重要作用。农地流转与农户的行为理念密切相关，即农户的认知差异会对其农地流转意愿产生重要影响。①然而，长期以来，由于过多地依赖行政手段，农民成为农地流转政策的被动接受者。在实践中，部分地方政府作为农地流转的推动者和监管者，在执行政策时会忽视了部分农民的意愿。在市场经济快速发展情况下，农地不仅会产生经济效益，还会产生社会和生态效益。在经济效益层面，农地属于私人产品，具有排他性。随着兼业化程度的深入，从农地获取要素报酬的经济功能趋于弱化，其他功能则不断增强。此时，农地流转中的利益冲突大多来自农地供求双方对农地资源的价值评估维度不一致。农户作为重要的农地流转主体，与一般经济主体不同，对农地的多重依赖造就了其对农地更高的保留价格，差异化的格局使得农户普遍采取"一地两策"的自我保护行为，因此农地流转效果甚微。

四 主体利益协调下农地流转去"内卷化"的机制探索

农地流转是加快农业强国建设、全面推进乡村振兴、保障粮食安全、扩大农业经营规模和提升土地利用率的有效途径，涉及多元主体的切身利益。从当前农地流转中存在的问题来看，各主体利益非一致性是主要的制约因素。因此，在协调多元主体利益格局下，推进农地流转要构建以制度创新为引领、以财政激励为保障、以价值自律为核心、以多元协同为根本的体制机制，从而实现农地流转去"内卷化"，促进农业农村现代化发展，助力乡村振兴。

（一）构建以制度创新为引领的长效机制

制度创新是推进农地流转、优化资源配置的有效激励与约束方式。正如

---

① 丁涛：《农户土地承包经营权流转意愿研究——基于 Logistic 模型的实证分析》，《经济问题》2020 年第 4 期。

法国社会心理学家古斯塔夫·勒庞所说，制度没有好坏之分，只看适不适合所处的环境，只有建立良好的制度环境，才能发挥制度优势。[①] 在推进农地流转中，制度创新能有效促进农地产权功能的发挥，从而矫正各主体行为，实现外部收益（成本）内部化。因此，农地流转制度创新，既要促进土地要素合理流动，又要使土地制度流转成本最小化。国家在农地流转中处于主导地位，在加快建设农业强国、保障粮食安全和实现经济发展及社会稳定的同时，还需承担起农地流转去"内卷化"的制度创新职能。因此，农地流转的制度创新应统筹协调各主体的利益关系。一是要摒弃"唯 GDP 论英雄"的发展观、政绩观，把高标准农田建设、耕地保有量、基本农田保护面积及生态效益等指标和实绩作为重要的考核内容，建立结构完善、优质均衡的多元化评价指标体系。二是要破除城乡二元结构和制约"人、地、钱"等要素在城乡之间顺畅流动、高效配置的体制机制障碍，保护好农民的土地承包经营权益，建立健全城乡统一的建设用地市场。三是要构建以法治为基础，以保护耕地和节约用地为主线的制度体系，减少行政规范性文件，避免"头痛医头、脚痛医脚"的管理方式，从行政法规层面进行系统化、科学化设计，确保土地制度改革，强化耕地保护，推进农业农村现代化发展。

（二）强化以财政激励为保障的支撑体系

农地流转去"内卷化"需要改变以往粗放的农业生产方式，坚持农业农村现代化发展理念，以适度规模化经营发展模式推动产业结构转型升级。能否推动产业结构转型升级不仅取决于国家实行的农村土地流转制度，还取决于其能否对地方政府以及农户产生有效的激励作用。因此，在农地流转政策的积极引导下，以提高农业生产效率和农民生活质量为核心，给予地方政府和农户适当的经济激励。同时，要搭建多种利益诉求平台和渠道，协调不同利益主体间的关系。一是在完善政策、强化执行的基础上，明确国家与地方的事权、财

---

① 〔法〕古斯塔夫·勒庞:《乌合之众》，何道宽译，北京大学出版社，2016。

权,切实建立事权、财权相统一的财政体制。对于地方政府在农地流转中面临的事权、财权不匹配问题,应建立与市场经济相适应的农地流转奖补措施,激励地方政府有效落实农地流转相关政策。二是利用市场化融资模式,拓宽资金筹措渠道。在推进农地流转中,以农地流转数量、质量、规模为依据,通过基金、贴息、后补助等方式,持续发挥好财政政策的引导作用。此外,通过依靠市场力量、发挥企业优势,以市场化方式进一步拓宽支农资金的筹集渠道,提高农民参与农地流转的积极性。三是在严格执行农地高效利用政策的基础上明确划定农地发展权,建立依法、自愿、有偿的退出机制,实现农地资源内部结构调整,促进农地资源优化配置。通过统筹实施各类土地整治、高标准农田建设、城乡建设用地增减挂钩等措施,实现农地外部经济效益内部化,从而促进农地有效流转。

(三)树立以价值自律为核心的行为导向

在农地流转过程中,打破惯性思维和价值判断是协调各主体利益、保障农地经营权合理流转和促进农业适度规模经营的重要方式,尤其是转变经济发展方式、防止农地非农化、减少耕地撂荒等措施是明确各方职责、规范主体行为的重要保障,能有效促进农地流转。农地流转涉及多方主体利益,必须要符合农村经济发展实际、符合农民利益、符合当地具体情况,通过开展土地集约化经营等相关知识培训,引导价值自律行为,提高政策的知晓率,促进各主体利益协调。一方面,在价值取向上,国家要将保障粮食安全作为出发点和落脚点,妥善处理好人与地之间的关系,确保粮食和重要农产品稳定安全供给。地方政府要改变传统的管理理念,在大力发展经济的同时推动农村各项社会事业的发展,切不能为了短期效益将流转的大部分土地用作非农用途,影响了农村土地的农业用途。农户要增强耕地保护意识,摒弃将农地非农化、撂荒化的责任归咎于政府的错误观念,在加快建设农业强国背景下形成适应农业农村现代化发展形势的耕地保护价值取向,促进农地有效流转。另一方面,在行为选择上,国家应制定一系列双向激励机制,构建均衡的利益格局保障体系;地方政府要扛起粮食安全的责任，切实履行好党和人民赋予的职责；作为农地流转的主体，农户要转变传统经营观念，积极参与农地流转和农业生产性建设，共同促成农地流转去"内卷化"。

（四）促进以多元协同为根本的有效合力

农地流转过程中各主体利益非一致性导致"内卷化"，并且难以单纯依靠某一主体去"内卷化"。只有各主体价值判断相一致，才能在农地流转中形成合力。因此，国家在制定农地流转政策时，必须要处理好地方政府和农户主体价值取向以及行为选择问题，通过建立各主体间"激励相容"的治理模式，促进多元主体协同参与。在协同治理逻辑下，各主体皆能认识到农地流转对提高农地配置效率，形成规模化、专业化经营，保障国家粮食安全的重要性，并在此价值引导下协同推进，最终实现农地有效流转。在此模式下，国家在确定社会利益优先的前提下，通过制度创新引导农村土地经营权流转和农业适度规模经营，避免各主体因目标不一致而出现"道德风险"和"逆向选择"问题。通过建立完善的农村土地流转市场机制，改变部分地方政府对农地非农化的价值取向，实现农地流转与经济发展、农民增收有机结合。地方政府不仅是农地流转政策的执行者，也影响着农户的行为选择及政策的实施效果。因此，一方面要在严格执行国家出台的农地流转相关政策的基础上，综合考虑当地农业农村发展情况和农户实际需求，保障农地流转政策的落地性与有效性。另一方面，在加强农户农地流转意愿上，通过进村入户、面对面解答、参观学习等方式，深入开展土地集约化经营等相关知识培训，宣传讲解农地流转经营模式，提高政策的知晓率，消除农民后顾之忧。在推进农地流转中，要充分尊重农民的意愿，切不能采取包办代替、强迫命令等方式。通过加强新型农业经营主体与农户之间的联结，实现优势互补、合作共赢，从而调动农户在农地流转中的积极性。从公共经济学角度来看，农户为更好地维护自身利益，需要避免耕地抛荒撂荒行为，加强与新型农业经营主体的合作，力争在农地流转中实现规模经济，最终形成农地流转去"内卷化"之合力。

五　结论与启示

通过分析不同主体在农地流转中的利益诉求，发现各主体"权力—利益"的非一致性及其互动失衡阻碍了农地的有效流转。其中国家层面面临社会利益与政策惯性的"内卷"，地方层面面临政绩利益与科层体系的"内卷"，农户层面面临生计利益与经济理性的"内卷"，各主体利益非一致性使农地流转中出现增速放缓、小规模转入与部分转出对应的"小农复制"现象以及农业生产效率递减等特征。因此，在加快建设农业强国、全面推进乡村振兴背景下，探索一条兼顾各主体利益的新路径，对于促进土地规模化经营、推动现代农业发展具有重要作用。推进农地有效流转，就要在协调多元主体利益格局的前提下，构建以制度创新为引领、以财政激励为保障、以价值自律为核心、以多元协同为根本的体制机制，实现农地流转去"内卷化"。

基于上述研究结论，得出如下启示。

第一，农地流转要与城镇化进程相适应。农地流转发展到现在已不再是简单的土地资源要素和劳动力在地区间合理流动问题，已从是否流转向如何流转、流转的规模效益和经营模式等转变。城镇化在工业化和农业农村现代化之间发挥着助推作用，随着大量劳动力从农业中转移出来，日趋紧张的人地关系逐步得到缓解，为实施农村土地流转、提高土地利用效率、促进土地规模化经营提供了良好的机遇。但由于我国农村剩余劳动力规模庞大，对现行农村土地产权制度还存在一定的约束力，与新型工业化、信息化、城镇化相比，农业现代化明显滞后。因此，未来农地流转要更加注重与城镇化进程相适应，特别是与新型工业化、城镇化发展相协调，与农业现代化发展相同步。

第二，农地流转要与劳动力转移相适应。随着农民工返乡趋势不断强化，外加低成本工业化和高成本城镇化双重制约，农村劳动力呈现就近转移、"候鸟式"迁移、"流而不转"等特征。农村劳动力转移的流动性、短期性和不稳定性以及兼业经营模式将是未来发展的常态。因此，促进农地流转与农村劳动力转移相适应,是提升各主体农地流转参与度的重要激励方式。在农村劳动力转移问题上,不仅要关注农村劳动力向外转移的规模,还要认识到进城农民工返乡意愿和趋势,综合考虑农村劳动力双向流动后的变化情况。农地流转的关键在于各主体间的行为价值认知,需要系统考量各方利益诉求,从而设计出有效的农地流转机制,使其在适应农村劳动力转移趋势的基础上采取一系列减少农户抛荒、撂荒的行为,实现农地流转去"内卷化"。

第三,农地流转要与农民的接受程度相适应。回顾我国农地流转制度体系的变迁,可以发现农民对农地流转制度的认识在"肯定—否定—否定之否定"的过程中不断深化。鉴于在市场环境和生产技术条件给定的情况下,农户的目标是收入最大化。随着城镇化和农村劳动力转移,农民增收渠道日趋多样化,农民收入结构也发生了根本性改变,农户家庭收入结构中工资性收入占比超过经营净收入占比。农民有更多的选择,他们对农地流转的态度主要取决于农地流转是否能增加收入,这就涉及农地流转的机会成本问题。因此,农地有效地流转,要在充分考虑农民接受程度的基础上,以此强化其参与的积极性,从而促进农户自愿为农地流转而努力。

会议综述

推进城乡融合发展
加快建设现代化农业强国

——"建设农业强国的理论与实践研讨会暨第十九届全国社科农经协作网络大会"综述

杜 鑫*

2023年10月13~14日，由中国社会科学院农村发展研究所、中国社会科学院城乡发展一体化智库、河南省社会科学院、中央漯河市委、漯河市人民政府主办，中共临颍县委、临颍县人民政府、中共漯河市委党校承办的"建设农业强国的理论与实践研讨会暨第十九届全国社科农经协作网络大会"在河南省漯河市召开。来自中国社会科学院、国家发展改革委中国宏观经济研究院、各省（自治区、直辖市）社会科学院、高等院校、漯河市及临颍县地方政府等40余家单位的100多位专家学者、政府官员参加了会议。全体参会者围绕推进城乡融合发展、加快建设现代化农业强国这一主题，进行了深入的交流和研讨。现将与会专家学者的主要观点综述如下。

---

* 杜鑫，中国社会科学院农村发展研究所研究员，主要研究方向为城乡融合发展。

一 城乡融合发展的重要意义及其工作重点

习近平总书记在 2020 年中央农村工作会议上指出,"今后 15 年是破除城乡二元结构、健全城乡融合发展体制机制的窗口期。要从规划编制、要素配置等方面提出更加明确的要求,强化统筹谋划和顶层设计"。[①] 党的二十大在部署全面推进乡村振兴、加快建设农业强国的战略任务时进一步强调,要"坚持城乡融合发展,畅通城乡要素流动","加快建设农业强国,扎实推动乡村产业、人才、文化、生态、组织振兴"。[②] 与会专家学者认为,破除城乡二元结构,推进城乡融合发展,是以深化改革解决当前经济社会发展矛盾、促进经济持续增长的有效手段,也是加快建设农业强国和实现中国式农业农村现代化的重要条件和关键节点。

(一)当前经济社会发展面临的矛盾和挑战

党的十九大、二十大对全面建设社会主义现代化强国做出了"两步走"的战略部署,即从 2020 年到 2035 年基本实现社会主义现代化,人均国内生产总值达到中等发达国家水平;从 2035 年到本世纪中叶建成富强民主文明和谐美丽的社会主义现代化强国。改革开放初期,中国人均国内生产总值处于低收入国家行列;经过快速的经济增长,21 世纪初期开始进入中等收入国家行列;2010 年前后,迈入中上等收入国家行列。截至 2022 年,中国人均国内生产总值为 85698 元,按年平均汇率折算约合 1.27 万美元,即将迈入高收入国家的门槛。据测算,为了实现到 2035 年人均国内生产总值达到中等发达国家水平、基本实现社会主义现代化的目标,从现在起到 2035 年,中国人均国内生产总值年增长率应当至少保持在 4.7% 的水平。但就目前来看,中国经济在供给侧

[①] 习近平:《坚持把解决好"三农"问题作为全党工作重中之重,举全党全社会之力推动乡村振兴》,《求是》2022 年第 7 期。
[②] 习近平:《高举中国特色社会主义伟大旗帜 为全面建设社会主义现代化国家而团结奋斗——在中国共产党第二十次全国代表大会上的报告》,人民出版社,2022。

和需求侧都存在一些困难,经济持续增长面临较大挑战。

就供给侧来看,由于人口发展形势转变,中国经济的潜在增长率不断下降。近年来,中国的人口发展形势发生了重大转变,对经济社会发展产生了重要影响。首先,总人口规模出现负增长。人口规模自2022年开始出现负增长,并且由于连续多年的低生育率,人口规模不断减少的趋势难以逆转。其次,中国已经进入老龄化社会。2000年,中国65岁及以上老人占总人口的比例达到了7%,开始步入低度老龄化社会;2021年,中国这一比例又达到了14.2%,开始迈入老龄化社会。最后,伴随着人口规模的下降和老龄化社会的到来,中国的劳动年龄人口加速减少。中国的劳动年龄人口规模在2011年达到高峰之后逐年下降,实际经济生活中开始出现劳动力短缺现象。随着人口规模出现负增长,劳动年龄人口加速减少。劳动年龄人口的减少会使经济生活中的劳动要素供给减少、人力资本改善速度放慢、资本回报率下降,从而导致经济的潜在增长率下降。据预测,从目前到2035年,中国经济的潜在增长率将从5%左右下降到大约4%的水平。

就需求侧来看,受国内外诸多因素的影响,中国经济面临总需求不足的困难。近年来,在拉动经济总需求的"三驾马车"中,净出口对经济增长的贡献非常低,或者为负,或者接近于0;投资促进经济增长的潜力已经不大;扩大消费需求,特别是居民消费需求,成为拉动经济总需求的关键所在。当前及未来一段时期,经济增长越来越受到居民消费能力制约。但由于人口发展形势的转变,扩大居民消费面临严峻的挑战。从国内的经验来看,人口规模和居民消费水平大体呈现出同步变化的趋势。从国际经验来看,居民家庭消费率与老龄化率之间大体呈现倒"U"形关系,即居民家庭消费率随着老龄化率的上升而上升,但在老龄化率达到一定水平之后,居民家庭消费率反而随老龄化率的上升而下降,而这一倒"U"形关系的转折点大致在老龄化率14%左右。鉴于中国的老龄化率于2021年达到这一水平,未来随着老龄化率的上升,居民消费可能会受到进一步抑制。

与会专家学者认为,人口发展形势转变除给中国宏观经济的供给侧和需求侧带来严峻挑战外,也使进一步做好"三农"工作面临新的重大挑战。在人口发展形势转变的过程中,与城镇相比,农村老龄化程度更为严重,"未富先老"特征更为突出,做好农业农村工作面临如下困难。首先,农业劳动力转移难度加大。目前中国仍有大量的农业劳动力尚未转移,但尚未转移的农业劳动力具有明显的大龄化特征,其转移就业的意愿降低,转移难度加大。其次,农村居民增收难度增加。由于农村劳动力大龄化及其人力资本不足,实现转移就业、增加非农收入更为困难,农村居民增收难度增加。再次,农业现代化面临严峻挑战。一方面,农村劳动力老龄化使得现代农业发展所需的劳动力质量下降;另一方面,由于劳动力转移难度加大,农村居民对土地的依赖加强,抑制了农村土地流转和农业规模经营,不利于推进农业现代化和建设农业强国。最后,完善农村社会保障体系的难度和需求增加。当前的农村社会保障体系尚不完善,社会养老资源严重不足,农村人口的深度老龄化、农村的空心化对完善农村养老服务体系、提高农村社会养老保险水平提出了更高的要求。

总的来看,中国人口发展形势的转变使推进经济持续增长和做好"三农"工作都面临严峻挑战。为应对人口发展形势的转变,推进农业农村现代化,应当采取有效措施,从供给侧和需求侧两个方面来改善宏观经济发展环境,为解决"三农"问题创造良好的条件。

(二)中国城乡二元结构特征的突出表现

与会专家学者认为,城乡二元结构是许多发展中国家所呈现出的经济社会发展特征,中国尤为突出。破除城乡二元结构,推进城乡融合发展,是建设农业强国、推进中国式农业农村现代化的必然选择。中国的城乡二元结构特征主要体现在以下几个方面。

1. 城乡居民收入差距

城乡二元结构特征首先体现在较大的城乡居民收入差距上。改革开放以来,中国居民收入基尼系数和城乡居民收入比二者之间具有基本相同的发展趋势和高度的统计相关性。而国内外关于中国居民收入差距的研究结果表明，城乡居民收入差距是整体居民收入差距的主要构成部分，其对全部居民收入差距的贡献率达到一半以上。全国城乡居民人均可支配收入基尼系数2008年达到最高点0.491，此后开始缓慢下降，但截至2022年依然高达0.467。与之相似，城乡居民收入比在2007年达到最高点3.14，此后开始缓慢下降，但截至2022年依然高达2.45。

2. 城乡社会保障差距

城乡分割的社会保障体系曾是城乡二元结构特征的突出表现之一。经过多年的改革，城乡统一的社会保障体系建设取得了显著成就，但城乡社会保障差距依然存在。2021年城乡居民社会养老保险的平均年给付金额约为0.23万元，与城镇职工社会养老保险给付金额存在近20倍的差距。

3. 城乡分割的户籍制度

改革开放以来，随着经济的发展，农村劳动力转移就业规模不断扩大，但城乡分割的户籍制度以及以户籍制度为载体的城乡分割的公共服务体系依然存在。大量的农业转移人口因在城镇就业而被统计为城镇常住人口，但由于没有就业所在地的户籍而"人户分离"，抑制了劳动力的自由流动和优化配置，降低了社会流动性。

4. 比较劳动生产率之谜

改革开放以来，随着农业技术进步，农业劳动生产率不断提高，但农业比较劳动生产率依然较低，这被称为"比较劳动生产率之谜"。改革开放以来农业比较劳动生产率一直低于1；相比之下，第二、第三产业的比较劳动生产率一直高于1，三次产业之间一直存在较大的比较劳动生产率差距。具体来说，从改革开放之初至20世纪90年代初期，中国第一产业与第二产业的比较劳动生产率之比处于0.10~0.16，20世纪90年代初期以后则长期低于0.10；而长期以来，中国第一产业与第三产业的比较劳动生产率之比在0.20的水平上下波动。比较劳动生产率之谜这一现象之所以长期存在，其原因就在于中国农业劳动力转移进程相对滞后于快速工业化和经济增长进程，这也是农业经营收入增长乏力、现代农业发展缓慢的重要原因,是建设农业强国、推进中国式农业农村现代化所必须要破解的难题。

(三) 推进城乡融合发展的工作重点

与会专家学者认为,人口发展形势的转变给推进经济持续增长及做好"三农"工作都带来了严峻挑战。破除城乡二元结构,推进城乡融合发展,既有利于从供给侧和需求侧两个方面推动宏观经济增长,又有利于破解"三农"发展困境,加快建设农业强国,实现中国式农业农村现代化,具体包括以下几个方面的工作重点。

1. 推进户籍制度改革

推进户籍制度改革,加快推动农业转移人口市民化,实现人口特别是劳动力的自由流动,有利于推动经济持续增长,加快农业现代化进程,对经济社会发展产生多重正面效应。

首先,扩大非农劳动力供给,提高经济潜在增长率。劳动力作为生产要素之一,对扩大供给、提高经济潜在增长率有重要作用。人口老龄化和劳动年龄人口减少对增加劳动力要素供给、提高经济潜在增长率产生了不利影响,与此同时,中国依然存在通过制度调整和结构优化来扩大非农劳动力供给和增强经济供给能力的巨大潜力。受户籍制度制约,截至2022年,中国第一产业就业规模17663万人,占全社会就业总人口的比例依然较高,达到24.1%,而高收入国家这一比例仅为3%左右。通过深化户籍制度改革,我国未来依然有望实现大约20%的农业劳动力转移,绝对规模高达1.4亿人,这一规模大于许多国家的劳动力总规模。因此,推进户籍制度改革,可以在人口发展形势转变的不利条件下,通过结构调整继续保障丰富的劳动力供给,从供给侧改善中国经济增长。

其次,扩大内需,提高经济总需求。理论和实践表明,城市化有利于扩大消费和投资,刺激经济增长。改革开放以来,中国的城市化进程加快,但囿于户籍制度,城镇大量的流动人口及其家庭成员虽被统计为城镇常住人口但不能与城镇本地居民享有同等的公共服务及社会福利，使得城市化呈现出"不彻底"的城市化或"半城市化"特征。根据第七次全国人口普查数据，2020年中国大陆地区的常住人口城镇化率已经达到63.89%，但户籍人口城镇化率仅为45.4%，二者存在大约18个百分点的差距。由此，城镇地区流动人口的消费潜力受到抑制，城市化在理论上所应具有的扩大内需、刺激经济增长的积极作用未得到充分发挥。有研究表明，没有城镇户籍的农民工家庭的消费抑制水平为20%~30%。截至2022年，全国外出农民工总量达1.7亿人。如果通过户籍制度改革实现农业转移人口市民化，进而释放广大农民工群体及城镇流动人口的消费潜力，则每年增加的经济总需求规模有望达万亿之巨。因此，推进户籍制度改革，可以在人口发展形势转变的不利条件下，通过推进以人为本的城市化来扩大内需，从需求侧改善中国的经济增长。

最后，促进农地流转和适度规模经营，加快农业农村现代化进程。受城乡分割的户籍制度的束缚，农村富余劳动力没有实现彻底转移，大量农村劳动力及其家庭成员依然严重依赖于农业经营与土地，导致土地经营细碎化，妨碍农业新技术采用和投资增加，农业劳动生产率不高。因此，推进户籍制度改革，实现农业转移人口市民化，有利于减轻农村劳动力及其家庭成员对农业经营的依赖，加快推动农地流转和适度规模经营，促进农业技术进步和投资增加，提高农业劳动生产率，进而提高农民收入，加快农业农村现代化进程，为建设农业强国打下坚实的基础。

2. 推进农村土地制度改革

土地是农村经济发展中的重要生产要素，也是农民所拥有的最重要的物质资源。当前的农村土地管理制度不利于现代农业发展和增加农民财产净收入。推进农村土地制度改革，主要包括推进农村承包地、宅基地与集体建设用地制度改革。

首先，深化农村承包地的所有权、承包权、经营权"三权分置"改革，增强地权稳定性。确保农户土地承包关系长期稳定，防止村级干预及频繁调整对农户承包经营权的损害；增强农户的土地承包经营权权能，在操作层面解决土地经营权抵押问题；改革将农户承包经营权的转让局限在本集体经济组织内部的规定，扩大其在城乡之间的转让范围，促进农地流转和规模经营。

其次，积极探索农村宅基地"三权分置"的有效实现形式。鼓励农村集体经济组织及其成员通过自营、出租、入股、合作等方式，盘活农村闲置宅基地和闲置住宅，适时停止农村宅基地的福利性无偿分配，完善宅基地有偿退出机制，扩大农村宅基地及房屋在城乡区域之间的转让范围，探索建立多元的农民住房保障体系，将无房农民和新增农村人口纳入城乡统一的住房保障体系。

再次，建立城乡统一的建设用地市场。积极推动农村集体经营性建设用地入市，实行与国有建设用地同等入市、同权同价同责，统筹谋划并妥善解决好农村集体建设用地入市规模、制度配套、利益平衡等改革中的关键问题。

最后，推进农村土地制度改革，深化"三权到人（户）、权随人（户）走"改革，切实保障进城落户农民的承包地经营权、宅基地和农房使用权、集体收益分配权。

总而言之，通过推进农村土地制度改革，最终实现城乡土地市场一体化，以促进现代农业发展，增加农民财产净收入和加快农村现代化进程，同时扩大工业化、城市化进程中的土地要素供给，降低土地要素成本，促进国民经济持续健康增长。

3. 推进城乡基本公共服务均等化

面对农村人口老龄化、农民增收困难的不利局面，推进城乡基本公共服务均等化可以有效提高农村基本公共服务质量，增进农村居民福利，并引导城镇居民下乡就业或生活，建设宜居宜业和美乡村。推进城乡基本公共服务均等化，需要做好以下几项工作。

首先，在尊重市场规律和居民意愿的前提下，结合城镇化和农村"空心化"的发展趋势，优化乡镇和村庄布局，兼顾公共服务设施建设成本和利用效率，合理布局基础设施和优化公共服务资源配置，集中力量抓好普惠性、基础性民生项目建设，同时结合城乡设施互联互通，整合现有资源，对接城镇地区的建设、管护和运营机制。

其次，补齐农村地区社保、教育、医疗、养老等方面的服务短板，使城乡居民基本养老保险转变为一种普惠型、覆盖全民的托底型养老保障并逐步提高给付水平，进一步打通城乡居民基本医疗保险的转换通道，取消农业转移人口及灵活就业人员在就业地参加社会保险的户籍限制，提高农村地区托幼照护、义务教育、医疗卫生服务质量，使农村地区传统的家庭养老模式转变为机构养老和社区养老模式，并利用先进的数字技术及人工智能等提高农村教育、养老、医疗等公共服务水平，增强城市优质公共服务资源在农村地区的延伸性和可及性。

总而言之，以建设宜居宜业和美乡村为定位，不断提高农村基础设施便利度、公共服务完备度、人居环境舒适度，让"农村基本具备现代生活条件"，实现农村现代化。

4. 缩小城乡居民收入差距

根据经济学理论，低收入群体相对于高收入群体拥有更高的消费倾向，因此，改善收入分配有利于扩大消费，刺激经济增长。破除城乡二元结构，缩小城乡居民收入差距，是缩小全国居民收入差距、拉动消费和刺激经济增长的需要，也是推动农业农村现代化的必然要求。国际经验表明，缩小收入差距，除了实施积极的初次分配政策之外，还需要实施积极的再分配政策，通过税收和转移支付等政策手段来加大收入调节力度。例如，OECD国家在初次分配之后的居民收入基尼系数大都位于0.4以上，有的国家还超过了0.5，但在实施积极的再分配政策之后，居民收入基尼系数都降到0.4以下，其中一半的国家降到0.3以下，极大地改善了收入分配状况。因此，为了缩小城乡居民差距，应当双管齐下，实施积极的初次分配政策和再分配政策。改革户籍制度和农村土地制度，提高城乡要素市场一体化程度，既属于积极的初次分配政策，又属于积极的再分配政策。除此之外，还应当加大对农村居民的转移支付力度，包括进一步健全财政支农的体制机制、完善农业支持保护制度和农业补贴政策体系、建立农民收入风险应对机制、增加农村人力资本投资补贴、加大农村居民社会救助力度等，通过实施积极的再分配政策来缩小城乡居民收入差距，争取到 2035 年基本实现现代化时全国居民收入基尼系数降低到 0.4 以下。

二 建设农业强国的理论与实践

在 2022 年底召开的中央农村工作会议上，习近平总书记强调指出，全面推进乡村振兴、加快建设农业强国，是党中央着眼全面建成社会主义现代化强国做出的战略部署；没有农业强国就没有现代化强国；没有农业农村现代化，社会主义现代化就是不全面的。[1] 与会专家学者围绕党和国家关于建设农业强国的重大战略部署，就建设农业强国的科学概念内涵、基本特征、实施路径，以及各地建设农业强省、农业强市、农业强县的实践经验开展了热烈的研讨。

（一）农业强国的概念内涵

党的二十大提出建设农业强国战略目标以来，学术界关于建设农业强国的研究迅速增加，系统的学理分析以及据此而形成的共识性成果明显增加，但已有的部分研究成果对建设农业强国缺乏深入思考，对于建设农业强国与全面推进乡村振兴、加快农业农村现代化之间的关系存在模糊认识，对新时期建设农业强国的紧迫性和必要性缺乏深刻理解，这与加快建设农业强国所提出的理论需求相比依然存在差距。与会专家学者认为，所谓农业强国，是指在基于重要农业发展指标的国际比较中能够体现"农业强"特点的国家，即在国际竞争中其整体农业部门或其中的若干优势产业部门呈现规模化比较优势和较强竞争力的国家。正确理解农业强国的概念内涵，需要把握好以下几个方面的内容。

首先，需要根据各国国情农情和资源条件来理解农业强国的多类型特征。从经济发展历史来看，由于资源禀赋、制度背景等经济社会特点的不同，各国

---

[1]《加快建设农业强国 推进农业农村现代化》，http://www.xinhuanet.com/politics/leaders/202303/15/c_1129433091.htm，2023 年 3 月 15 日。

从实际出发，选择了符合本国国情的发展道路，从而建设为不同类型的农业强国。根据资源禀赋的不同，以美国、加拿大、澳大利亚为代表的人均土地资源丰富的新大陆国家建设成为规模化农业强国，以法国、德国、意大利为代表的人均土地资源中等的欧洲国家建设成为特色农业强国，以日本、以色列为代表的人均土地资源缺乏的亚洲国家则建设成为精细化农业强国。根据优势农产品种类及其水平的不同，主要农产品种类丰富、产出水平高的美国、加拿大属于综合型农业强国，畜牧业、花卉、果蔬等特定产业具有较强国际竞争力的澳大利亚、德国、荷兰、意大利等国则属于特色型农业强国。

其次，需要根据农业发展的阶段性特征来理解农业强国与农业现代化之间的关系。从农业发展的阶段性特征来看，由传统农业发展方式转向现代农业发展方式的农业现代化是各个国家和地区农业发展的普遍规律和必由之路，但是，实现农业现代化并不意味着建成农业强国，实现农业现代化只是建设农业强国的基础和前提。更具体地说，在实现农业现代化的基础上，只有在国际农业市场具有较强竞争力和影响力的国家才能成为农业强国。

最后，在中国的发展环境和政策语境下，需要正确理解建设农业强国与全面推进乡村振兴、实现农业农村现代化的"一体三面"关系。与会专家学者认为，建设农业强国与全面推进乡村振兴、实现农业农村现代化是对"三农"工作不同维度的概括和要求，是党和国家"三农"工作的"一体三面"，既相互统一又各有侧重。具体来说，建设农业强国是全面建设社会主义现代化强国的根基，也是实现乡村全面振兴和农业农村现代化的核心目标；乡村振兴是实现中华民族伟大复兴的应有之义，实施乡村振兴战略是新时代"三农"工作的总抓手；农业农村现代化是实现中国式现代化的基础和保障，是实施乡村振兴战略的总目标，也是建成农业强国的基础和前提。在实际工作中，正确处理建设农业强国与全面推进乡村振兴、实现农业农村现代化三者之间的关系，要做好话语体系、政策体系和工作体系的有机衔接，保持工作的统一性、连续性，不能割裂开来、另起炉灶、各搞一套。要在全面建成社会主义现代化强国的总体战略目标下，全面推进乡村振兴，加快农业农村现代化进程，分阶段持续推进农业强国建设，使农业强国建设能够与其他领域的强国建设步伐相协调，确保到本世纪中叶建成社会主义现代化农业强国。

（二）农业强国的基本特征

2023年中央一号文件指出，强国必先强农，农强方能国强。要立足国情农情，体现中国特色，建设供给保障强、科技装备强、经营体系强、产业韧性强、竞争能力强的农业强国。与会专家学者认为，综合世界各农业强国的发展状况，可以将农业强国的基本特征概括为"四强一高"，即供给保障能力强、科技创新能力强、可持续发展能力强、国际竞争力强、发展水平高，主要农业发展水平指标居世界前列。

首先是农业供给保障能力强。农业具有经济、生态、社会和文化等多方面的功能，其中，保障粮食和重要农产品供给安全是其基本功能。当今世界大多数农业强国都具有较高的粮食和重要农产品安全保障水平，部分粮食和重要农产品生产能力不足、保障能力偏弱的国家则善于通过国际农产品贸易来满足国内市场需求，保障农业供给。

其次是农业科技创新能力强。科技创新是农业生产力发展的第一驱动力，发达国家农业科技贡献率一般在80%左右，农业强国更是在前沿农业科技的研发、应用和示范引领等方面走在世界前列。美国农业在大规模机械化的基础上，数字农业技术领先全球；荷兰的设施农业技术、日本的小微型农业机械技术、以色列的节水农业灌溉技术等享誉世界。此外，各农业强国在农业育种、有机农业、绿色养殖、无土栽培等先进技术领域具有强大的研发和应用能力，这些都为其农业发展提供了巨大的潜能。

再次是农业可持续发展能力强。各农业强国在加大农业科技投入、加强农业供给保障的同时，通过政策引导与资金支持，因地制宜调整优化农业生产结构，加强农业废弃物资源化利用，采取生态农业、有机农业等模式保护和恢复农业生态系统，开发拓展农业多功能性，大力提高农业可持续发展能力。

又次是农业国际竞争力强。提高农业国际竞争力是建设农业强国的主要目标。虽然当今世界各农业强国的国情农情与资源禀赋各不相同，但在表征农业国际竞争力的关键指标如农产品价格、农业劳动生产率、土地生产率、成本利润率、农产品加工深度、市场占有率等方面具备显著优势，代表性农产品具有较高的品牌和质量美誉度，表现出较强的国际竞争力。

最后是农业发展水平高。作为农业强国的一个综合性特征，农业发展水平高是农业强国前述"四强"特征的发展结果，体现了农业现代化水平的全面提高。

（三）建设农业强国的战略目标及实施路径

1. 建设农业强国的战略目标

由于资源禀赋、制度背景等经济社会特点的不同，各国大都从实际出发，选择符合自身国情的农业强国道路。因此，农业强国是共性特征和个性特征的有机统一。与会专家学者认为，由于国情农情的不同，中国建设农业强国不可能照搬发达国家的模式，必须从实际出发，走具有中国特色的现代化农业强国道路。具有中国特色的现代化农业强国道路，既有世界一般农业强国的共同特征，更有基于中国国情农情的中国特色。所谓共同特征，就是要遵循农业现代化的一般规律，建设供给保障强、科技装备强、经营体系强、产业韧性强、竞争能力强的农业强国；所谓中国特色，就是立足国情农情，立足人多地少的资源禀赋、农耕文明的历史底蕴、人与自然和谐共生的时代要求，建设能够主要依靠自己力量保障粮食和主要农产品供给、坚持和完善农村基本经营制度、发展生态低碳农业、赓续优秀农耕文明、扎实推进共同富裕的综合型农业强国。

按照党的二十大的总体部署，加快建设农业强国大体可分为三个阶段进行。2023~2027年，全面推进乡村振兴，着力做好农业强国建设规划和组织制度设计，形成加快建设农业强国的制度框架和政策体系；到2035年，基本实现农业农村现代化，农村基本具备现代生活条件，农业强国建设取得实质性进展，一些重要领域如农业教育、科技、人才等进入农业强国行列；到2050年，如期全面建成综合型的现代化农业强国。

中国作为人口大国与超大型经济体，在实现现代化的过程中对各类农产品的需求巨大，中国的农业强国目标不是特色型农业强国，而是农林牧渔业及相关产业全面协调发展的综合型农业强国。针对农林牧渔业等不同产业，可以制定差异化的发展目标，探索各具特色的强国之路，即到2035年，基本实现农业现代化，基本建成林草产业强国；到2040年，基本建成现代渔业强国；到2045年，基本建成种植业和畜牧业强国；到2050年，全面建成综合型现代化农业强国。

2.建设农业强国的实施路径

中国作为传统农业大国，当前农业发展呈现明显的"大而不强"特征。一方面，中国农业产出种类多、规模大，谷物、肉类、蔬菜、水果、籽棉、茶叶等产量长期居世界首位。根据世界银行的统计数据，2022年，中国农业增加值为1.31万亿美元，约占全世界农业增加值总量的30.11%，是世界第一农业大国。另一方面，农业科技含量不高，生产成本高，劳动生产率、成本利润率较低，国际竞争力较弱，农业贸易逆差较大，大豆、种子等重要农产品长期处于净进口状态，农民收入过低、生产积极性不高。解决农业生产"大而不强"的问题，加快建设农业强国，是中国全面建设社会主义现代化强国的必然要求，也是其重点难点所在。与会专家认为，中国应立足国情农情，参考世界农业强国建设经验，从以下几个方面着手推进建设农业强国进程。

第一，补齐农业强国建设中的弱项短板。在当前的农业生产中，明显的短板和薄弱环节主要包括：农业生产经营规模小，规模化、组织化、专业化水平低；农业劳动力老龄化严重，科技文化素质普遍不高；化肥、农药施用过量，农业面源污染严重，土壤肥力下降；农田水利设施老化失修现象较多；数字农业、智慧农业发展所需基础设施和生产条件有待改善；等等。加快建设农业强国，必须采取有效措施克服上述农业生产中的短板和薄弱环节，积极转变农业发展方式，加快推进传统农业向现代农业转型。

第二，优化农业强国建设的空间布局。建设农业强国作为全面建设社会主义现代化强国战略的重要内容，是一项整体的重大国家战略，需要各地协同配合、发挥不同的功能和作用。例如，北京、上海等地作为教育、科技创新资源密集区域，应当发挥农业教育和人才培养基地、农业科研创新策源地的功能；黑龙江、河南、山东等农业大省应该成为粮食和重要农产品供应基地及农产品加工基地；郑州、武汉等交通枢纽城市则可以建设成为重要的农产品物流基地。中国地域广阔，各地农业资源和发展条件差异较大，应当因地制宜，走符合本地农情和特色的农业强省、强市、强县之路，防止"一窝蜂"和盲目攀比。有的地区适合建设综合型农业强省（强市、强县），有的地区则适合建设特色型农业强省（强市、强县），如林业强省（强市、强县）、草业强省（强市、强县）、牧业强省（强市、强县）、渔业强省（强市、强县）、种业强省（强市、强县）等。

第三，促进农业科技教育的优先发展。党的二十大报告提出到2035年要建成教育强国、科技强国、人才强国，其中当然也包括农业农村教育、科技、人才的建设。在加快建设农业强国的过程中，应将农业农村科技、教育和人才作为优先领域，加大资金投入和政策支持力度，提高原始创新和集成创新能力，加快形成政府、企业、农业科研机构、经营主体共同参与和广泛协作的农业科技研发及推广体系，大力发展农业农村职业教育和技术培训，积极培育一大批高素质农民，使其成为建设农业强国的骨干力量。

第四，推进农业强省强市强县建设。在全国各地农业资源环境和发展水平各不相同的条件下，推进农业强省强市强县建设，使其成为加快建设农业强国的重要载体和主要抓手。与会专家建议，采取省部共建方式，支持有条件的省份开展农业强省建设，加快农业大省的农业现代化进程，推动农业大省向农业强省转变；在全国范围内分期分批推进农业强市、农业强县建设，充分发挥其在农业强国建设中的示范、引领和带动作用。

第五，增强统筹利用国际国内两个市场的能力。建设农业强国，既要提高本国农业供给能力和供给质量，提高农业的国际竞争力，也要充分利用好国内国际两个市场、两种资源，使其更好地服务于建设农业强国的战略目标。一是在不断提高国内粮食和重要农产品供给能力的基础上，遵循"适度进口"的国家安全战略，促进食物进口来源、渠道、品种的多元化，避免食物进口市场过度集中的风险。二是在共建"一带一路"倡议下实施农业"走出去"战略，通过开展跨国投资等手段充分利用国外丰富的农业生产资源提高农业产出，增加国内供给。三是加强国际农业合作，深化与粮农组织、世界粮食计划署、国际农发基金等国际机构在国际紧急粮食援助、农业技术培训等方面的合作，适当增加对食物安全问题突出的欠发达国家和地区的资源投入，帮助其提高农业技术水平和生产能力，改善脆弱群体的营养与健康状况，促进国际可持续食物安全目标的实现。

第六，完善农业强国建设的政策体系。加强对农业强国建设的顶层设计和组织领导，尽快研究制定统一规划和行动计划，启动实施一批重大工程项目，扎实推进深层次农业农村改革，特别是农村土地制度改革、集体产权制度改革和农业经营体制改革，坚决破除制约城乡要素资源双向流动和平等交换的体制机制约束，调整完善现有的农业支持保护制度和政策体系，为加快建设农业强国提供政策支持和制度保障。

（四）建设农业强国的地方实践

党的二十大提出建设农业强国的战略目标以来，各地围绕建设农业强国的国家总体战略目标，结合全面推进乡村振兴，相应开展了农业强省、农业强市、农业强县建设，为实施建设农业强国这一伟大方略提供了有益的初步经验。会上除了对建设农业强国开展深入的理论探讨之外，来自河南、黑龙江、江西、江苏、广东等地的专家学者还先后介绍了本地开展农业强省强市强县建设的做法，为相关研究提供了丰富的案例经验。总结各地专家学者的发言，可以将各地开展农业强国建设的实践经验归结为以下几个方面。

1. 形成差异化互补型农业发展区域布局

各地区注重充分发挥本地农业资源的比较优势，寻求错位发展，避免同质竞争，努力走差异化的特色农业发展之路，在农业强省强市强县建设中形成特色明显、功能互补的农业发展区域布局。河南省依托郑州市农业科技资源高度集聚的优势，在郑州加快建设高能级农业科技创新平台载体，引领全省现代农业科技创新；在豫西地区依托洛阳市发达的农业装备制造业建设国家农机装备创新中心，引领全省现代农业的机械化、智能化发展；在豫东南地区依托丰富的农业资源和劳动力资源，建设周口国家农业高新技术产业示范区、中国（驻马店）国际农产品加工产业园、中国（漯河）国际食品创新产业园，做好农业产业补链延链强链工作；在豫北则依托优越的农业生产条件、坚实的科技创新基础、完善的农业产业体系和突出的战略区位优势，以建设"中原农谷"为引领，聚焦建设国家级、国际化农业创新高地，大力发展生物育种、现代种养、农副产品加工、现代农业服务业等产业，全力打造"四大中心、两个示范区"——国家种业科技创新中心、现代粮食产业科技创新中心、农业科技成果转移转化中心、农业对外合作交流中心、农业高新技术产业示范区、智慧（数字）农业示范区。河南省通过建立健全"省—市—县—企"联动机制，推动各地探索差异化创新发展路径，初步形成特色鲜明的区域型农业强市强县之路。

2.巩固提高粮食和重要农产品供给能力

各农业大省坚持把粮食安全党政同责一落到底，把粮食和重要农产品稳定供给作为建设农业强省的首要任务，通过提升耕地质量、推进种业创新、集成推广高产技术、开展规模化种植和管理、强化节粮减损等增产路径，稳步提升粮食和重要农产品的综合生产能力。黑龙江省在实施耕地地力提升工程中，认真落实保护性耕作、施用有机肥及深松整地等构建肥沃耕作层的农艺措施，因地制宜推广"龙江模式""三江模式"，加强耕地轮作试点，在提升土壤有机质、培肥地力方面取得了明显成效。北大荒集团将保护利用好黑土地作为现代农业建设"排头兵"和维护国家粮食安全"压舱石"的重要责任和使命，制定《北大荒集团黑土地保护利用规划（2021—2025年）》等系列规划和方案，积极推行玉、豆、经"三区"及玉、豆"两区"轮作，轮作面积占比达80%以上；建立保护性耕作示范区，实施"六个替代""六个全覆盖"工程，[①]形成

---

① "六个替代"是指规模格田替代一般农田、保护性耕作替代传统翻耕、智能化替代机械化、绿色农药替代传统化学农药、有机肥替代化肥、地表水替代地下水，"六个全覆盖"是指实现高标准农田全覆盖、农机智能化全覆盖、标准化生产全覆盖、绿色生产全覆盖、投入品专业化统供全覆盖、数字农服管控全覆盖。

具有垦区特色的能复制、可推广的农艺、农机、工程、生物等综合配套黑土保护技术模式，全力保护好"耕地中的大熊猫"；开展减少化肥、农业和化学除草剂的使用量的农业生产"三减"行动，农药、肥料包装物、农用塑料薄膜的回收率达到90%以上；采取深松、耙地碎混等保护性耕作措施，实现秸秆全量还田、培肥地力，2021年秸秆还田面积4360.8万亩，还田率在98%以上。近五年，北大荒土壤有机质含量增长了0.8克/千克，耕地质量明显提升，为优质农产品生产提供了肥沃的土壤环境。

3. 增强农业科技创新的支撑作用

各地坚持把科技创新贯穿于农业产业链和生产周期全过程，加强关键核心技术攻关，不断增强农业科技创新对建设农业强省强市强县的支撑作用。

一是推进种业自主创新。大力实施种业振兴行动，持续开展农业种质资源普查和系统调查，开展种质资源精准鉴定评价，利用生物育种、生物制造、合成生物等生物技术推动传统农业升级再造，大力开发地域性与功能性食物资源。江西省加大农业科技投入，培育出世界首个具有显著节肥效果的丛枝菌根高效共生水稻新品种"赣菌稻1号"，成功研发出国内首项基于家猪基因组全序列、具有完全自主知识产权的"高效、精准"育种新技术——"中芯一号"，打破了此前家猪育种芯片由欧美设计制造的技术壁垒，成为我国生猪种业技术"破卡"的重要利器。

二是加快推进农业装备改造升级。大力发展现代设施农业，推进先进农机创新应用，加快高端智能农机研发推广。河南省依托中国一拖、洛阳中收、郑州中联、牧原科技等单位，加快建设国家农机装备创新中心、航空植保重点实验室、河南省农机装备产业研究院等一批研发平台，在新能源动力系统、收获装备和农业机器人、农产品精量作业零部件、农机专用传感器与控制器、经济作物生产装备等设计研发制造方面取得突破，为发展现代农业提供了强有力的装备支持。

三是推进农业数字化转型。加强新一代信息技术与涉农产业融合，推动数字技术全方位、全角度、全链条赋能现代大农业。江苏省围绕"六个1+N"

建设"苏农云"平台，构建了覆盖全省的江苏农业农村"智慧大脑"、涉农数据"共享中枢"、行业管理决策"指挥中心"，实行规模化生产、标准化协作的"云服务"模式，提升生产性社会化服务能力；大力支持生产经营主体、电商企业发展农产品"生鲜电商＋冷链宅配""中央厨房＋食材冷链配送"等新业态，持续推广直播带货、社交营销等农产品营销新模式；10余种农业机器人入选农业农村部农业机械化管理司农业机器人优秀应用场景名录，基于农业物联网硬件设备自动采集大田气象数据、土壤墒情数据、病虫害数据、作物生长数据、影像数据等，利用现代建模技术，搭建"本土化"生产模型，构建全流程农业数据处理系统。

4. 培育新型农业经营主体和服务主体

各地积极培育壮大新型农业经营主体和服务主体，以此解决快速城镇化进程中农业劳动力数量与质量不断下降、农业经营粗放等问题，使其成为发展现代农业的"新农人"和建设农业强省强市强县的核心力量。江苏省在实际工作中，注重加强以农业企业、家庭农场、农业合作社等为重点的新型农业经营主体和服务主体培育工作，2022年全省规模以上农产品加工企业达6746家，营业收入1.25万亿元，其中，县级以上农业产业化龙头企业5828家，国家级农业产业化龙头企业99家；涌现了苏合农服、大域无疆无人机共享、蜻蜓农服等一批农业社会化服务机构，组建农业产业化联合体600家；家庭农场超过16.8万家，各级示范家庭农场近2万家，其中，省级示范家庭农场2855家；国家级农民合作社示范社329家，省级示范社1569家；农村创业创新人员50万人，全国"双创"带头人27人。2023年，江苏农业生产托管服务的土地面积已达2900余万亩，各类农业生产托管服务的主体已超过1万个，因地制宜发展形成了单环节、多环节、全程托管等成熟的服务模式，并在"科技＋服务""农资＋服务""农机＋服务""互联网＋服务"等新模式上积极探索。

5. 加强农业人才队伍建设

加强农业人才队伍建设是建设农业强国的重要保证。各地在建设农业强省强市强县的工作中，把农业人才队伍建设置于重要地位。一是加强农业领域创新型人才培养，特别是培养一批农业科技创新人才和现代管理人才。二是培育新型职业农民，针对生产经营型、专业技能型、社会服务型等不同类型职业农民群体，制定不同的培育计划，努力提高其综合素质和职业能力。适应数字经济和平台经济发展需求，加强电商、直播等技能培训。三是建立城市人才"下乡"机制，引导城市人才及大学毕业生作为"新农人"到乡村发展，建立城市医生、教师、科技、文化人员等定期服务乡村机制，吸引和支持企业家、专家学者、医生教师、律师等人才通过各种方式服务农业发展。广东省推动农业产业园与高等院校、科研机构建立长期稳定的合作关系，创新"院地合作""校地合作"模式，每个产业园对接3~4个专家团队，吸引科技人才全方位提供科技服务；建立广东省农业科技创新联盟，在产业园搭建科教服务平台，与科研院所共建88个产业研究院、研究中心、分布式服务站、产业学院等，建立"一园多团队"的科技支撑机制、专家服务团队工作制度。

三 中国式农业农村现代化的理论内涵与实现路径

党的二十大提出，从现在起到本世纪中叶的目标任务是全面建成社会主义现代化强国、实现第二个百年奋斗目标，以中国式现代化全面推进中华民族伟大复兴，[1]而中国式农业农村现代化是中国式现代化的重要组成部分。党的二十大在擘画全面建成社会主义现代化强国宏伟蓝图时指出，没有农业强国就没有整个现代化强国；没有农业农村现代化，社会主义现代化就是不全面的。[2]与会专家学者从中国式现代化的理论视角，结合各国农业农村现代化的一般规律，就中国式农业农村现代化道路的理论内涵与实现路径开展了热烈的探讨。

---

[1] 习近平：《高举中国特色社会主义伟大旗帜　为全面建设社会主义现代化国家而团结奋斗——在中国共产党第二十次全国代表大会上的报告》，人民出版社，2022。
[2] 习近平：《加快建设农业强国　推进农业农村现代化》，《求是》2023年第6期。

（一）中国式农业农村现代化的理论内涵

与会专家学者认为，需要从过程性和内容性两个方面来把握中国式农业农村现代化的理论内涵。从过程性来看，中国式农业农村现代化是从中国国情农情出发，实现农业现代化、农村现代化以及农民现代化"三化"协同推进的并行过程，最终实现农业高质高效、农村宜居宜业和农民富裕富足，建成社会主义现代化农业强国；从内容性来看，中国式农业农村现代化的首要任务是保障粮食和重要农产品的稳定安全供给，并具备土地产出率高、科技贡献率高、资源利用率高和农产品质量高的"四高"特征，通过实施耕地保护和解决种业种源"卡脖子"技术难题、促进粮食增产和农民增收、加快科技创新和制度改革等措施，达到农业产业强、农村文化兴、农民生活富和乡村治理好的要求。

党的二十大提出，中国式现代化"既有各国现代化的共同特征，更有基于自己国情的中国特色"。[①] 与会专家学者认为，中国式农业农村现代化同样既有各国农业农村现代化的共同特征，更有基于自己国情的中国特色，是"一般性"与"特殊性"相统一的现代化。所谓共同特征，就是要遵循农业农村现代化的一般规律，建设供给保障强、科技装备强、经营体系强、产业韧性强、竞争能力强的农业强国，实现农村产业发展、基础设施、公共服务、治理体系的现代化；所谓中国特色，就是立足中国国情，立足人多地少的资源禀赋、农耕文明的历史底蕴、人与自然和谐共生的时代要求，走自己的路，不简单照搬国外农业农村现代化模式。具体来说，中国式农业农村现代化的"中国特色"体现在以下几个方面。

一是基于人口规模巨大的基本国情，实现粮食和重要农产品供给安全的现代化。中国式现代化是人口规模巨大的现代化，保障粮食和重要农产品供给安全是中国式现代化的基础和前提，也是中国式农业农村现代化的重要内容和特殊要求。中国作为一个拥有 14 亿人口的发展中大国，人均耕地面积不到全

---

① 习近平：《高举中国特色社会主义伟大旗帜 为全面建设社会主义现代化国家而团结奋斗——在中国共产党第二十次全国代表大会上的报告》，人民出版社，2022。

球平均水平的1/2,人均水资源量仅为全球平均水平的1/4。虽然通过国际市场可以调剂余缺,但鉴于农产品总需求量巨大,中国式农业农村现代化首先要保证口粮安全,在耕地面积不足、自然资源条件受限的情况下,努力提高农业生产率,全方位筑牢粮食安全底线,保障粮食和重要农产品供给安全。

二是以促进农民增收为目标,实现农民农村共同富裕的现代化。共同富裕是中国特色社会主义的本质要求,也是中国式现代化着力实现的发展目标。但是,由于历史因素和现实条件的制约,当前中国依然存在较大的城乡居民收入差距及农村居民内部收入差距,城乡基础设施、公共服务供给不平衡,中国式农业农村现代化应当以促进农民增收为目标,补齐农业农村现代化短板,实现农民农村共同富裕。

三是传承发展优秀传统农耕文化,实现物质文明和精神文明相协调的现代化。中华文明在悠久的历史发展中,形成了以天人合一、农为邦本、集约经营、精耕细作、用养结合为核心的优秀传统农耕文化。中国式农业农村现代化不仅要实现农村产业发展和物质生活的现代化,也要继承和发展中华优秀传统农耕文化,充分发掘和弘扬乡村风土民情、乡规民约、传统技艺等优秀传统乡土文化,保护乡村风貌和乡愁记忆,丰富农民精神生活,提升农民精神文化层次,同时促进物的全面丰富和人的全面发展,实现物质文明和精神文明协调发展。

四是追求可持续发展,实现人与自然和谐共生的现代化。生态振兴是乡村振兴的五大振兴任务之一,建设宜居宜业和美乡村是全面推进乡村振兴的重要内容。在现代化过程中,乡村生态振兴不是回到传统的自然经济状态,而是通过顺应自然的开发干预,追求物质产品和生态服务供给之间的平衡,通过科技创新和生产效率提高等手段实现人与自然和谐共生。

(二)中国式农业农村现代化的实现路径

与会专家学者认为,中国式农业农村现代化既不是简单的农业现代化与农村现代化的单纯加总,亦不是两者的阶梯推进,而应当是农业现代化和农村现代化一体设计、一并推进。其中，农业现代化包括农业发展现代化和农业生态现代化，农村现代化包含农村基础设施和公共服务现代化、乡村治理现代化和农民生活现代化，其目标任务与乡村振兴的内涵要求具有一致性。

1. 在粮食安全基础上建设现代化农业强国

坚持以我为主、立足国内、确保产能、适度进口、科技支撑的国家粮食安全战略，建立健全全方位的粮食安全保障机制。深入实施"藏粮于地、藏粮于技"战略，提高农业综合生产能力。坚守粮食安全底线，牢牢守住十八亿亩耕地红线，建立农业现代化投入优先保障机制，支持高标准农田建设。不断巩固和完善农村基本经营制度，健全新型农业经营体系，发展多种形式适度规模经营，提高农业的集约化、专业化、组织化、社会化水平。大力提升农业装备和信息化水平，增强农业科技自主创新能力，大力发展数字农业，促进数字要素与农业深度融合，实施智慧农业工程和"互联网＋"现代农业行动，鼓励对农业生产进行数字化改造，加强农业遥感、物联网应用，提高农业精准化水平。积极发展都市农业、特色农业、观光旅游农业，全力打造农业全产业链，提高农产品加工业发展水平。优化农业生产区域性布局，根据国家粮食生产功能区、重要农产品生产保护区和特色农产品优势区建设指南，形成比较稳定的县级农业主导产业，并围绕主导产业延长产业链，提高农业竞争力。

2. 以党建引领实现乡村共建共治共享

建立健全党委领导、政府负责、社会协同、公众参与、法治保障的现代乡村社会治理体制，推动乡村组织振兴，打造充满活力、和谐有序的善治乡村。以农村基层党组织建设为主线，加强农村基层党组织带头人和党员队伍建设，把农村基层党组织建设为推动农村改革发展的坚强战斗堡垒。健全和创新村党组织领导的充满活力的村民自治机制，完善农村民主选举、民主协商、民主决策、民主管理、民主监督制度。依托村民会议、村民代表会议、村民议事会、村民理事会等，形成民事民议、民事民办、民事民管的多层次基层协商格局。充分发挥自治章程、村规民约在农村基层治理中的独特功能，弘扬公序良俗。推进乡村法治建设，把政府各项涉农工作纳入法治化轨道，维护村民委员会、农村集体经济组织、农村合作经济组织的特别法人地位和权利。健全农村公共法律服务体系，加强对农民的法律援助、司法救助和公益法律服务。健全农村公共安全体系，加强农村警务、消防、安全生产工作，全面推广"枫桥经验"，深入排查化解各类矛盾纠纷，推动基层服务和管理精细化精准化。强化道德教化作用，引导农民向上向善、孝老爱亲、重义守信、勤俭持家。科学设置乡镇机构，构建简约高效的基层管理体制，健全农村基层服务体系，夯实乡村治理基础，积极探索推进城乡基层治理一体化进程。

3. 以社会主义核心价值观引领乡村文化振兴

坚持以社会主义核心价值观为引领，以传承发展中华优秀传统文化为核心，以乡村公共文化服务体系建设为载体，培育文明乡风、良好家风、淳朴民风。在乡村大力加强社会主义核心价值观宣传和教育，把社会主义核心价值观中的现代性与中华传统文化中的精华相互融合和发扬光大。挖掘乡村文化创新人才，强化乡村文化人才队伍建设。传承发展优秀传统农耕文化，充分挖掘乡村遗址、遗迹、文物、文献资料等文化资源，有效进行开发利用，支持乡村非物质文化遗产的传承与"活化"，培育新时代乡村文化精神，增强乡村文化凝聚力。重视发挥社区教育作用，做好家庭教育，传承良好家风家训。健全人文关怀和心理疏导机制，培育自尊自信、理性平和、积极向上的农村社会心态。深入实施公民道德建设工程，推进诚信建设，强化农民的社会责任意识、规则意识、集体意识和主人翁意识，健全农村信用体系，完善守信激励和失信惩戒机制，建立健全先进模范发挥作用的长效机制。

4. 以促进农民增收为中心实现农民农村共同富裕

通过加强农业技术培训、改善农业生产条件、推广先进种植技术、推动农业科技创新等方式，帮助农民提高农产品产量和质量，增加农业收入。适应城乡居民消费升级新趋势，大力发展乡村特色产业，培育农业农村新产业新业态，打造农村产业融合发展新载体新模式，推动乡村产业深度融合发展，实现农产品多层次、多环节转化增值，创新收益分享模式，健全联农带农有效激励机制，不断增强农民参与融合能力，全面拓宽农民增收致富渠道。做好农村劳动力就业创业工作，建立健全城乡一体劳动就业服务体系和社会保障体系，加强对农民的职业和技能提升培训，优化农村创新创业环境，放开搞活农村经济，合理引导工商资本下乡，扩大农村劳动力就业容量。深化农村产权制度改革，保障进城落户农民合法土地权益和集体经济权益，有效增加农民财产性收入。大力发展乡村普惠金融，引导农民合作金融健康有序发展，创新农村金融产品和服务方式，完善"三农"融资担保体系，引导证券、保险、担保、基金、期货、租赁、信托等金融资源服务乡村振兴。统筹县域城乡规划建设，持续加大对农村道路、水利、电力、通信等方面的基础设施建设投入，推动县域供电、供气、电信、邮政等普遍服务类设施城乡统筹建设和管护，加快补齐农村民生短板，梯度配置县乡村公共资源，发展城乡学校共同体、紧密型医疗卫生共同体、养老服务联合体，提高农村公共服务质量，提高农村美好生活保障水平。

5. 以乡村生态振兴为目标建设宜居宜业和美乡村

牢固树立和践行"绿水青山就是金山银山"的发展理念，加快转变农业农村生产生活方式，推动乡村生态振兴，建设人与自然和谐共生的宜居宜业和美乡村。以生态环境友好和资源永续利用为导向，推动形成农业绿色生产方式，实现投入品减量化、生产清洁化、废弃物资源化、产业模式生态化，提高农业可持续发展能力。以建设美丽宜居村庄为导向，以农村垃圾、污水治理和村容村貌提升为主攻方向，持续提升农村人居环境质量。大力实施乡村生态保护与修复重大工程，完善重要生态系统保护制度，促进乡村生产生活环境稳步改善、自然生态系统功能和稳定性全面提升、生态产品供给能力进一步增强。

除此之外，与会专家学者还认为，新时代加快推进中国式农业农村现代化，还应当学习推广浙江"千万工程"经验，因地制宜，精准施策，从农民群众反映强烈的实际问题出发，找准乡村振兴的切入点，着力提升乡村产业发展水平、乡村建设水平和乡村治理水平，推进乡村全面振兴不断取得实质性进展和阶段性成果，打造各具特色的现代版"富春山居图"。

图书在版编目(CIP)数据

建设农业强国的理论与实践 / 魏后凯,王承哲主编;杜鑫,陈明星副主编. --北京:社会科学文献出版社,2024.9
ISBN 978-7-5228-3740-6

Ⅰ.①建… Ⅱ.①魏… ②王… ③杜… ④陈… Ⅲ.①农业发展-研究-中国 Ⅳ.①F323

中国国家版本馆CIP数据核字(2024)第110862号

建设农业强国的理论与实践

主　　编 /	魏后凯　王承哲
副 主 编 /	杜　鑫　陈明星

出 版 人 /	冀祥德
责任编辑 /	吴　敏
责任印制 /	王京美

出　　版 /	社会科学文献出版社
	地址:北京市北三环中路甲29号院华龙大厦　邮编:100029
	网址:www.ssap.com.cn
发　　行 /	社会科学文献出版社(010)59367028
印　　装 /	三河市龙林印务有限公司
规　　格 /	开　本:787mm×1092mm 1/16
	印　张:20.25　字　数:299千字
版　　次 /	2024年9月第1版　2024年9月第1次印刷
书　　号 /	ISBN 978-7-5228-3740-6
定　　价 /	89.00元

读者服务电话:4008918866

版权所有 翻印必究